JN311199

現代中国の集団所有企業
――工業合作社・集体企業・郷鎮企業の発展と改革――

樋口 兼次　范 力 共著

時 潮 社

現代中国の集団所有企業・目次

序章　集団所有企業の意義 …………………………………………… 7

　一、中国の所有制と企業制度　8

　二、集団所有企業　10

　三、合作社　12

　四、集団所有企業の意義　14

第一章　集団所有企業の誕生（1949～57年）………………………… 19

　第一節　農業合作化運動　20

　　一、過渡期の総路線　20

　　二、農業合作化運動　22

　　三、農業合作化の高まり　25

　　四、小括　28

　第二節　手工業合作社の形成　32

　　一、第1回全国手工業生産合作会議の開催　33

　　二、第2回全国手工業生産合作会議の開催　37

　第三節　手工業者の社会主義的統合と生産合作社　46

　　一、手工業生産合作社の形態　46

　　二、政府の支援と民主的原則　52

　　三、問題に対処する方針・指示　55

　第四節　手工業合作化の加速　60

　　一、手工業合作化の加速　60

　　二、問題点解決の提起　62

　　三、小括　68

　第五節　手工業の社会主義的改造の達成　70

　　一、合作化の達成状況　70

二、問題と批判　74

第二章　集団所有企業の国有化・再調整（1958〜65年）……………81

　第一節　手工業合作社の国有工場化（転廠過渡）　82

　　一、直面する問題　82

　　二、転廠過渡の修正　86

　第二節　集団所有経済の調整　90

　　一、手工業集団所有経済の調整の背景　90

　　二、「手工業35ヶ条」の内容　92

　　三、手工業集体企業の調整措置　101

第三章　集団所有企業の発展（1966〜78年）………………………105

　第一節　消費財工業の成長と限界　106

　　一、消費財工業の様相　107

　　二、問題点　109

　第二節　都市における多様な集団所有企業の発展　112

　　一、都市における集体企業の形態　112

　　二、文革期の都市集体企業　116

　　三、1977年から78年にかけての都市集体企業　122

　　四、集体企業の形成と発展の事例　124

第四章　郷鎮企業と集体企業………………………………………137

　第一節　郷鎮企業の誕生と発展　138

　　一、農村副業から社隊企業へ　138

　　二、改革開放初期の社隊企業　141

　　三、人民公社解体と郷鎮政府所有化　143

　　四、「郷村集体所有制企業条例」の制定　146

　　五、92年から96年にかけての郷鎮企業　150

　　六、郷鎮企業法の制定　152

第二節　郷鎮企業の組織形態　156
　一、自営業者　156
　二、合夥制　157
　三、股份合作制　158
　四、家族制　159
第三節　地域発展モデルおよびその制度改革　160
　一、地域発展モデル　160
　二、地方政府の制度改革　161
第四節　郷鎮企業の環境変化　164
　一、取り巻く環境　164
　二、企業のガバナンス問題　165
　三、環境問題の深刻化　166

第五章　改革開放政策と集体企業（1980年代以降）……………169
第一節　改革開放と集体企業の復活　170
　一、全人民所有制の後退と集団所有制の復活　170
　二、国民経済における集団所有制の比重　176
第二節　改革開放政策と集団所有制改革　180
　一、消費財集体企業の発展　180
　二、集体企業に対する政策の変化　182
　三、市場競争と集体企業　194
第三節　就労創出のための集体企業──「労服企業」──　197
　一、背景と種類　197
　二、労服企業の発展と調整　199
　三、労服企業の明暗　202
　四、所有権および管理体制　203

終章　企業体制改革と集団所有制 …………………………209
　　一、企業体制の改革　210
　　二、集団所有制経済の多様化　214
　　三、集体企業の現状　215
　　四、集体企業の産権問題　221
　　五、集団所有企業の成果と存立意義　223
　　むすび　集団所有企業の可能性……「人力資本」の具体化へ向けて　238

あとがき ……………………………………………………247

現代中国集団所有制関係文献目録　250

　　　　　　　　　　　　　　　　　　装幀　比賀祐介

序　章　集団所有企業の意義

一、中国の所有制と企業制度

　中国は、1950年代半ば以降に国有制と集団所有制の2つを柱とする社会主義公有制を確立し、4半世紀の間概ねこの体制を維持してきたが、1970年末の改革開放政策の登場によって、私営および外国資本などの非公有制が認められ、今日では下表のように公有制と非公有制の2系列の所有制が共存することとなった。公有制には、国有制と集団所有制が含まれる。

所有制と企業の基本区分

所有制区分		企業区分	
公有制	国有	国有企業	国有企業 地方国有企業
	集団所有	合作社	手工業合作社
		集体企業	都市集体企業 農村集体企業
非公有制	混合所有	国・集体・個人の混合所有企業	
	私有	私有企業	各種公司 合夥企業 その他企業
		個体工商戸	自営業者
		外資企業	香港系、外資系企業等

（注）「合夥（ごうか）」は中国語では「合伙」。説明は第四章第二節に譲る。

　国有制の企業形態は、「国有企業」であり、革命成立以前の根拠地で運営されていた銀行、工場、郵政などが国有化されたもの、社会主義革命以降に国民党や外国の所有であった資産を接収し国有化したもの、社会主義建設以降に国家財政の投資で設立されたもの、民間企業が56年に「公私合営化」された後、66年に国営化されたものが含まれる。国有制は「全人民所有制」と呼ばれる。

集団所有制には、「合作社」と60年代以降の「集体企業」が含まれる。

合作社は、農民や労働者が土地や作業道具・機械など生産手段を持ち寄り事業体を結成し、協同で生産し、事業運営し、労働に応じて分配する協同組合方式による事業体である。日本では「企業組合」、西欧ではワーカーズコープやワーカーズコレクティブなどと呼ばれる「生産協同組合」や「労働協同組合」に該当する。

集体企業は、合作社から発展したものや新しく組織されたもので、企業財産は労働大衆の集団所有とされ、労働大衆のイニシアティブのもとに事業運営が行われる。

なお、「郷鎮企業」も集団所有制の中に含まれるといってよい。郷鎮企業は、直訳すれば「町村企業」であり、農村工業といったニュアンスの言葉である。改革開放政策により農村家庭生産請負制が認められ、農業生産の主体が生産隊から個別の農家に移行され、人民公社や生産隊の付属工場であった農村工業が郷鎮（町村）などの地方政府の所管に移され、郷鎮企業として生まれ変わり、その大部分は集体企業の形式をとっている。その後、郷鎮企業は急速な発展を遂げ、96年には『中華人民共和国郷鎮企業法』が制定されている。

非公有制に属する企業形態には「私営企業」「自営業者」「外資企業」などが含まれる。

私営企業は、1950年代初期に一部容認された後、生産手段の買い上げにより国有化されて70年代末まで認められなかったが、改革開放政策の登場により容認されることとなった。

郷鎮企業の一部に私営企業の発展が見られるようになり、公有制の補完形式として容認されるようになった。さらに1988年に制定された「私営企業暫定条例」により、私人の所有により設立経営され、営利を目的とする企業で、従業員8人以上を雇用するものと規定されている。

私営企業のなかには、「有限責任公司」（2人以上30人未満の出資者が設立する「有限責任会社」）、「独資企業」（個人が投資して経営する企業）、「合夥企業」

（2人以上の共同出資者が設立する協同企業で、日本の合名会社やアメリカのLLCと類似のもの）が含まれる。さらに、私人の株式引受による「股份（こふん）有限責任公司」（株式会社）もこの中に含まれる。

　なお、自営業者は「個体工商戸」と呼ばれ、私営企業とは区別される。80年代に、文革時代に農村に下放された失業（待業）青年の救済を目的に容認されはじめたもので、「都市非農業個人経営経済に関する若干の政策規定」（81年）によると、個人の出資により設立され家族の労働を主体に8人未満の手伝いや徒弟を雇用するものをいう。

二、集団所有企業

　集団所有企業の中国における正式な呼称は「集体所有制単位」（Collective-owned Units）で、「集体企業」と簡略されて呼ばれる。

　一般に「国有企業」といわれるものは、「国有単位」（State-owned Units）と表現される。これに対して、Corporation や Enterpriseなど企業や経営体を表す表現が用いられるのは、「私営企業」（Private Enterprise）や股份有限公司（Share-holding Corporation Ltd.）や有限責任公司（Limited Liability Corporation）である。

　国有企業や集体企業は、資本主義社会における「企業」のような独立した経済主体とは区別され、経済システムにおける経済的機能を担う組織体（経済体）のひとつ、とみなされる。だが、最近の企業制度の改革のなかで、国有単位や集体所有制単位にも自立性が容認されるようになり、いわゆる企業や経営体に近づいてきた。したがって最近の中国では、「国営企業」や「集体所有制企業」「集体企業」という表現が一般化してきている。　われわれは、集体企業と合作社を含めて「集団所有企業」と呼ぶことにするが、憲法ではどのように規定しているのであろうか。

　1949年の中華人民共和国建国以来、憲法は4回（54年、75年、78年、82年）にわたり改正され、82年新憲法が公布された後も、88年、93年、99年、04年の四回の修正が行われている。しかし「我が国の社会主義制度的基礎は生産

手段の社会主義公有制、すなわち全人民所有制と労働大衆集体所有制である」という記述は変わっていない。

現行憲法には次のように書かれている。

中華人民共和国の社会主義制度の基礎は生産手段の社会主義公有制、すなわち全人民所有制および労働大衆集体所有制である。社会主義的公有制においては、人が人を搾取する制度が廃絶され各人は能力に応じて働き、労働に応じて分配を受けるという原則が実行される。国家は社会主義初級段階において、公有性を主体とした多種所有制経済を共に発展させる基本的な経済制度を堅持し、「労働に応じて分配する」を主体とし、多種の分配形態を併存する分配制度を堅持する（第六条）。

ここでいう「社会主義初級段階」とは、中国が社会主義の初歩的段階にあると規定して、大胆な経済自由化を押し進めるための根拠となった理論である。これを最初に明示したのは、81年共産党第11期６中全会で採択された決議である。その後、この理論が明確な概念と重要な政治的役割を担って登場したのは、87年10月の共産党第13回大会における趙紫陽報告である。つまり現段階の中国が、貧困と遅れた状態からの離脱、農業人口が多数を占める手作業を主とする農業国から非農業人口が多数を占める近代的工業国への移行、自給自足経済が大きな比重を占める状態から高度に発達した商品経済への移行、活力に満ちた社会主義の経済、政治、文化システムの樹立、中華民族の偉大な復興を実現していく過程にあると規定することによって、それまでの資本主義固有のものと見なされていた私営企業や株式配当を合法化したといえるのである。89年の天安門事件の影響もあって、この理論は一時的に影をひそめたが、97年９月の第15回党大会の江沢民報告において復活する。そこでは、所有制の多元化と株式会社化を推進していくことが今後の大方針として認知されるようになった。ちなみに、社会主義初級段階の続く期間は約百年かかるという説がある（注１）。

国有経済はすなわち社会主義全人民所有制経済であり、国民経済の主導的な力である。国家は国有経済の強化と発展を保障する（第七条）。

農村集体経済組織は家庭請負経営を基礎とし、統一・独立を結合させる二重経営制度を実行する。農村において、生産、供銷（販売・購買）、信用、消費などの各種形態の合作経済は、労働大衆による社会主義集体所有制経済である。農村の集体経済組織に参加する労働者は、法律の定める範囲内で、自留地、自留山、家庭副業を営み、自留家畜を飼育する権利を有する。都市の手工業、工業、建築業、運輸業、商業、サービス業など、各業種における様々な合作経済はいずれも労働大衆の集体所有制経済である。国家は都市と農村の集体経済の発展を奨励し、指導し、援助する（第八条）。

整理すれば次のとおりである。
中国の社会制度は社会主義公有制であり、そのなかには、全人民所有制と労働大衆集体（集団）所有制とが含まれる。全人民所有制経済は国有企業であり、国民経済の主導的な力である。生産、供銷、信用、消費、手工業、工業、建築業、運輸業、商業、サービス業など各業種の合作経済は、労働大衆の集体所有制経済であり、労働に応じて分配する原則が貫徹される。また、集団所有経済には農村集体企業と都市集体企業が含まれる。

三、合作社

合作社（Cooperative Units）は、日本では「協同組合事業体」または「生産協同組合」と呼ばれ、協同組合原則に基づいて組織され運営される事業体である。協同購買や協同販売を行う「供銷合作社」（日本の販売購買農協や中小企業協同組合の共同購買組合と同種の協同組合）と異なり、組合員の生産活動を完全に集中統合し、事業体自らが生産し販売する事業主体となる。日本でも第2次大戦後に「生産合作社運動」が全国規模で展開され、中小企業等

序　章　集団所有企業の意義

協同組合法のなかに「企業組合」として制度化され今日に至っている（注3）。

　合作社は、参加者（出資者）が自由意思で組織を形成し、加入し、脱退も容認する。脱退するときには持分の払戻しを行う、構成員の所有と運営支配が明確に機能する「団体」である。しかし、徐々に集合体としての一体性を強めて「集体」として機能してゆく。組織の設立により集中された資産は、事業により集積された資産を加えて集体そのものに蓄積され、構成員の資産持分の相対的減少とともに構成員の所有は容認されなくなる。

　集団所有企業は、構成員の独立性が高い「団体」的性格をもった合作社から、構成員の独立性が失われて組織そのものが自立して「集産体」のレベルまで達した「集体企業」まで含まれる。

　国有企業の段階になると、構成員の存在意義はまったく失われ、もはや「団体」としての性格を失い、国家という抽象的な計画、支配機関の意思のもとで「事業機関」として機能するようになる。そこでは出資者や株主といった構成員の機能は消滅する。

　さて、漢字を共用することから生ずる誤解や混乱を避けるために日本語ではどのように表現すればよいのだろうか？

「集体所有」は、「集団所有」と訳すのが適当であると考える。集団所有制企業を安易に簡略して「集団企業」と訳すと、企業グループを意味する「企業集団」や企業集団の中核企業である「集団公司」と混同されかねない。

　なお、最近集体企業を「集団企業」と　訳す文献が散見されるが、「集団企業」という概念は、企業形態区分上すでに確定された概念であり、合名会社など人的結合にもとづく「人的集団企業」と株式会社など資本的結合関係にもとづく「資本的集団企業」に分けられる（注2）。したがって、「集団企業」というような安易な訳語を用いることは避けたい。さらに、集体企業の「集体」を日本語に「集団」と訳して「集団企業」としてしまうと、「集団所有」の意味がわからなくなってしまう。「集団」は「所有」の性格を規定しているのであり、「集団所有企業」または「集団所有制企業」という語を正しく使う必要がある。

13

また、中国語の「集体」の概念は、「集団」とは異なったニュアンスをもっている。「集団」は、グループ（group）であり、集合した要素が独立性を保ちながら相互に一定の結合関係をもった状態を意味するが、「集体」は集合した要素（社員）が独立性を無くし、あるいは独立性を弱め集合体に緊密に一体化した状態を意味している。コレクティブ（Collective）すなわち「集産体」である。「集団」が構成要素に着目する概念であるのに対して、「集体」は構成要素により形成された組織体に着目するのである。

　そこで本書では、一般概念としては「集団所有企業」という表現を用い、中国における集団所有企業制度の固有名詞である「集体企業」は中国語をそのまま用いることにしたい。

　「合作社」についても「合作社」という用語をそのまま用いることとした。日本で協同組合といえば農業協同組合や生活協同組合など利用型の協同組合を一般的に指し、生産協同組合はあまり関心が払われてこなかった。生産協同組合としての合作社を正確に表現するために「合作社」という用語をそのまま用いることにした。

　「股份」は「株式」の意味であるが、例えば「股份合作制」のように固有名詞として用いられるときは、中国語表記をそのまま用いることとし、「株式」の概念を表す場合は「株式」と表記する。

　以上のように、日本で一般概念として定着している用語を除き、原則として中国における用語を日本漢字で表記することにした。

四、集団所有企業の意義

　われわれが集団所有企業に注目するのは、合作社や集体企業に対して多くの期待が寄せられてきたからである。

　第1は、集団所有制は、労働大衆が共に豊かになれる重要な手段とされる。集団所有経済組織においては、労働者は同時に事業体の所有者となるので、生産手段の所有者が労働者を雇用して生産された価値の大部分を収奪するという制度上の不公平の根源が取り除かれる。この結果、労働者は「賃金労働

者」ではなくなり、生産に対する意欲を高め、社会的有用性を自覚した協同労働が実現されるとされる。その結果、事業体の生産性と社会的資源の最適配分が実現される。

　第2は雇用問題を解消する受け皿である。国際協同組合連盟の100年余りの歴史のなかで、市場経済において弱者である労働者が協同組合企業を作ることにより雇用問題を解決し労働者の所得を増やし社会の安定につながることが証明されてきた。99年に国際協同組合連盟に加盟する206社の協同組合の統計によると、社員人数は7.8億人に達し、先進国であるEU、アメリカ、日本でも協同組合経済も発達している。失業率が25％に達するアルゼンチンでは、破産した小企業の従業員が企業を買収し、自主的経営に基づく生産協同組合を結成し、瀕死の企業を救っただけでなく、自分達の就労も確保できた。この様な経験は各国に多数見られ、中国の経験においても、共和国建国直後の50年代初期や文革後の混乱の中で、都市における集体企業は1,237.9万人の雇用を確保し、都市就職者総数の32.3％を占めたという。今日の国営企業の合理化や企業制度改革のなかで、レイオフされた人びとの再就職の場としても期待されている。

　第3に、集体所有経済はバランスのとれた経済社会の発展に有効である。集体所有経済は、労働大衆がともに豊かになる「共同裕福」の目標の実現、公正で安定した社会の実現に重要な役割を果たすことができる。

　アメリカ在住の中国史の専門家である黄宗智は、資本主義か社会主義かしか選択できないことで、多くの学者が80年代の中国発展の実質的な内容を看過してしまったという。中国の比較的な安定と驚異的な発展のカギは、2種類の生産様式の混合であり、社会主義所有制と資本主義的メカニズムの融合した結果であると（注4）。

　本書の研究対象は「集団所有制」である。前述した所有制の区分に従えば、集団所有制は国有制とともに公有制に分類される。しかし、企業の性質からみれば、集団所有制は「国有」とは大きく異なる。国有企業（地方政府所有の場合は、「地方国営」といわれる）は、企業の財産は国家（または地方政府）

の所有とされ、運営は政府の管理のもとで行われる。集団所有制の場合は、企業財産は当該企業の労働者集団の所有となり、管理は労働者集団のもとで行われる。集団所有制は、「公有」であっても「国有」とは異なる存在である。

一方、私営企業は、企業の財産は出資者の持分に按分所有され、出資者または株主の管理のもとに置かれる。

したがって集団所有制は、「国有」でも「私営」でもない特異な存在であり、その中間領域に位置すると考えることができる。

集団所有制は、私有経済を容認することになる以前は、国有化の過渡的形態と考えられたが、私有経済が容認されてからは国有と私有の中間的形態として、特有の存在意義をもつようになってきたと考えられる。

1970年代末の改革開放政策の登場によって、国有企業改革とともに私有企業の自由化が進められてきたなかで、中国の企業制度の中核をなしてきた集団所有企業がどのような状況にあるか、そしてどのように展望できるのか？これがわれわれの率直な興味であり、研究動機である。

集団所有制は、その特有な性質ゆえに中国の企業体制の形成と変革の過程で重要な役割を果たしてきたのではないか？

特に次の諸点に注目したい。

① 中国の集団所有制の初期形態としての合作社が社会主義経済への改造の過程で果たした役割。
② 大躍進による急進的な国有化政策の失敗を修復する段階における集体企業の役割。
③ 1960年代以降の本格的な工業化の時期に果たした役割。
④ 1970年代末の改革開放政策以降に果たした役割。

このような諸点は、集団所有制が、計画管理された国有経済と市場経済原理にもとづく私有経済の間の中間領域を形成して、計画と市場の対立を緩衝

序　章　集団所有企業の意義

させる役割を演じてきた可能性を示唆している。

　今日の中国の企業研究は、国有企業の改革と私有企業の成長という場面に焦点が当てられていて、郷鎮企業を除いて集体企業にはほとんど関心が払われていない。そこでわれわれは、社会主義中国の建設に重要な役割を演じ続けてきた中国の集団所有制企業の形成発展を歴史的に辿りながら、国有と私有を媒介する中間形態としての特質を検討したいと思う。

　中国の合作社に関する研究は、日本では農業部門の研究を除いてほとんど行われてこなかった（注5）。集団所有制企業についても、郷鎮企業を除きほとんど研究されてこなかった。わずかに丸川知雄氏が集体企業の民営化を研究したものがあるのみである（注6）。社会主義建設過程における合作社の形成と展開のプロセス、大躍進運動による「国有化」の問題、集体企業への変化の過程、そして改革開放政策以降の国有企業改革と私営企業制度導入における集団所有制の変化と展望を系統的に整理することが本書の狙いである。

　われわれの分析では、主として手工業部門の集団所有企業に焦点をあてる。集体所有制は、農業と工業の両部門で行われたが、工業の部門の中心が手工業であったので、われわれの研究対象は、主として手工業の部門に重点が置かれることになる。

　手工業とは、一般的にいえば機械制工業にいたる前の、労働手段として簡単な道具を用い、主として人間の技巧により生産する伝統的な工業を指す。しかしここで対象とする「手工業」は、消費財工業のうち軽工業とくに日用品工業を指す。あえて「手工業」に限定しようとするわけではなく、工業部門の合作社、集団所有制企業を扱う場合に、社会主義革命後の中国の工業部門の中心が工業の発展段階でいえば手工業の段階にあり、零細な個人経営の製造工場の社会主義的改造の主たる対象は手工業であったからである。

（注１） 于光遠中国社会科学院顧問は、「歴史の大調整時代としての社会主義初期段階は、さらに100年は続くだろう」と述べている。加々美光行愛知大学現代中国学部長のインタビュー「歴史の大調整時代」（『中国21』1998年6月臨時増刊号所収）。
（注２） 占部都美『企業形態論』白桃書房 1977年。101Ｐ参照。
（注３） 樋口兼次著『労働資本とワーカーズコレクティヴ』時潮社、2005年。
（注４） 黄宗智『中国研究的規範認識危機――社会経済史的悖論現象：社会主義与資本主義以外的第3条道路』(http://law-thinker.com/show.asp?id=3344) を参照されたい。
（注５） 中国農村における企業発展については、伊藤宣生他、「中国における企業形態」（『山形大学紀要（社会科学）』第35巻第2号、2005年2月所収）がある。
（注６） 丸川知雄編『中国企業の所有と経営』IDE－JETRO 研究双書 No. 520、2002年。

第一章　集団所有企業の誕生 (1949〜57年)

中国の工業合作社の形成は、中国の社会主義的改造の一環として進められた。その過程をたどってゆくことにしよう。ここでは、1949年建国から56年社会主義的改造の完成（注1）までの約7年間に限定する。中国の社会主義建設における経済改造は、農業と工業の合作化によって開始されたが、農業の合作化、手工業の合作化そして工業の合作化という段階で行われた。そこで手工業合作社の形成を述べる前に、まず農業合作化運動を簡単に整理しておこう。

第一節　農業合作化運動

一、過渡期の総路線

　中国の合作化運動は、農業合作化から始まった。農業合作化といえば、まず過渡期の総路線にふれなければならない。1940年代初頭、毛沢東は新民主主義を論じた際、新民主主義革命が勝利した後に建設された新民主主義社会は、半植民地・半封建社会の終えんと社会主義社会の建設への過渡段階である（注2）と述べている。

　建国初期、毛沢東や劉少奇など中国共産党指導者らの講話を総合すると次のとおりである。概ね10年から15年の時間をかけて、中国は新民主主義的文化を発展させ、国家の工業化を進め、社会主義的経済成分を拡大し、個体・私的経済を利用し、制限し、改造するとともに、合作社を通して、私的経済と国営経済とリンクさせる。その後、資本主義工業の国有化・農業および手工業の集団化を行ったうえで、中国を次第に新民主主義より社会主義へとシフトさせるということである（注3）。

　52年後半、中国共産党は地主階級と官僚資本主義を打倒した後、中国国内の主要矛盾はすでに人民大衆と帝国主義および国民党勢力との矛盾ではなくなり、労働者階級と資本家階級間との矛盾、社会主義路線と資本主義路線との矛盾になったという認識を示した。

第一章　集団所有企業の誕生（1949～57年）

　その理由は次のとおりである。

　社会主義革命の成功と社会主義建設の深化にともなって、資本主義的商工業は国家の政策間に、国営企業間に、本社従業員および全国各民族間に利益の衝突、軋轢がはっきりとしてきており、制限と反制限との闘争がおそらく鋭くなる。一方、資本主義的商工業を改造する経験を積み、彼らを社会主義的改造の道に導く必要があり、また可能性も十分にある。

　農村では、土地改革後、多くの貧農、下層中農は生産手段が不足している、高利貸しに頼り、あるいは土地売却に走る危険性が高い。一方、裕福の農民は農村のブルジョアジーになる可能性もある。こうした両極への分化を防ぐため、必ず農民を合作化の路線へと歩ませることを助けなければならない。

　以上の認識に基づいて、表1のように基礎的工業の生産力が決定的に不足している現状を打破する工業化の実現を見た後、集団化および資本主義的商工業の国有化構想を改め、改造と建設とを併行するようになる。53年6月、毛沢東は政治局会議において、総路線という概念を初めて提起した（注4）。

① 共産党の任務は10年か15年あるいはもっと長い間、国家の工業化および社会主義的改造を基本的に完成する。
② いわゆる社会主義的改造とは農業、手工業、資本主義的企業に対する社会主義的改造を行うことである。
③ この総路線は各項の活動を照り輝く灯台である。

　この総路線はただちに共産党政治局に是認された。9月になると、政府はこの総路線を全国に公布し、その実現のため奮闘せよと国民に呼びかけた。ちなみに、54年9月、この総路線は中華人民共和国初の憲法に明記された（注5）。

表1 各国主要工業品生産高の比較　1950年

項　　目	中国	日本	米国	ソ連	フランス	インド
石　　炭	4,300.0	3,795.0	50,838.0	26,109.0	5,253.0	3,282.0
原　　油	20.0	29.0	26,671.0	3,788.0	15.0	25.0
発 電 量	46.0	449.0	3,887.0	912.0	330.0	51.0
鋼	61.0	484.0	8,785.0	2,733.0	865.0	146.0
セメント	114.0	446.0	3,872.0	1,019.0	742.0	266.0
綿　　布	25.2	12.9	91.7	38.9	11.5	23.6

注：石炭・原油・鋼・セメントは万トン、発電量は億キロワット時、綿布は億メートル。

資料：中国国家統計局工業交通物資統計司編『中国工業経済統計資料1949〜1984』中国統計出版社、1985年、43、51、207、208、210、212、226、229ページより作成。

二、農業合作化運動

1、互助合作の「左傾」と鄧子恢の警告

　53年2月、中央政府は「農業生産互助合作に関する決議」を公布し、互助合作運動を大いに推し進めた。同年春になると、農業生産合作社は1.4万社に達した。そうしたなかで、急ぎすぎのいわゆる「左傾主義」が発生した。たとえば、華北局河北省大名県では52年180社の農業生産合作社が設立されたが、翌年の1月になると、82社に合併されると同時に、新たに345社がつくられた。両者あわせて427社のうち、300戸を超えるものが1社、50戸を超えるものが32社と大型の合作社が誕生した（注6）。

　ある合作社は社員を募集する際、次のようなことを農民に言っている。

　社会主義か資本主義か、2本の道のどっちかだ。社会主義の道を歩む人であれば、署名してくれ。入社しなければ、地主・富農・ブルジョアジー・アメリカの道に行け、と（注7）。こうした脅迫に近い勧誘により、農民はしぶしぶ入社したが、生産に対する積極性はなかった。

　統計によると、華北局では52年秋の取り入れ前に設立された農業生産合作

社1,592社にのぼるが、秋の取り入れの後、新たに7,691社が作られた。そのうちの多くは合作社設立の条件は備えていなかったという（注8）。

53年4月、農業互助合作の経験を総括するため、中央農村工作部が全国農村活動会議を開催し（注9）、鄧子恢部長が次の点を指摘し、警告した（注10）。

① 農家の互助合作は、農業経済関係を改造する事業であり戦争のやり方とは異なる。
② 互助合作は、土地改革と違って貧農と中農との関係が重点であり階級闘争ではないのであるから、自由意思、互恵の原則および説得、教育が求められる。
③ 互助合作は主観的な意図によって行われてはならない。
④ 互助合作は工業化の進展にマッチしなければならない。
⑤ 互助合作は大衆運動であり慎重にやらなければならない。
⑥ 互助合作は集団化へと進むのに欠かせないステップである。
⑦ 互助合作に現れた「左傾」の原因を探りながら不安な状況におかれた中農を分析し、中農問題を解決しなければ、農村における共産党の基盤を固めることができない。

2、初級社の特徴

初級農業合作社の特徴はいくつかあった。まず、「半私半公」すなわち私有制と半ば社会主義的なものの両方があった。これは遅れた中国農業生産力に合致したものである。次に、初級農業合作社は土地面積と労働量と比例して分配制度を実施し、各階層農民の利益に配慮した。また、加入者数が10数戸から30戸まで規模は比較的に小さく管理しやすかった。

一方、初級農業合作社にも問題があった。それは平均主義（手工業や小農経済を営む小生産者に特有な、社会の一切の財貨を絶対的に平等に分配する考え方）や社員の自覚や自主性の欠如などであった。のちに問題を解決するため、農村では「包工」（請負責任）制（臨時、季節、通年の3種類が含まれる）と

「包産」(生産請負責任)制が導入された。こうして、請負責任制は広がっていった。

3、初級社の発展およびその問題

　こうした問題を抱えながらも、53年以後、全国農村では初級合作社ブームが訪れた。54年春になると、初級社は9.5万社にのぼり、参加農家は170万戸を超えた。農業合作化運動をさらに推し進め、問題を解決するため、54年4月、中央農村工作部が北京で全国農村工作会議を開催した。会議は農業生産合作運動を評価し、55年に30万社設立する計画を35万社に拡大させ、57年には農業合作社を130〜150万社に、入社戸数は全国農民総戸数の35％に、合作社耕地は全国総耕地の40％以上にし、60年頃に全国の合作化を実現するとした。会議は合作化の指導原則を強調し、農民の自由意思の尊重と農民への説得教育との結合という方針も再確認した（注11）。

　54年春から10月までの間、再び12万社の初級農業合作社が設立され、全国各地で初級農業合作社づくりがブームとなった。こうした状況下、中央農村工作部は全国互助合作会議を開き、今後の計画を制定した。それによると、57年ころ初級農業合作化を大体完了させ、その後、高級合作化運動を展開するとされた（注12）。その間、初歩的なイノベーションと一部機械による耕作が行われ、その後、次第に大規模の農業機械化が実現されていくとされた。

　各地の「左傾」傾向の深刻化に対応して、合作社の発展計画は絶えず上方修正されていった。55年1月、全国約48万農業生産合作社のうち、40万社が54年1年に設立されたものであった。55年3月になると、全国の農業合作社は60万社にも達していた。

　先ほど、合作社化は農民の自由意志を尊重すべきだと指摘された点に触れたが、実際は左傾思想が支配していく中で、農民の自由意志を尊重することは困難であった。事実、一部の地方では農民と政府との関係が緊張し、農民が合作社から脱退する騒ぎさえ起こっている（注13）。こうした問題を解決するため、下記の通り、党中央は会議を開催し、行き過ぎた傾向を是正しよ

うとした。その後、浙江、山東、河北などの地域はある程度冷静になったものの全国から見ると、農業合作化の勢いは衰えなかった。

三、農業合作化の高まり

1、「農業合作化の問題」報告

　55年7月31日、中央政府は各省・市・自治区の党書記を北京に呼び、農業社会主義的改造のスピードについて討論した。毛沢東は「農業合作化の問題について」報告を行った。この報告をいかに理解するかが、今日の中国では学者の評価は分かれている。ここは主に報告についての論争をまとめておきたい。この報告は中国農業社会主義的改造に関して、比較的深い理論的探索を行ったと評価する人もいれば、毛の現状分析は違っており、農村工作部責任者鄧子恢部長への批判（「右傾主義」）は理不尽だという人もいる（注14）。

　確かに、毛は農民生活を改善し、農民の両極への分化を免れるため、積極的に合作化道路を歩ませるという指摘は正しかった。しかしながら、毛は、農民の個体経済あるいは自主的経営への執着を理解するという点は足りなかったようである。なぜならば、農民の自主的経営問題を解決しないと、合作社の正常な発展は望めないからである。

　また、報告は中国の工業化は農業合作化と切り離してはならないと冷静に分析しながらも、生産関係の重要性を過剰に強調するきらいがあった。なお、報告は土地改革後、農民の両極分化に留意する一方、その危険性を誇大したことを見落としてはならない。また、報告は合作化の原則を再確認したが、当時、直面していた問題に十分な注意を払わなかった。

　しかしこの報告はただちに各地に下達され、学習や貫徹を求められた。10月になると、全国合作社数は6月より倍増し、計画を大きくうわまわった。それとともに、政府は「農業合作化問題に関する決議」を通過させ、再び農村工作部を批判し、部長であった鄧子恢を右傾・保守的思想と決めつけた。

2、農業合作化の高まり

　農業合作化運動を推し進めるため、9月から12月にかけて毛沢東は『中国農村の社会主義的高まり』（注15）を著した（注16）。毛は言う。55年下半期、中国は根本的に変わりつつある。1.1億戸の農民のうち、60%以上つまり0.7億戸の農民が半ば社会主義的農業生産合作社に入社を果たした。これは次のことを教えてくれた。つまり56年1年だけで、中国を半ば社会主義から完全な社会主義へとシフトすることができるということだ。また、毛は現状に対して、いままでの推計が保守的であり、それを克服しないといけないと号令した。この『中国農村の社会主義的高まり』は中国農業合作化の高まりの起爆剤となった。

　たとえば、55年6月、全国に65万社の農業合作社があったが、10月になると、128万にのぼり、入社農民数は3,813万戸となった。12月になると、さらに190万社にのぼり、入社農民数は7,545万戸となった。また、190万社のうち、高級社は17,000社強あり（注17）、農民は4,755,000戸で、社毎の戸数は10月の29戸から12月の40戸へと拡大した（注18）。なお、「互助組」は55年秋、7,147,000組あり、戸数は60,389,000で、全国総戸数の50.7%を占めた。56年1月になると、大量の初級社が高級社に合併されたので、全国は153万社の合作社に集約され、戸数は95,550,000で、社ごとに63戸あり、入社戸数は全国の80.3%を占めた（注19）。全国農業初級合作化はこうして実現した。

表2 全国各省市自治区における農業生産合作社

省 市	社	1953年総戸数 比重 %	社	1954年総戸数 比重 %	社	1955年総戸数 比重 %
河北	3,446	0.747	32,671	7.347	103,145	34.840
山西	2,242	1.615	10,666	9.537	31,785	40.851
内蒙古	245	0.376	1,326	20.200	10,167	18.146
北京	62	0.759	298	5.085	624	35.516
天津	33	2.036	229	6.012	951	34.370
遼寧	1,306	0.884	4,858	3.891	34,025	28.929
吉林	1,559	1.837	4,887	5.214	23,589	34.054
黒竜江	1,581	2.070	6,035	7.144	23,811	36.640
熱河	409	0.792	2,291	3.814	—	—
陝西	242	0.059	900	0.504	16,973	15.495
甘粛	56	0.047	773	1.019	6,953	9.232
新疆	10	0.013	82	0.137	1,703	4.510
山東	1,463	0.223	22,350	3.453	87,454	18.428
江蘇	266	0.055	4,835	1.470	34,867	11.207
安徽	540	0.129	4,917	1.572	40,300	13.597
浙江	230	0.083	3,270	1.838	35,780	16.904
福建	160	0.102	2,347	1.593	18,084	15.136
上海	3	0.046	395	10.115	978	27.586
河南	852	0.146	5,700	1.503	43,961	12.807
湖北	7	0.002	1,083	0.298	14,477	5.028
湖南	25	0.004	430	0.082	13,116	3.311
江西	42	0.018	620	0.324	14,832	9.887
広東	—	—	1,030	0.357	15,446	6.661
広西	4	0.001	576	0.266	15,536	9.514
四川	47	0.005	624	0.175	30,036	7.402
貴州	1	0.001	524	0.415	6,625	5.501
雲南	9	0.004	334	0.203	7,119	4.835
西康	3	0.005	60	0.211	—	—

資料：史敬棠他『中国農村合作化運動資料』下、生活・読書・新知出版社、1962年、1,009～1,011ページより。

四、小括

　中国を社会主義工業国にしようというのは建国当初の中国指導者らが目指す共通目標であった。したがって、いわゆる過渡期の総路線つまり中国を社会主義的工業国にすることと、そのために行う農業・手工業および資本主義的商工業に対する社会主義的改造が必要であり、またその可能性もあったといえよう（注20）。

　国づくりをめぐる論争や軋轢はいかなる時代、いかなる政治体制においてもある。まして困難な戦争を勝ち抜き、新しく社会主義国家を目指すなかでは、なおさらであろう（注21）。問題は、論争や軋轢が起こったときに、謙虚に相手の意見に耳を傾けることができるかどうかが重要だと今日のわれわれは考えるが、果たしてそれが当時可能であったか？

　農業合作化については多くの重要な争点があった。互助組を合作社に引き上げさせるかどうか、私有制を否定するかどうかは互助合作運動の初期からの問題であった。論争の焦点は生産関係の変更のみで、新しい生産力が形成され、私有制が揺るがされ、半ば公有制の合作経済がつくれるかどうかということである。毛沢東は賛成派だった。やがて、中国は毛沢東の大号令のもとで、「左傾主義」を「克服」しながら、初級農業生産合作社を実現し、高級社のブームを迎えるのである。

　鄧子恢は合作化が工業化とマッチすべきであり、当面、合作社は手工業をメインとしスピードを上げすぎてはならないと主張した。それに対して毛は合作社をつくる条件というより、認識が大切だと繰り返して言っていた。毛の主要論点は3つあった。

① まず合作化それから機械化、あるいは、まず合作化それから工業化。
② 農村の階級を再び確定し、中農を「上中農」と「下中農」と区別し、それぞれ貧農陣営、富農陣営と分けさせる。
③ 独立・分散的な生産方式・資本主義を絶滅させる（注22）。

第一章　集団所有企業の誕生（1949〜57年）

　毛は鄧をはじめとする人々の「右より」の思想を攻撃しながら、「左より」の思想をもって中国を指導していった。その意味で、毛沢東と鄧子恢との論争は一部の研究者がいうように、単なる方法論の違いであるという言い方も無理ではないが、毛は鄧より問題の厳しさを重く受け止めたといったほうが相応しいであろう。

注1　違和感のある言い方かもしれないが、歴史を尊重する観点から昔の言い方をそのまま使うことにした。

注2　『中共党史導読』下、中国広播電視出版社、1991年、1,138ページ。

注3　『劉少奇論新中国経済建設』中央文献出版社、1993年、47〜48ページなどを参照されたい。

注4　前掲『中共党史導読』下、1,140ページを参照されたい。ちなみに、53年過渡期の総路線が打ち出されてから、中国では、資本主義は悪の代名詞となってしまった。羅平漢著『農業合作化運動』福建人民出版社、2004年、138ページ。言っておかねばならないのは50年から53年にかけての朝鮮戦争である。そこで、中国は資本主義のアメリカと戦っていた。また、この総路線に疑問を持つ人に対して毛沢東をはじめとする中国共産党は容赦なく弾圧をしていった。たとえば、中国現代史上、公の場で毛沢東と喧嘩した唯一の中国知識人、当時北京大学梁漱溟教授の運命がこれを物語っている。梁は毛沢東との付き合いは長いが、53年9月、政治的舞台から姿を消した。毛沢東「批判梁漱溟的反動思想」、『毛沢東選集』第5巻、人民出版社、1977年、107〜115ページおよび中国文化書院学術委員会編『梁漱溟全集』第7巻、山東人民出版社、1993年、3〜23ページなどを参照されたい。

注5　過渡期の総路線には理論的根拠と現実的な根拠があったという。前者はいうまでもなくマルクス理論による。前掲郭鉄民他『中国合作経済発展史』当代中国出版社、807〜809ページ。現実的根拠についてはこうである。つまり生産力から見ると、52年国民経済回復時、中国農工業生産高は歴史的記録をマークした。とはいえ、生産力のレベルは比較的に低いということも厳然たる事実であった。主要工業品における中国と他の主要国との比較表（本書22頁）を参照されたい。中国工業は世界に大きく遅れたことが明らかである。したがって、総路線のもとで、国家の工業化を実現することが求められている。

注6　前掲郭鉄民他『中国合作経済発展史』、812ページ。

注7　同上。
注8　『農業集体化重要文件彙編』上、中共中央党校出版社、152〜154、185ページを参照されたい。
注9　中共中央農村工作部は1953年2月に設立され、農民問題エキスパートの鄧子恢がその部長として任命された。
注10　前掲『農業集体化重要文件彙編』上、130〜136ページを参照されたい。
注11　前掲郭鉄民他『中国合作経済発展史』、825ページ。
注12　初級合作社は（略称「初級社」）私有制に基づいて、土地出資とし、統一経営を行うものである。これに対して、高級合作社（略称高級社）は主要な生産手段を完全に集団所有制にするものである。前掲羅平漢著『農業合作化運動』、306ページ。ちなみに、中国の農業集団化のいきさつを大ざっぱに示すと、次のとおりである（田中恭子「華北農村の集団化と近代化──河北・山東8カ村調査報告」、『国際研究』（中部大学）1986年第3号、75〜118ページなどを参照されたい）。

「単　幹」　⇒　単独でやる個人経営
↓
「互助組」　⇒　農業協同化の初級形式で、土地の私有制を基礎としながら、労働力・農具・家畜などの協同を目的とするものである（1952〜54年）。また、臨時互助組と常年（通年）互助組とが含まれる
↓
合 作 社　⇒　協同組合。初級と高級とが含まれる。初級社は集団労働を特徴とする半ば社会主義的性格をもつものである（1954〜55年）。高級社は集団所有・統一経営・統一分配という社会主義的性格をもつものである（1956〜57年）。
↓
人民公社　⇒　行政・生産・社会基層組織である（1958〜82年）。
↓
79年以後　⇒　統一経営（農産物と農業生産財の売買、機会・施設の共同利用、灌漑管理）と分散経営（生産計画、労働投入、生産管理、所得分配）という「双層経営体制」が導入された。さらに、90年代入ってから協同組合制と株式制を一体化した「股份合作制」（株式合作制）が所有制改革の手段として使われている。

第一章　集団所有企業の誕生（1949〜57年）

　　また、鮫島国三「中国農業協同化の諸問題」（久留米大学『産業経済研究』1967年第7巻第4号、407〜442ページ）のなかに農業協同化の各段階が整理されているので、参考のため、記しておく。
　第1段階が互助組であり、社会主義の萌芽を含むものである。つまり各農家がそれぞれ個別経営を維持しながら、経済の未熟性を相互に補うために、労働力、農具、役畜などを交換する協同化も初歩的な形態である。具体的には農繁期だけの協同労働あるいは役畜、農具を共同で利用する簡単な季節的なものから次第に恒常的なものにしてゆく。
　農業協同化の第2段階は農業生産合作社の初級で半社会主義的形態のものである。つまり土地を出資し、その出資した土地と出役した労働力に応じて分配を受けるという仕組みである。だが、それも1955年には、高級の生産合作社に発展していった。すなわち、この時期になると土地の個人的所有をやめて合作社の集団的所有に移し、分配は出役した労働の量に応じて受け取るという社会主義的形態へ発展させていった。つまり農民の土地所有権を合作社により集団的所有に移すことにより、一方経営の責任戸長から合作社の管理部門にうつり、他方家族労働は合作社の社会労働になったのである。以来それが数年のあいだに農業生産の逐年の上昇に対して、極めて大きな積極的役割を果たし、同時に5億農民の政治的自覚を促した。
　農業協同化の第3段階は言うまでもなく1958年秋、人民公社が実現した時期である。

注13　前掲郭鉄民他『中国合作経済発展史』、828ページ。
注14　鄧子恢（1896〜1972）は中国の土地改革、農業集団化など農村工作を長く指導した人物である。53年党中央農村工作部部長、54年国務院副総理。55年と62年に農業集団化政策をめぐり、農家経営請負制を支持して、急進路線を主張する毛沢東と対立、批判を受ける。
注15　『中国農村的社会主義高潮』上中下、人民出版社、1956年。
注16　『毛沢東選集』第5巻、外交出版社、1977年、347〜397ページ。
注17　史敬棠他『中国農村合作化運動資料』下、生活・読書・新知出版社、1962年、989〜991ページ。
注18　農業集団化は互助組、初級合作社、高級合作社、人民公社と四つの段階を経て完成したものである。
注19　前掲史敬棠他『中国農村合作化運動資料』下、989〜1,018ページを参照されたい。
注20　沈鄭栄「論我国在五十年代選択社会主義的必然性──与『過渡時期

　　　　総路線提出過早論』商榷」、『南京政治学院学報』1991年第3期、
　　　　55～60ページなどを参照されたい。なお、路江「重新認識三大改造」、
　　　　『経済学週報』(北京)1988年6月26日を参照されたい。
　注21　「社会主義とは絶えざる変革であり、それぞれの思想による創造である」という菅沼氏のコメントは中国研究専門家の言葉らしい。菅沼正久「中国農業合作化論争」、『立命館経済学』第44巻第6号、1996年2月、52ページ。
　注22　安貞元著『人民公社化運動研究』中央文献出版社、2003年、114ページ。

第二節　手工業合作社の形成

　長く苦しい戦争に勝ち抜き、生まれ変わった新中国は最初から人口（注1）の約九割を占める農民問題に取り組んだのであった。政策を実施する過程においては、いろいろな誤りや試行錯誤があったが、農業合作運動は農民を組織化し農業を軌道に乗せるには奏効したといってよい。その農業合作化運動は、やがて手工業を含む他の分野に波及したのである。

　中国の手工業合作社の歴史は少なくとも20世紀前半までさかのぼることができる（注2）。したがって、中国手工業合作社を議論する場合は本来、20世紀前半における合作社の状況に目を配る必要があるが、ここでは主に1949年中華人民共和国建国以来の工業合作社を考察することとし、49年までの工業合作社の検討は別の機会に譲ることとしたい（注3）。

　工業合作化も農業合作化と同様に段階的、漸進的に行われた。しかしながら両者の間に相違があるとするならば、それは農業合作化において「極左思想」の先頭に毛沢東が走り、常に反対勢力を封じ込めるのに対して、工業合作化においては反対勢力が現れることがなかったことであろう。そのため、手工業の合作社化はよりスムーズに行われたといってよかろう。なお、この節は、主として汪海波著『新中国工業経済史　1949.10～1957』（経済管理出版社、1994年）を参考にした。

第一章　集団所有企業の誕生（1949〜57年）

一、第1回全国手工業生産合作会議の開催

1、第1回全国手工業生産合作会議の開催

　農業合作化からスタートした合作化の波はやがて手工業に押し寄せてきた。手工業とは簡単な労働道具を使用し、原材料を有用財に変える零細な手工業生産である。経済類別からすれば、家内手工業、個人手工業、工場制手工業、機械化生産を実行していない手工業合作社に分けられる（注4）。手工業合作化を押し進めるために、50年6月、中国政府は第1回全国手工業生産合作会議を北京で開催し、手工業合作化の成果と経験とを総括した。

　統計によると、50年末まで、中国全国に手工業生産合作社は1,326社に達し、社員は26万人であった（注5）。合作社の業種は紡績、食品加工、農具製造、日用品製造、小型鉱山用品と多岐にわたった。これらの合作社は経済採算制度、技術管理制度、工賃制度を実施していた。また合作社は生産性を高め、生産コストの削減をはかり、資金を貯めていた。したがって50年末には、中国の手工業合作社はすでに広汎に形成しつつあったといえよう。

　もちろん、形成したばかりの合作社であるため、不備や問題も多く存在していた。たとえば、次のような問題が現れた。名目上は合作社だが、実際は「官営」で、資金も政府が工面し、経営幹部も政府が派遣した。また、合作社の看板を掲げながら社員が存在しない詐欺的なものもあったという（注6）。なお、手工業合作社に関する政策や人々の認識も不十分であった、等々。

　このようななかで、第1回全国手工業生産合作会議は次のように、手工業生産と手工業生産合作社の重要性を強調し、手工業合作社を調整する方針を打ち出した。

　第1は、「先整頓、再発展」、つまり現存の合作社の整理、整頓を先行させ、その次に合作社を発展させようということであった。管理者の経験の不足や環境の制限などもあって、当面、手工業生産合作社は慎重であるべきであり、既存の合作社はその足下を固め、経験を総括し、手工業合作社のまだない区域では（合作社を）重点的に実験的に行わなければならない、という方針が

33

打ち出された。

　第2に、従来多くの手工業合作社は、「大中型都市」の失業者の生活問題を解決するためつくられたものであったが、今後は合作社づくりの重点を中小都市と農村での独立した手工業者や家内手工業者に移すよう求められる。

　第3に、手工業生産合作社の仕事は原材料の購買・製品の販売を行い、生産を促そうということであり、協同労働化と機械制生産化を急ぐべきではないとされた。

　この会議は以上の方針を打ち出すと同時に、その後の手工業合作社発展の目標をも決定した。その主な内容は次のとおりである。

① 原料の買付けと製品の販売を統一する。
② 損益採算を統一するが、余剰を社員の労働に応じて分配する。
③ 製品の規格を統一する。
④ 原材料や完成品の定量標準を統一し、期日どおりに納品する納期責任制を導入する。
⑤ 出来高制の基準と支払い方法を統一する。

　こうして、第1回全国手工業生産合作会議は設立されたばかりの中国手工業生産合作社について、不備や問題を提起し、人々の認識を正し、今後の方向を示した。合作社に配慮するという点から見ると、この会議は有意義だった。だが、合作社について細かく指示を出すことは合作社の自由意思の原則に背かないのかという懸念もあったと思われる。

2、『中華人民共和国合作社法（草案）』

　50年10月24日『中華人民共和国合作社法（草案）』（以下「合作社法草案」と呼ぶ）が公布された（注7）。その主な内容は次のとおりである。
① 合作社の財産は労働者の集団所有であり、国はこれを保護する。
② すべての合作社は独立した経済組織であり、責任を自分で負う。

第一章　集団所有企業の誕生（1949〜57年）

③　合作社は社員の必要と国の経済計画によって、業務計画を立て経済採算制度を導入する。
④　合作社経済は国家計画経済（中長期計画や年度計画の策定と執行を通じて国民経済の運営を行うシステム）の一部分である。
⑤　社員は直接合作社の生産労働に参加する。社員は出資金以外に、入社費を納めなければならない。
⑥　社員は選挙権と被選挙権をもつ。
⑦　社員は社章（規則）を守り、決議に服し、合作社の利益を守り、合作社の財産を守る義務を負う。
⑧　合作社の収益については、公共積立金は40％以上、社員の「分紅」（配当）は40％以下、上級合作社に納める基金は10％、公益金は5％以下、教育基金は5％以下とする。
⑨　合作社の最高権力機関は、社員大会または社員代表大会とする。
⑩　理事会は執行機関であり、社員大会で選出された理事で構成する。
⑪　監事会は監察機関であり、社員大会で選出された監事で構成する。

　合作社法草案は、建国後、実施された最初の合作社の公的文書であり、合作社の性格、財産、収益、社員の権利と義務、代表会議等を明確に定めている。
　その特徴は、次の三点に集約されると思われる。
　第1は、独立性の問題である。「合作社は独立した経済組織である」としながら一方では、「合作社経済は国家計画経済の一部である」ともいい、国家計画経済の一部と規定している。一見矛盾するような内容だが、運営自主権を認め、独立採算にさせつつ国有経済に組み込むという意味が込められている。
　第2は、労働者の自主管理型の組織であることである。社員は出資金と入社費（加入金）を納入して合作社に加盟し、労働者による社員大会を最高権力機関とし、自分たちの中から選挙により形成された執行機関を中心に経営

を行い、労働者はすべて生産労働に参加して分配を受ける。

　第3は、集団所有の性格である。集団所有とは、日本語では「集団所有」であるが、後述するように合作社の社員は脱退するときに出資金の払戻しを受けることができるようになっている。日本の合名会社や協同組合では、出資金の払戻しではなく、持分の払戻しとなっている点が異なるが、いずれも脱退社員に組合財産を分割することになっている。したがって、合作社法草案に示された合作社の財産形態は、いわゆる「共有」に当たるものと解釈できる。これは後に資本主義的な私的所有制の残滓として批判される。

　いずれにしろ、この合作社法草案は、後の合作社運動に明確な指針を提供し、合作社の普及に寄与することとなった。

3、「全国合作社計画活動暫定弁法（規則）」

　国民経済回復期において、国はすでに手工業合作社に対して計画上の指導を行っていた。合作社の計画システムをつくり、計画的に合作社経済を押し進めるために、中華全国合作社連合総社（注8）が51年7月16日に『全国合作社計画活動暫定弁法』を作成した。

　『全国合作社計画活動暫定弁法』の趣旨と内容とは、概ね次のようなものである（注9）。すなわち、はじめに、政府が合作社経済計画を策定する。この計画は、国民経済全体計画の重要な内容であり、社員と国の経済発展の需要によって、合作社の政治的、経済的活動に奉仕し、合作社計画は、上級社および同級の人民政府財政経済委員会か計画委員会の下で政策と任務とによって調査統計に基づいて実行できる計画を立案する、とされる。

　次に、手工業生産合作社が計画を作成する。これは、組織発展計画、生産計画、原材料購買と供給計画、製品販売計画、工賃計画、コスト計画、財務計画、「基本建設」（注10）計画等が含まれる。

　合作社計画立案のプロセスは次のとおりである。

　つまり全国合作社連合総社が翌年の年度計画の方針、任務および重点を末端の合作社に指示を出す。合作社はそれに基づいて計画をつくり、下部から

上部へと上級社に報告する。そして再び全国合作社連合総社が審査し全国的に調整する。そのうえ、中央政府の関係機関に報告する。政府から許可された後、また上から下部の「基層社」にまで下達され実施されるのである。

こうして、生産合作社経済は国の経済計画に組み込まれたのであった。合作社法草案のなかに、前述したように「合作社経済は国家計画経済の一部分である」という項目があるが、このようにして具体化されたのであった。

二、第2回全国手工業生産合作会議の開催

1、第2回全国手工業生産合作会議の開催

52年8月、第2回全国手工業生産合作会議が北京で開催された。会議は「先整頓、再発展」方針を再確認した。形式だけでなく、実質的にも合った合作社は充実され、条件の整わない合作社は取り消されるようになった。会議は次のことについて統一した認識をもつことができた。

第1に、中国の手工業生産能力は、その潜在力が極めて大きい。生産手段を改め、搾取制度をなくし、労働組織を変え、生産性を高めるということさえできれば、その目的達成は可能である。

第2に、製品の売れ行きは合作社の死活問題である。そのため、製品の品質を高め、コストを削減し、販売価格を下げる必要がある。すなわち良いものをやすく作るということである。

第3に、技術定額管理、流れ作業、出来高制、奨励制といった管理方法は手工業合作社にも適応する。出来高制や奨励制は生産性を高めるのに重要な要素であることがすでに証明済みである。

第4に、工業生産合作社を立ち上げた際に、深く調査し、業種を慎重に選んで、原材料を保証できるかどうか、販売ルートを確保できるかどうかに留意する必要がある。そうでなければ失敗する。

第5に、社員に対する階級教育や思想改造は今後、合作社の行方を左右する重大問題である。零細な手工業者を私的経済から集団所有経済へと導くには、必ずや自由意思の原則にのっとって合作社規則に従い、生産手段を互助

協力関係にし、労働に応じて分配する工賃制度を実行しなければならない。そうすれば、社員は自然に情熱をもって生産に取り組め、私的経済より集団所有経済の方が良いという認識をもつようになる。それこそ、零細な手工業者の生まれつきの保守的、ルーズで、落伍者的で、利己的な癖という性格を克服することができ、合作社の変質、資本主義化を免れることができ、また社会主義の道に邁進することができる（注11）。

2、『工業生産合作社章程準則（修正草案）』

　第2回全国手工業生産合作会議はまた『工業生産合作社章程（規則）準則』を討論、修正し、その『工業生産合作社章程準則（修正草案）』を施行させた。この「修正草案」はそれまでの手工業合作社の経験に基づいて、手工業合作社のさらなる発展のため、次のように細目にわたる指針を定めた（注12）。

（1）　合作社の目的と任務
　　　　合作社の目的と任務とは合作社社員が生産した製品を販売し、生産手段を購入する。
　　　　中間搾取をなくす。
　　　　合理的に仕事を分担しながら協力しあう。
　　　　労働に応じた分配（工賃）制度や奨励制を実施する。
　　　　教育制度をつくる。
（2）　生産手段
　　　　生産手段は合作社の公共財産である。
　　　　社員は生産手段と製品とをもって出資金とする。
（3）　生産管理と業務経営
　　　　合作社は「民主集中制」を実行し、計画生産と経済採算制度を実施する。
　　　　合作社は生産計画と技術定額を達成か超過達成すべきである。
　　　　労働競争原理を導入する。

第一章　集団所有企業の誕生（1949〜57年）

　　　　仕事を分担しながら協力する。
　　　　技術を高め、生産性を高める。
　　　　次第に分散生産を集中生産へと推し進め、手作業から半ば機械化へと発展させ、それに基づいて、合作社の改組や拡大をはかる。
　（４）　原材料
　　　　地元の原材料を使用し、加工製造に従事する
　　　　できる限り廃棄物を利用する。
　　　　製品品質を改善し、不合格製品をなくす。
　　　　製品をチェックし商標を貼る。
　　　　採算制度を導入し、原材料を節約する。
　　　　消耗を減少し、コストを削減する。
　　　　資金の回転を速め、合作社の収益を増やす。
　　　　合作社財産を保護し、出費を節約し、浪費や汚職に反対し規律を守る。
　　　　生産設備を改善し、社員の労働条件を整える。
　（５）　適法性
　　　　合作社は国家法律や合作社の規則にのっとって、業務を遂行し、資本や財産を支配する権利を有し契約を結ぶ。
　　　　国家銀行で口座を開き、「訂貨款」（注文資金）を受け取り、資金を貸す。
　　　　不正に対しては司法機関で起訴する。
　　　　生産機械や道具や設備を購買し、工場や倉庫を建設する。
　　　　国営企業、上級社、供銷合作社、消費合作社を通して製品を販売する。
　　　　必要なとき、許可を得て、「門市部」（店頭販売部）を設立し製品を販売する。
　　　　社員の教育や福利事業を行う。
　（６）　合作社の構成と社員の義務と権利

生産合作社を設立するには、都市では少なくとも15人、「郷鎮」（町村）では少なくとも9人の社員が必要である。

満16才で直接合作社の肉体労働または頭脳労働に参加できる者および満14才で合作社の練習生であるものが合作社の社員になることができる。

18才未満の社員は選挙権をもつが、合作社の理事や監事か上級合作社連合社の代表にはなれない。

入社時、社員は入社費を納め、出資金を出さなければならない。

出資金は少なくとも1ヶ月分の給与額に相当する額とする。

入社費は資本金の十分の一に当たる額とする。

合作社を脱退する際には出資金は返却されるが、入社費は払い戻されない。

社員は合作社規則を守り、決議に従い、公共財産を保護し、合作社のため奉仕する。

社員は、社員大会に参加し、合作社の各決議について表決権をもち、選挙権と被選挙権をもつ。また、合作社の福利施設を利用でき、優遇等を受ける権利を持つ。

（7） 合作社の資金と収益分配

合作社の資本金は、基本基金、社員の出資金と特殊基金からなる。

基本基金には、社員の入社費、公共積立金等が含まれる。

基本基金の使途は、機械設備を購入し、またその一部を合作社の流動資金（原材料を購入し、または賃金の支払いなどにあてる資金）とする。

出資金基金は社員の出資金からなる。これも合作社の流動資金とする。

特殊基金は労働奨励金、福利基金、教育基金が含まれる。

特殊基金は余剰から一定の歩合を取り出す。

年末決算時、上納税金等を除いた余剰が次の比例で分配される。

公共積立金は40％以上、労働返還金は25％以下、教育基金は５％以下、上級連合社に合作事業建設基金を納める。

余った分は労働奨励金と福利基金とする。

労働返還金の配分は全社員一年の工賃総額で計算する。数式で表示すると次のとおりである。

$$\text{工賃単位毎が得るべく労働返還} = \frac{\text{工賃総額}}{\text{労働返還金}}$$

（８）　民主的管理

社員大会か社員代表大会は合作社の最高権力機関である。その権力は次のとおりである。

合作社規則の表決や修正。

理事や監事と上級連合社代表大会代表の選挙、社員の入社・脱退・除名、入社費と出資金の上納方法の決定。

合作社の生産計画、財務計画、支出予算と基本建設計画の審査と決定。

ノルマ（定額）と工賃計算基準の決定。

合作社の規則にしたがい、各種基金の調達、合作社に関する理事会の生産と業務報告を審査し決定する。

監事会報告を聴取する。

年末決算の余剰配分案と赤字を埋める案を決定する。

合作社の各生産・労働と業務の規則を許可する。

本社と支社との設立や清算、また合作社と他の合作社との合併を許可する。

合作社財産の譲渡や処理を決定する。

本社が上級生産合作社連合社のメンバーになる決議を許可する。

理事会や監事会に社員の上告を審査し、理事や監事を罷免する。

理事会は合作社の執行機関である。社員大会か社員代表大会により

選出される。理事会の職権は次のとおりである。

社員大会か社員代表大会の決議と上部部門の指示を執行する。

社員大会と上級連合社に対して責任をもつ。

社員大会か社員代表大会に決定された計画と予算を執行する。

合作社を代表して契約の調印等事項に当たる。

上級連合社の規則にしたがい、各種の計画や統計、財務表および報告を作成する。

監事会は監察機関である。社員大会か社員代表大会により選出される。その任務は合作社の生産・財務・業務を審査し、合作社の財産や社員の利益を保護する。

監事会は、理事会が政府法令・上級社の指示、合作社の規則、社員大会か社員代表大会の決議を執行し監督する。

生産計画・財務計画・契約をチェックし、勘定・現金・品物を会計・検査する。

合作社の固定資産および品物の保管状況を検査し、汚職や浪費を監視し、債権債務の処理を審査する。

　以上、第2回全国手工業生産合作会議に提出され、修正された後、下達された『工業生産合作社規則準則（修正草案）』の内容を詳細に見てきた。

　この『工業生産合作社規則準則（修正草案）』は合作社の目的、任務、生産、経営、社員の権利・義務、資金・工賃、福利、民主的管理など工業合作社についてかなり詳細な指針を規定した。

　弱小で未経験な合作社の運営に詳細な規則を与え、多様な合作社の運営の適正化を図る目的であったが、実行時には果たして文字どおり実施できるか疑念が残るが、後の中国手工業合作組織の発展をいっそう促進させた側面に目を向けるべきであろう。

3、回復期における手工業合作社

　汪海波氏の集計によると、この時期、社会主義的要素を含む手工業生産小組および半ば社会主義的手工業供銷生産合作社がつくられた以外、一部の社会主義的手工業生産合作社も実験的につくられていたという。49年から52年にかけて、手工業生産合作社（手工業生産小組を含む。）は311社から3,658社へと急増し、3年間で10.8倍の増加が見られた。合作社社員は88,941人から227,786人とのぼり、2.6倍の増加となる（注13）そのうち、手工業生産合作社は52年に3,280社にのぼった。これは49年の約11倍になる。手工業合作社社員は21.8万人に達し、49年の1.5倍であった（注14）。

　国民経済回復期、中国手工業生産合作社は実験的な段階にあったとはいえ、合作社の優越性を初歩的に示すことができたことで（注15）、手工業生産は発展していった。

　零細な手工業者が合作社に参入してから、合理的な計画などを通して、従来の生産設備をそのまま使用しても、より高い生産性を達成することができた。たとえば、山西省陽泉市任家峪製鉄生産合作社の場合、生産性が29.4％高くなった。また、安徽省合肥市愛国製鉄生産合作社は合理的な管理法を導入した後、生産量が60％も増加したという。なお、合作社は増えた蓄積をもって、手工業者の労働環境を改善することもできた。「山東省濰坊市工勝織布生産合作社」は3年間で2億元強を蓄積し、電動織機20数台を購入したという（注16）。

　この時期において、相次ぐ政治運動があったことに言及する必要がある。とくに、52年1月から中央政府の指示で、民族資本家や中小商工業者の間で行われた贈賄、脱税、国家資材の横領、手抜き仕事と材料のごまかし、国家経済情報の窃取に対する「五反運動」があった。「五反運動」以後、各企業は国家資本主義に組み込まれた。そのため、手工業の合作社化運動を点検した際、取り巻くこうした歴史的背景を看過してはならない。

　ちなみに、この時期における軽工業（消費財工業）と手工業管理体制との関係に簡単に触れておこう。49年11月、政府が許可した軽工業部所属した40

業種のうち、服装、日用、金物などの相当な部分は手工業生産に属した。手産業紡績、メリヤス、絨毯といった業種は紡績業に属するが、主に手工業ということで軽工業部に所属させられた。50年代初頭、手工業生産を援助、指導することは軽工業部の重要な仕事であった。つまり、軽工業部は手工業生産指導委員会、全国合作総社と一緒に全国供銷、消費および手工業生産合作機構を指導したのであった。

注1 54,167万人。『中国統計年鑑1981』香港経済導報社出版、1982年、89ページ。

注2 1920～40年代における中国の合作化の中には次の5つが含まれるという説がある。それはつまり①国民党系のイデオローグの提唱・唱道により、やがて国民政府の農業政策の一貫に組み込まれたもの。②日本が満州での農民支配のためにはじめたもの。③日本が華北で既存のものを接収してはじめたもの。④中国共産党の指導の下に農民運動の一環として行われ、従来の農民の互助組織を基盤にしてはじめたもの。⑤外国人の協力で抗戦の物的基礎をつくるためにはじめたもの。加藤祐三「中国の初期合作社」、滝川勉他編『アジアの農業協同組合』アジア経済研究所、1973年、453ページ。また、近藤康男『新版協同組合の理論』御茶の水書房、1975年、243～246ページをも参照されたい。

注3 1949年までの研究は次のものがある。寿勉成他編『中国合作運動史』正中書局、1937年；章元善『合作与経済建設』商務印書館、1938年；高叔康『中国手工業概論』商務印書館、1948年；丁利剛「論中国工業合作化運動」、『社会科学』(上海)、1983年第1期、38～42ページ；朱敏彦「宋慶齢与抗戦時期的工合運動」、『上海師範大学学報』1991年第3期、30～36ページ；侯徳礎著『中国工合運動研究——小型合作企業与落後地区経済開発』四川大学出版社、1995年；何光編・唐宗焜他著『中国合作経済概観』経済科学出版社、1998年、263～270ページ；前掲郭鉄民他『中国合作経済発展史』；王晋林「簡論抗戦時期陝甘寧辺区的手工業生産合作社」、『甘粛理論学刊』2002年第6期、82～86ページ；菊池一隆著『中国工業合作運動史の研究』汲古書院、2002年；従麗華「大生産運動中合作社成功原因初探」、『斉斉哈爾大学学報』2003年第1期、20～21ページ、など。

注4 鄧潔『中国手工業社会主義改造的初歩総結』人民出版社、1958年、1ページ。

注5 　孟日潜「組織与発展手工業生産合作社過程中的若干問題」、中華全国合作社連合総社編集・出版『中央合作通訊』1952年第10期。ここは前掲郭鉄民他著『中国合作経済発展史』、785ページ；中華全国手工業合作総社他編『中国手工業合作化和城鎮集体工業的発展』第1巻、中共党史出版社、1992年、4ページ。また、史料によって合作社や社員の数字がやや違う。50年、生産合作組織は1,321に達し、社員は264,122人に達したという統計もある。汪海波『新中国工業経済史1949.10〜1957年』経済管理出版社、1994年、238ページ。なお、前掲何光編・唐宗焜他著『中国合作経済概観』、271ページも1,321合作社がつくられたという。

注6 　呉承明他編『中華人民共和国経済史1949〜52』第1巻、中国財政経済出版社、2001年、254ページ。

注7 　前掲中華全国手工業合作総社他編『中国手工業合作化和城鎮集体工業的発展』第1巻、530〜540ページと郭鉄民他著『中国合作経済発展史』、764〜766ページを参照されたい。

注8 　全国合作総社と略称する。50年7月成立。薄一波など31人が臨時理事会理事と選出された。前掲中華全国手工業合作総社他編『中国手工業合作化和城鎮集体工業的発展』第1巻、3ページ。

注9 　前掲汪海波著『新中国工業経済史 1949.10〜1957』、232〜233ページ。

注10　インフラ。固定資産となる建設のことをさす。工場・鉄道・農場・ダムなどの施工、およびそれに付随する機械設備の購入と取り付け。その他、機関・学校・病院・住宅などの施工と付帯設備の購入・取り付けも含まれる。

注11　『人民日報』1952年8月4日などを参照されたい。繰り返しになるが、当時の中国はアメリカと朝鮮で戦っていた。また、社会主義と資本主義との対決という冷戦がすでに始まったので、中国は資本主義の代表格たるアメリカは「悪の枢軸」と見なし、社会主義国家の建設を目指していた。

注12　前掲中華全国手工業合作総社他編『中国手工業合作化和城鎮集体工業的発展』第1巻、550〜561ページを参照されたい。

注13　前掲汪海波著『新中国工業経済史1949.10〜1957』、238ページ。

注14　前掲書、237ページ。しかし50年から52年までの手工業生産合作社および社員数は次のようにやや違う統計数字も見られる。50年の合作社は1,326社、社員26万人、51年はそれぞれ1,076社、13.9万人、52年はそれぞれ2,600社、25.7万人。前掲郭鉄民他著『中国合作経済発展史』、785ページ。

注15 個人より合作化の優越性は主に次の5つの側面から表れている。①集団の力をいかせるし、労働道具の改善に有利であること。②国家のサポートのもとで、原材料の買い付け、生産品の販売における問題を克服できること。③無計画性を克服し、計画性を強め、手工業生産を国家や地方の計画に組み込まれること。④工賃を高め、収入を改善すること。⑤労働者の自覚を高めたこと。賈拓夫「在中華全国手工業合作社第一次社員代表大会上的報告」、中華全国手工業合作総社編『手工業合作化後的主要任務』財政経済出版社、1958年、14ページ。

注16 前掲汪海波著『新中国工業経済史 1949.10〜1957』、237〜238ページ。

第三節　手工業者の社会主義的統合と生産合作社

　建国してからの最初の3ヶ月は いわゆる経済回復期と呼ばれる。そこで、まず政権の基盤を固めることが政府にとっては最優先課題であった。加えて主権を守るため、米軍をはじめとする国連軍と朝鮮半島で戦わなければならなかった。戦時体制の影響もあり政策の締め付けが強くなり、反対意見を許す余裕がなくなった。土地改革運動、反革命鎮圧運動、三反五反運動、思想改造運動（注1）といった運動まさしくこのような背景のもとで行われていた。本節は経済建設を軌道にのせた第1次五ヶ年計画期（53〜57年）の前半に当たる時期における手工業合作社の状況を整理する。

一、　手工業生産合作社の形態

　53年11月20日から12月17日にかけて、全国合作総社が第3回手工業生産合作会議を北京で開催した。会議は建国以来、手工業合作化運動の経験を総括し、手工業の社会主義的改造の方針を示し、改造のための機構を設立した。手工業の形態は手工業生産小組、手工業供銷生産合作社および手工業生産合作社が含まれる。合作社の発展方向は、手工業生産小組から手工業供銷生産合作社へ、また手工業供銷生産合作社から手工業生産合作社へと合作社の形

第一章　集団所有企業の誕生（1949～57年）

態を高度化し、生産性を高め、合作社の規模を小型から大型へ、初級から高級へ高度化するというものであった。

1　手工業生産小組

会議は第1次5ヶ年計画期上半期における手工業合作社の発展に有益とされる政策を提起した。特に注目すべきは手工業合作社の形態である。

手工業生産小組は手工業労働者を広く連帯させる一種の初級形態であり、手工業者がより受け入れやすい形態でもあった。手工業生産小組は、15戸を超えず（農村は3戸以上、都市は5戸以上）、簡単な用具や設備さえそろえれば設立できる。

手工業生産小組は、原料の購買、製品の販売を合理化し手工業労働者を結束させることができる。これによって、手工業者は協同で供銷合作社、消費合作社か国営企業から原材料を共同で購買し、製品を販売し、ないしは注文を引き受けることができる。こうして、原料購買や製品販売の際、直面した困難を克服し、中間的な搾取を減少し、生産上の計画性を強め、非主体的な労働を克服し、品質を高め、コストを削減し、公共蓄積を高めることができる。また、政治思想教育を強められ、社員の社会主義的自覚を高められるという。

繰り返すが、手工業生産小組は手工業合作化の初級的な形態である。手工業生産小組の特徴は手工業労働者を結束させられること、国のサポートを受けられること、搾取を免れられること、工業生産を促進させられること、である。それと同時に手工業生産小組は、手工業生産合作社および手工業供銷生産合作社へと移行するのに有利な要素を提供することができるという。

すべての手工業生産小組の重要な事項は組員会議を通さなければならない。組長は組員会議で選出され、業務を担当し、製品の規格や品質をチェックし会議の召集を担当する。

10戸以上の組では組合業務委員会が設けられ、選挙により3～5人の委員が選出され、その委員によって組長が選出される。組合業務委員会は決議を

執行し、業務を担当し、生産計画の立案を指導し、製品チェック、出荷、財務等の方法や規則を定め執行する。委員や組長は生産現場の専従として小組の生産現場を離れることは許されなかった。

2　手工業供銷生産合作社

　手工業生産小組に比べて一歩進んだ形態は手工業供銷生産合作社である。これは手工業生産小組と同様に、供銷合作社、消費合作社が原材料の提供、製品の販売を担当して私有手工業者を結集させるものである。ただし、業務の拡大、生産小組の増加にともなって、業務の関連部門が増加する。業務の手続きを簡素化するため、供銷合作社、消費合作社のほかに、あらためて供銷生産合作社が作られた。これは私有手工業から手工業生産合作社へと高度化させる過渡の形態である。

　手工業供銷生産合作社の主な仕事は、分散した私有手工業者をまとめ、協同して供銷合作社や国営企業から原材料を買い付け、手工業者に原材料を供給し、手工業者が生産した生産物を供銷合作社や消費合作社、国営企業に販売する。供銷合作社や消費合作社、国営企業から注文を引き受け、私有手工業者に生産させる場合もある。手工業供銷生産合作社は、購買、販売過程をまず統合し、生産（労働）過程は分散したまま結合する。手工業の社会主義的改造は、流通過程から始め、次第に分散した生産を組織化するという形で行われたのである。この手工業供銷生産合作社は手工業生産合作組織のなかで、初級段階の合作社の形態と位置づけられる。

　手工業供銷合作社は分散した労働に基づく組織であり、そもそも生産手段を根本的に変革することなくして、単に原材料の購買と製品の販売という流通過程を統合して各生産者をつなぎ合わせるものであった。

　手工業供銷合作社は各社員に対して、原材料の購買や製品の販売から生産を指導するのみで、他の関係はもたなかった。生産合作社の社員は、独立採算で運営する。手工業供銷合作社は、生産合作社に対しても社員個人に対しても責任をもたなかった。

合作社自身は余剰の60％を蓄積し、10％を合作事業の建設基金として上納し、残った30％を「股金分紅」（出資金配当）、教育・福利・奨励等基金に積み立てる。手工業供銷生産社は購買、販売業務に直接従事し、注文を引き受け、各社員に配分して、社員に加工させる。しかし営利事業を行うことができない。上級社や国営企業の依頼に基づく場合を除き、供銷合作社は社員に原材料を販売したり、製品を購買したり転売することはできない。

　強調しておきたいのはこの手工業供銷生産合作社の任務である。姚忠斌らは、それを次の四つに集約している（注2）。

　第1に、原材料の購買と製品の販売において、零細の手工業者を組織する。合作社が原材料を社員に提供し、製品を販売する。生産過程は社員に任せる。

　第2に、計画的に原材料の購買や製品の販売を通して、社員の生産技術を改善し、品質を高め、コストを削減する。

　第3に、常に社員に対して政治的教育を行い、社会主義的自覚を高めさせる。

　第4に、合作社の蓄積で生産用具を購入し、集団の財産を増やす。

　手工業供銷生産合作社の目的は、社員を自由市場から切り離し、中間的な搾取から解放し、次第に生産の季節変動を克服し、計画性を高め、社員間にそもそも存在している雇用関係、家父長制、師弟関係を労働に応じて配分する、互恵、合作関係へと変革することにある。たしかに建国まもなく、資本主義的雇用制度を排除する労働制度の革命的変革は実際には容易ではなかった。当時、中国はソ連専門家の指導下で国づくりを行っていた。ソ連の専門家らは自らの経験に基づいて、私有手工業者を手工業生産合作社に集約することを強く主張し、それ以外の方法を認めなかった。しかし、劉少奇などは、ソ連とは条件が異なるとし、中国の合作化の特色を考えて、生産小組と供銷生産合作社とを力強く主張し、実行したといわれる（注3）。

3、手工業生産合作社

　手工業生産合作社は、手工業の社会主義的改造の高級形態である。手工業

生産合作社をつくるには都市においても農村においても、少なくとも15人が必要である。手工業生産合作社は主要な生産手段がすでに合作社所有となり、また労働に応じた分配制度が実施されている。これは労働者集団所有による社会主義的経済であり、100パーセントの社会主義的生産合作社であると考えられていた。

　ちなみに、どのように手工業生産合作社を作っていったかについて、当時出版された手工業生産合作社のガイドブックを引用しながら（注4）検討しよう。

Q：生産社（生産合作社の略称）をつくるにはどんな原則により、いかなる条件が整わなければならないか？
A：自由の意思（「自願」）と互恵とは生産社をつくる主要な原則である。生産社をつくるには、一般的に言うと、次の条件が必須である。
　第一に、管理者がいて、社員が生産社に対するある程度の知識があり、かつ合作規約に従うこと。
　第二に、社員は必ず労働者でなければならず、かつこの業界の職人であること。
　第三に、生産社を作る際に、各社員は「手工業生産合作社基層社模範規則・草案」によって、出資金と入社金（加入金）を納める以外、ただちに生産に取り組むので、ある程度の道具や原料や建物が必要である。また、地元の手工業生産合作社（生産連社）に設立の申し込みをするか、あるいは人民委員会の管理部門に申請し許可を得てから設立する。
Q：合作社をつくる前に、どんな準備が必要か？
A：労働者はまず「手工業生産合作社基層社模範規則・草案」を学習し、生産社とは何かを理解する。討論後、合作社に入社する気があれば、自由意思で申し込む。申請者人数が規約の条件を満たす場合は、道具・原料・建物などを計画する。要素がそろったら、生産連社に設立の申し込みをする。かりに、管理者がいて、メンバーもすべてが自由意思で、技術をもち、こ

の業界の職人であれば、設立の条件は満たせることになる。設立の許可を得ると、5人から7人で生産社準備委員会を作り、次のことに取り組む。①規約を作成する、②参加者の技術・身分を審査する、③入社金と出資金とを集め、原料や道具を評価する、④生産に必要な原料・道具およびその他の設備を購買する。

Q：最初から高級形態の合作社をつくってもいいのではないか。なぜ初級形態から作らなければならないか。

A：手工業の社会主義的改造の主要形態は生産社である。事実が証明したように、労働者の社会主義的自覚の高まり、十分な条件を整っていれば生産社をつくれば良い。供銷生産社および生産小組といった初級段階にある合作社をつくる理由は主に次の4点ある。

① 個人手工業者は資金が少ない。また、一番大きな問題は原料の購買と製品の販売とにある。供銷生産社および生産小組はまさに個人手工業者のこうした原料の購買や製品の販売問題を合理的に対処するためにあるのである。

② 個人手工業者は独立して分散労働者である。副次的な労働は家族により担われる。こうした労働はコストに計算されない。したがって、コストは低い。だが、供銷生産社をつくるとき、分散した生産形態が維持される、つまり副次的な労働は十分にいかされる。だから、こうした組織形態はもっとも小生産者に受け入れられやすい。かりに、最初からいわゆる高級形態の生産社をつくると、副次的な労働は使われないだけでなく、費用も高くなる。

③ 個人手工業者は社会主義的自覚を高める前に、私有制に未練を持っている。生産社に入社するかどうか迷うのである。一方、供銷生産社および生産小組では私有制はしばらく認められるので、個人手工業者がなじみやすい組織形態である。したがって、革命的自覚はいまだに高くない個人手工業者は将来生産社に移行する際の過渡期が必要である。

④ 生産合作社の幹部（管理者）は主に民主的選挙により選ばれたもので

ある。小生産者にとって、最初から科学的な分業ができ、さまざまな制度が実施される高級生産社をコントロールすることは決して簡単なことではない。一方、供銷生産社および生産小組は管理しやすい。生産小組より開始すれば、次第に管理者を養成することができ、将来生産社に移行するには管理者を準備する時間が与えられる。

要するに、手工業合作化運動の初期段階においては、一般的には購買や販売から取り組むべきである。つまり小型から大型へ、簡単から複雑へ、初級から高級へと段階を踏んで高めていくべきである。個人手工業者の性格を考慮しなければならない。具体的な状況を見ずにいきなり生産社をつくるのは正しくない。もちろん、手工業合作社運動が早くから行われ、条件が備えられれば、とりわけ手工業労働者の社会主義的自覚が高くなったもとで、生産小組や供銷生産社を飛ばして、最初から生産社をつくることもありうる。

このように、手工業合作組織は3つの形態すなわち手工業生産小組、手工業供銷生産合作社、手工業生産合作社の段階を用意し、3つの形態をそれぞれ初級・中級・高級と位置づけ段階的に社会主義経済への移行を達成しようとしたのである（注5）。

二、政府の支援と民主的原則

1、手工業合作社に対する政府の支援

手工業および合作化の指導を強化するため、54年6月、中央政府は次のように指示した。つまり、各行政機関の党委員会は手工業を指導するため、専門的担当部署、機構、責任者を指定する必要があり、各人民政府は手工業を管理する機構を設立すべきであり、また手工業合作社連合社の設立を援助しけなければならない、と。そこで、11月、国務院が手工業管理局の設立を決定し、各地方政府も相次いで「手工業管理処」を設立した。

政府は手工業合作社を発展させるため、さらに積極的な支援に取り組んだ。たとえば、原材料の供給については、物資部門と商業部門が手工業合作組織

に原材料を提供すると同時に、54年から古い機械や廃棄した鉄鋼、木材等を含む多くの物資を廉価で手工業合作社に供給していた。そのうち、調達された古い機械は3万台を超え、鋼材も20万トンを超えた（注6）。これらは手工業合作社の技術的改造、原材料の不足といった問題を解消するのに大きな役割を果たした。

製品の販売については、国営商業と供銷合作社を通して、加工・注文・購買・販売された製品が手工業製品の約70%を占めていた。資本が少なく、力も小さく、遠くまで販売できず、閑散期に製品を寝かせるという設立されたばかりの合作社から見れば、これはまさに渡りに船だった。

税については、手工業に対して優遇した減税政策か免税政策がとられた。すべての新規の手工業合作社に対して営業税を1年間で半額に減額し、所得税も2年間で半額に減税した。また、財政については、政府は1兆3,200万元を手工業合作社に供給した。そのうち、6,400万元を手工業合作社に投資し、4,200万元を合作社基金とし、2,600万元を経費補助金にあてた。国家銀行は低利息で手工業合作社にローンを貸していた。たとえば、55年から56年にかけて長期貸し付け3,000万元を、56年に短期貸付3,500万元を貸していた（注7）。

2、自由意思・互恵・民主的原則

手工業合作社は、こうした政府の指導とサポートを受けながら、次第に発展を遂げていった。この際、自由意思に基づいて互恵的で民主的な合作社をつくるという原則が貫かれていた。まず、自由意思の原則を貫徹するため、「説得教育」「典型師範」「国家援助」といった措置がとられた。互恵の原則を貫徹するため、次の問題に留意し対処するとした。

第1に、社員が納める出資金について。

手工業生産合作社の社員は入社時、少なくとも月給1ヶ月分に相当する出資金と出資金の十分の一に相当する入社費を納めなければならない。手工業供銷合作社の社員が納める出資金額は社員大会または社員代表大会において、購買と販売との需要および社員の負担能力によって決定される。その入社費

も出資金の十分の一に相当する。手工業生産小組組員の納まる出資金と「入組費」(加入金)は組員会議により決定される。手工業労働者の合作組織は労働に基づくものであるため、賃金に応じて出資金額を決めるのが合理的である。

第2に、生産手段を合作社所有に変更することについて。合作社のメンバーは主要な用具・原材料・製品をもって出資金とし、時価で換算することができる。したがって、主要な生産手段を時価で換算する手続きを首尾よくやらねばならない。社員に損をさせてはならない。それと同時に、時価を上回ってもならず、また合作社の集団的利益を保護するため、新製品時価を評価基準としてはならない。

社員は生産用具・原材料・製品をもって出資金とする際に、出資金と入社費とを超えた分は預金分割払い方式か貸し出方式で処理される。換算しない社員の主要な生産用具は貸し出か用具配当方式で処理される。社員個人の所有する小型用具は基本的に合作社の所有物にされる必要はない。なぜなら、手工業生産の特徴からすれば、合作社の集団所有制が実現されたとしても、手工業者の小型生産用具が個人所有されるべきであるからである。

第3に、公共積立金と労働配当について。公共積立金の目的は合作社か合作組内の社会主義的経済の比重を高めることにある。したがって、社員の生活水準の向上に配慮しながら、公共積立金は増やされるべきである。労働配当の目的は社員収入の増加により生産性を高めることにある。生産の発展、社・組員収入の増加、およびその社会主義的自覚の高まりにともない、手工業合作組織内部の社会主義的要素を増加させるため、公共積立金の比重は次第に拡大されるべきである。

手工業合作社は、社員により民主的に経営されるのであるが、その基本原則は次のとおりである。

社員大会は、手工業合作社の最高権力機関であり、理事会や監事会は必ず社員大会により民主的に選出され、すべての社員は選挙権と被選挙権をもつ。生産計画、財務計画、基本建設計画、組織形態、採算方式、工賃・福利とい

った合作社の重要事項はすべて社員大会で討論し決定される。

　理事会と監事会は、合作社の日常業務等の指導や監督にあたり、定期的に社員大会に報告を行う。理事会は民主的に運営され、集団指導し、仕事を分担して各自責任を負う。業務に精通し、生産を促進し、重大な問題については社員と相談する。社員の権利を尊重し、社員の批判や監督を受ける。監事会は生産や財務の仕事を首尾よくこなし、合作社の共有財産と社員の利益を保護する（注8）。

　このように、政府の支援を受け、いわゆる自由の意志・互恵・民主的原則の下で、53年から54年にかけて手工業合作化の一層の発展がみられた。この時期は合作社が形成されたばかりなので、政府の支援は貴重であった。

　もちろん、この間、多くの問題が生じたのも事実である。たとえば、集団化の進行にともなって、原料の買い付けや製品の販売について、手工業生産と大規模な機械性生産との矛盾（原料・製品をめぐる競争）、および原材料の購買や製品の販売について合作化手工業と私有手工業との矛盾（同上）が浮き彫りになった。つまり生産や改造は統一的に行われなければならなく、各分野を全面的に配慮する必要があった。また、合作社が多くつくられたが、必ずしもすべて健全なものとは限らなかった。なかには条件の整わない合作社も数多く見られた。

三、問題に対処する方針・指示

1、4つの基準と3種類の合作社

　54年末、こうした問題を解決するため、手工業管理局と全国手工業生産合作社連合総社は、第4回全国手工業生産合作会議を北京で開催した。会議は、手工業に関する新たな方針政策を制定した。会議は手工業が工業と国民経済の一部分であると指摘し、また、社会主義的改造にともない、手工業と機器生産および手工業内部（合作化手工業と私有手工業とを含む）は、原材料の購買・製品の販売をめぐる矛盾が目立つようになり、生産や改造を統一して行うため、会議は手工業の社会主義的改造の方針を「統籌兼顧、全面安排、積

極領導、穩歩前進」(統一的に計画し、各方面に配慮し、積極的に指導し、着実に前進する)とした。既存の生産合作社と供銷合作社を監督するために会議は4つの基準を定めた。

第1に、組織を整理し、経営をある程度民主的に行う。
第2に、生産を正常にし、計画を立てる。
第3に、財務制度を立て直し、汚職をなくす。
第4に、製品品質を少なくとも合作化までの水準を維持しなければならない。

当時、上述した4つの要素をすべてそろえるものが「健全な合作社」と呼ばれ、第1と第3を備え、第2と第4とを備えないものが「中間的合作社」と呼ばれ、4つのことすべて備えないものを「非健全な合作社」と呼ばれた。統計によると、当時、北京市、山西省晋城では、健全な合作社は約三分の一にとどまり、中間的なものと非健全なものを合わせると約三分の二に達していたという(注9)。また、合作社には汚職、浪費、不正の現象が存在していて、一部はとても深刻な状況にあるともいわれた。

結果から見ると、回復期における合作社化は結構ずさんなものも含まれていた。手工業者はどれだけ自由の意思で行動したかはともかく、建国直後、政府の乱暴ともいえるほどの行政指導が見え隠れする。半面、問題点を包み隠さず調査を行い、公表したことは合作社運動の実態を真剣に把握しようとした証拠であり、肯定的に評価すべき側面も多いと思われる。

2、6項目の指示

55年、第四回全国手工業生産合作会議は、手工業の社会主義的改造の主要任務を決定した。その内容は次のとおりである。

すなわち手工業に属すすべての業種の状況を引き続き把握し、軽重と緩急とに分け、購買・生産・販売および手工業労働者の生産計画を立てて、改造

第一章　集団所有企業の誕生（1949〜57年）

を順序よく、目的を明確に行うよう要求した。また、既存の合作社の調整、強化およびその基礎をつくるため、各県（市）に諸業種の社会主義的改造の典型的経験を総括した上で、購買と販売から着手し、適切に新たな合作社を作るよう求めた。

　上述した方針と任務を示した上、会議はなお手工業政策に関して、次のように細かく指示した。

　第1に、手工業の社会主義的改造の対象と今日の組織問題について。

　前回（第3回全国手工業合作社）会議はすでに示したとおり、手工業の社会主義的改造対象は独立した手工業者、家内手工業者および手工業労働者である。当時、手工業従業員は約900万人、農業兼商品性手工業生産者は約1千万人、10人以下の手工業工場で雇われる者は百万人余りいたと推計された（注10）。一般的に言えば、農業兼商業型手工業者は農業生産合作社付属組（農業生産合作社に付属する手工業者の集団）をつくった方がよく、10人以下を雇った工場の社会主義的改造は当時も実験的に行われていた。したがって、当面の手工業合作化は独立した手工業者に重点的におくべきである。

　第2に、手工業合作化の階級路線について。

　独立した労働者は生産に参加し、見習いとの関係は師弟関係である。雇った人数が少数であり、一部では雇い主と雇員との関係が主要な労働と副次的な労働という関係となる。ここでは、一般的に言えば、搾取は存在せず、手工業資本家が雇員を搾取するのとは根本的に異なるものである。したがって、手工業の社会主義的改造の中で、労働者を率いて自由意思の下で、次第に私有制を集団所有制に変え、また需要と可能性によって、小型生産を大型生産にかえるということが労働者階級の階級路線に求められるものである。

　第3に、農村副業と農業兼商品性生産手工業との関係について。

　農業は農村副業と分業する前に、農業合作社から指導を受けるのが一般的である。しかし農業と手工業生産ともに発展し、従業員の積極性を引き出すため、責任を負わせるべきである。手工業が集中する地区では、手工業と農業との混成合作社を設立するか手工業と農業とそれぞれ手工業合作社と農業

57

合作社とを設立することができる。社員は手工業社と農業社とを兼業することもできる。

　第4に、3人以下10人以上を雇う手工業工場の資本家の入社問題について。資本家が合作社に入社した場合、次のことを考慮しなければならない。
① 　搾取する思想を放棄し、生産に参加すること。
② 　より大きく、整頓され固められた手工業生産社に参加させること。そのときには社員大会の承認を受けなければならないこと。
③ 　入社後、異なる生産組に参加させるが、指導ポストにつかせてはならないこと。
④ 　生産手段および他の固定資産を出資金と換算するが、余った分は利息付きで預金させること。
⑤ 　受け入れた合作社が引き続き資本家に対して思想改造を行うこと。

　第5に、手工業生産連合社の購買・販売業務と国営商業・供銷合作社との関係について。54年、各地の手工業生産合作社（生産小組を含む。手工業生産連合社に属する。）が販売した製品のうち、70～80％が国営商業および供銷合作社を通して行われた。国営商業と供銷合作社を通して購買された原材料が約50％を占めた。国営商業と供銷合作社は手工業生産社の発展を力強く支援していた。そのため、手工業生産社は資金面と人的側面において大いに節約することができた。

　第6に、手工業労働者協会について。1年来、各地は手工業労働者協会を実践的につくってきた。こうした協会を通じて、手工業および手工業者への理解、手工業者を教育し団結させること、手工業労働者と資本家との区別をはっきりさせること、手工業生産を指導し、技術経験を話し合うこと、などにおいて大きな役割を果たしていた。

　55年5月、中央政府は中央手工業管理局、中華全国手工業生産合作社連合総社が決定した『第4回全国生産合作社の報告について』を許可した。

　こうして、手工業合作化運動は全国で行われていった。55年末になると、全国で手工合作組織は64,591社に達し、社（組）員数は220.6万人にのぼり、

年生産額は20.16億元であった。52年と比較すると、それぞれ16.7倍、8.7倍、6.9倍の増加となる。そのうち、手工業生産合作社は20,928社に達し、社員数は97.6万人にのぼり、年生産額は13.01億元であった。52年に比較すれば、それぞれ5.4倍、3.5倍と4.3倍の増加となる(注11)。

56年までは手工業合作社の形成期・基礎確立期に当たる。さまざまな問題が存在したにもかかわらず、政府の強力なリーダーシップもあり、人民の新国家建設に捧げる情熱もあり、手工業合作社運動は中国全土で巻き起こり、合作社化のいっそうの高度化をもたらすことになる。

注1 土地改革とは土地所有制の改革をさす。少数の地主が集中的に所有する土地を農民に分配し、自作農を創設する社会変革をいう。反革命鎮圧運動は50〜53年に行われた、帝国主義、封建主義、官僚資本主義の残存勢力を反革命分子として鎮圧した政治運動。三反五反運動は51年〜52年にかけて展開された官僚の汚職腐敗と資本家の不法行為とを摘発・批判する政治運動。思想改造運動は共産党が知識人を対象に進めた組織的な自己変革・自己批判の運動。

注2 姚忠斌他編『手工業生産合作社問題回答』通俗読物出版社、1956年、3ページ。

注3 程子華「手工業的社会主義改造」1983年11月20日、軽工集体経済編集部『軽工集体経済』1986年第3期、2ページ。また、姚建平「風雨八十年 1912〜1992——白如氷回憶録」、『中国集体経済』2004年第7期、46ページをも参照されたい。

注4 前掲姚忠斌他編『手工業生産合作社問題解答』、7〜10ページ。

注5 季竜「学習『劉少奇論合作社経済』、更好地発展有中国特色的集体工業」、『軽工集体経済』1987年第12期、6ページ。合作社の形態と社会制度との関係は下図を参照されたい。

合作社の形態と社会制度との関係図

手工業生産小組	→	手工業供銷生産合作社	→	手工業生産合作社
初 級		中 級		高 級
資本主義	→	新民主主義	→	社会主義

注6 前掲鄧潔『中国手工業社会主義改造的初歩総結』、19ページ。

注7 同上。

注8　前掲鄧潔『中国手工業社会主義改造的初歩総結』、29～30ページを参照されたい。
注9　前掲汪海波著『新中国工業経済史 1949.10～1957』、381ページ。
注10　同書、382ページ。
注11　同書、384ページ。

第四節　手工業合作化の加速

　56年は中国にとって特殊な意味を持つ年である。なぜならば、公式には農業、手工業および資本主義商工業の改造が完了し、社会主義的中国が完成したからであった。これから少なくとも78年改革開放政策が導入されるまで、社会主義は重要なキーワードとして機能し続けていた（注1）。

一、手工業合作化の加速

1、行政的指示

　すでに述べたように、毛沢東は55年7月に鶴の一声で中国の農業合作社の高まりをもたらした（注2）。同年10月、資本主義商工業全業種の「公私合営」（国家と民間資本との協同経営）、そして、56年3月に手工業の社会主義的改造を直接に指導していた（注3）。農業合作化の際には異なる考えや反対意見があったが、手工業合作化の段階では、少なくとも表舞台においては反対の声が聞こえなくなった。手工業合作化は農業合作化の大きな流れに呼び起こされ、模倣され、そして勢いをつけられるという構図であった。

　まず、55年12月、中国政府は座談会を開き、劉少奇が毛沢東の指示を伝えた。指示は「右よりの保守的思想」を批判し、社会主義的改造と建設とのテンポを速めるよう求めた（注4）。この指示にしたがって、中央手工業管理局と中華全国手工業合作総社が12月21日に第五回全国手工業生産合作会議を開催した。当時担当責任者の1人だった薄一波によると、この際、政府は手工業合作化を加速させるのがもっとも切実な問題であったという（注5）。

第一章　集団所有企業の誕生（1949〜57年）

　もちろん、55年までの手工業合作社の発展が、手工業合作化の高まりの到来に土台をつくったことに間違いない。それと同時に、農業合作化の高まり（55年下半期）が手工業合作化の高まり（56年上半期）を推し進めたことにも留意する必要がある。

2、手工業合作化の急激な実現

　とはいえ、手工業合作化は農業合作化との相違もある。手工業合作化の高まりは大都市から始まった。56年1月11、12の両日、53,800人余りの北京市手工業者はそれぞれの手工業合作社の入社を実現していた。それまで入社（合作小組を含む）済みの手工業者がすでに36,000人余りに達していた。これで、北京市手工業者のほぼ全員が合作社に入社し、手工業合作化が実現したのである（注6）。

　つづいて、天津市、南京市、武漢市、上海市などの大都市では数日の間で、相次いで全面的に手工業合作化が実現された。2月20日になると、全国で、すでに143の大・中都市（当時の全国大・中都市の88％を占める）と691県の手工業が全面的に、あるいは大多数の手工業の合作化が実現された（注7）。

　56年6月になると、一部の僻地を除いて、中国全国が基本的に手工業合作化を完成した。年末になると、手工業合作組織は104,430社に達し、社（組）員数は603.9万人にのぼり、年生産額は108.76億元であった。55年に比べると、それぞれ0.6倍、1.7倍、4.4倍の増加となる。手工業従業員の比重は55年の26.9％から91.7％へと上昇した。手工業の生産額は19.9％から92.9％へと上昇した（注8）。

　そのうち、手工業生産合作社は74,669社に達し、社員数は484.9万人にのぼり、年生産額は100.93億元であった。55年と比較すると、それぞれ2.6倍、4倍、6.8倍の増加となり、手工業従業員の比重は55年の11.9％から73.6％へと上昇し、手工業生産額の比重は12.9％から86.2％へと上昇した（注9）。

　手工業合作化は農業合作化、資本主義商工業の社会主義的改造とほぼ同時推進された。したがって、手工業合作化、農業合作化、資本主義商工業的改

造が結びついて、行われた。農村に分散した一部の個人手工業者と農業兼商品性手工業者の約1千万人は農業合作社の参加で合作化に参加していた。

　個人企業と密接な関係をもち、従業員も少ないマッチ、「西薬」（西洋医学で用いる薬剤）、精米といった手工業は、私有工業と一緒に改造が行われていった。靴、帽子、豆腐、お菓子、家畜屠殺などの業種は、私有商業と一緒に改造が行われていた。こうした業種の多くの人間が公私合営企業に参加していた。56年末になると、合わせて48,000社の私有手工業は公私合営企業に合併された（注10）。

3、負の影響と対策

　こうして、私的手工業の社会主義的改造が基本的に完成されたのであった。確かに数年間で広大な中国で社会主義的改造が完成されたのは大きな出来事であった。大衆運動の1つの成果といえるかもしれない（注11）。とはいえ、この時期の中国合作化運動はやはり高い学費を払うことになる（注12）。

　手工業合作化を急ぎすぎたため多くの問題が生じた。たとえば、集中生産や損益の統一採算が根拠なく形式的に行われた。購買と生産と販売との協力は失われ、中断した。修理センターのような場所は多く撤去され、庶民の生活に不便をもたらした。零細な労働ができなくなり、一部社員の収入は減った。特殊な工芸品への保護が足りなかったこと、など、など。なお、私的手工業の社会主義的改造が実現された後、新たにあらわれた問題もあった。この点は後述する。

二、問題点解決の提起

　これらの問題を解決するため、国務院は56年2月8日に『当面の私有商工業と手工業の社会主義的改造に関する若干事項の決定』（「関於目前私営工商業和手工業的社会主義改造中若干事項的決定」）を、7月28日に『私営商工業・手工業・私営運輸業に対する社会主義的改造に関する若干問題の指示』（「関於対私営工商業、手工業、私営運輸業的社会主義改造中若干問題的指示」）をそれ

第一章　集団所有企業の誕生（1949〜57年）

ぞれ発布した。そして、中央政府は56年7月に手工業管理局・全国手工業合作総社『当面の手工業合作化に関するいくつかの問題の報告』を通達した。同年11月、政府はまた手工業管理局、全国手工業合作総社の『全国手工業改造活動報告会議に関する報告』を通達した。

上述した決定、指示、報告は、手工業合作化の過程で出現した問題について解決法を示したものである（注13）。こうした決定、指示、報告の内容は、おおむね次の4点に要約される。

1、　統一生産と独立生産、損益の統一採算と独立採算

　手工業の特徴は小型で、多様性があり、融通性のあるものであると同時に、市場によって随時に変化するものでもある。こうした手工業の特徴を維持し、いかせることができるかどうかは、手工業合作社にとってとりわけ重要である。手工業合作化の高まりの中で、集中生産・損益の統一採算のメリットが強調されすぎて、一部の製造業や修理・サービス業にも強行的に集中生産や統一採算の措置がとられていた。

　当時の状況からすれば、整理されるべき合作社は、異なる業種の多い綜合社が含まれていた。たとえば、統合されたある合作社は、製品の種類が複雑で、作業場も多く、互いに協力関係にはなかった。逆に、ある県にすべての同業種の合作社が1つの大きな合作社に統合され、統一採算で運営されるようになった。そして、修理・サービス合作社も集中され、多くの業種が参加していた。

　こうした合作社に対して、具体的な状況に合わせて、社員の自由意思に基づいて、対処すべきであるとされた。方法としては、次のように状況によって異なった。つまり小型合作社に変えるか小組に変更し、自己責任にするか供銷合作社に変えてもよい。特殊の製品を生産できるが安置しがたい家庭補助労働力は、手工業合作社の指導下での分散経営を許可させ、自己責任にしてもよい。

　いずれにしても、生産経営に不利益な、人民の需要に合わないすべての組

織・形態と管理制度を改めなければならない。大きな合作社も小さい合作社も合作小組も、また合作社の指導下の分散した経営者も、それぞれ適材適所で積極的に生産に取り組む意欲を十分に発揮させなければならない。

業種に関して言えば、以下のように区分して対策を講じる。

製造業

集中、集中と分散、分散との三つの形態をとるべきである。金属製品、木材加工、印刷装丁、棉織、織物（毛織りを除く）、毛皮、皮革、琺瑯、絨毯といった生産過程が複雑で、技術的要求が高く、相互協力がより多く求められ、製品の全部か大半が国家経済に握られる業種は一般的に集中生産に適切である。

日用品・「竹」「藤」「柳」「草」製品といったような多様で、零細な、相互協力のより少ない製品を生産する業種では、一部は集中生産され、一部は分散生産されるか主要な部分は集中で、副次の部分は分散で生産され、クロスステッチ（刺繍の一種）、レースといった内職のような業種は現地で分散生産されるべきである。

集中生産に適する業種では、管理者や工場の建物、および設備を備えた合作社が、緻密な立案と十分な準備を経て、集中生産することができる。条件を備えなければ、しばらく集中生産しないことが望ましい。内職の多い家内手工業者は集中生産によって働き口がなくなった場合、合作社が組（戸）を指導して、分散生産させるとよい。特殊の工芸品か特別な信用をもつ業種は必ず保護を受けなければならない。単独経営に適する業種はしばらくそうした経営方式を維持されるべきであり、安易に改められてはならない。

修理・サービス業

一般的に言えば分散経営方式が維持されるべきである。鍋修理、刀の研磨といった移動型のサービス業は引き続き移動する特徴をいかし、住民のために継続されることが望ましい。自転車修理、靴修理といった店舗型のサービ

ス業はやはり分散した方がよい。そもそも分布が合理的ではないところは調整され、ガス溶接などのサービス業は状況によって適当に集中されるといい。

　裁縫のような修理兼製造業は大量生産の場合、集中生産されるべきである。消費者のため、加工の場合、分散生産されるべきである。時計修理、ラジオ、タイプライター、オートバイ、ミシンといった技術も高く、需要も少ない業種は分割してから集中生産された方がよい（注14）。

2、購買・生産・販売

　手工業生産の原材料購買と製品販売については、手工業合作化の実現まで、商業部門は「加工訂貨、統購包銷」（加工注文と統一買付け・統一販売）という方法を通して、手工業合作化と生産の発展を促進する。しかし社会主義的改造の高まりの後、私的商工業の経営方法をタイムリーな制限を変えなかったので、既存手工業合作社（合作小組を含む）が原材料の購買・製品の販売・価格・契約などの面において制限を受けていた。

　規制緩和の方法としては、まず、手工業合作社あるいは合作小組の原材料購買と製品販売は、国によって統一買付け・販売される製品と原材料を除外すれば、合作社に自ら原材料の購買と製品の販売を許可する、ということである。

　次に、手工業合作社か合作小組は、稼働時、地方にある必要な原材料や廃品・廃棄物（国営工場の廃棄鋼材などを含む）を、統一買付けする物資を除くと、自ら購買してもよく、使用してもよい。商業部門から購買する原材料は、一部の供給が需要に応じきれぬものを国に配分される以外、手工業合作社は自由に選んで買い集めることができる。なお、国の調達する輸入原材料を除くと、手工業合作社は輸入会社と直接購買契約に調印されるべきである。

　その次に、手工業合作社か合作小組の製品は、国営商業と供銷合作社が統一買付け、統一販売、選択購買の部分を除外すれば、地元生産・地元販売のものは合作社（「基層社」）に任せる。また工場、鉱山、農業合作社と直接購買販売関係を打ち立てるといい。運んで売りさばく製品のなかで、商業部門

が選択購買し、代理販売するものを除外すれば、手工業合作社が自ら販売しても良く、国に統一販売される製品は加工注文にかえても良い。条件を備えなければ、これを作り出して次第に進めていかなければならない。輸出品は手工業連合社か合作社が輸出会社と直接契約を結ぶべきである。

最後に、手工業製品に対して「品物がよければ、値段も高くつく」(「優質優価」)という原則を貫かねばならない。商業部門は手工業製品を統一買付け・統一販売・選択購買する際に費用と価格に関して公平でなくてはならない。製品の色柄、種類の変更や新製品のデザイン、試作などにかかった費用は大量生産後、新製品コストに割り充てられるべきである。

およそ増産、節約、発明によりコスト削減した製品は、もともとの上納価格が一定の期間内に変更されるべきではなく、手工業製品の備蓄費用は一年中生産できる製品の年平均コストに割り当てられ、シーズン・コストにされるべきではない。

3、工賃福利・特殊な工芸

合作社社員の賃上げは手工業生産を円滑に発展させるための重要な要素である。当時、工賃が比較的低く、配分に関しては平均主義もひどかった。合作化後、約2割の社員の収入が入社前に比べると減っていたという統計もある(注15)。合作組織の労働保険、福利も理想的とは程遠い。医療問題も完全に解決されなかった。

中国工芸美術品の歴史は古く、豊富多彩であり、国内外で好評を得ている。市場は日に日に拡大し、工芸美術品の数量はもちろんのこと、高品質が求められていた。また、新製品の色柄や多様な品種に対する要望も強かった。したがって、特殊な工芸を保護し、発展させることが重要な意義をもっていた。

こうした需要に対応するには次のことを考える必要があった。

① 工芸美術に関する仕事の指導を強め、速やかに中央政府および各省市県の工芸美術管理局を設立し、さまざまな経済的工芸美術事業(国営・

公私合営・合作社・私有）を統一させコントロールすること。
② 芸人に配慮し団結させること。経済上、合理的工賃と技芸手当を与え、技芸の伝授を奨励する。また、新製品の発明・作業場・見学旅行に特別な配慮をはらう。政治上、適切な地位と学術の呼称を与え、美術家協会に参加させ、必要な政治活動にも参加させる。
③ 新米芸人の養成を重視し、見習いを優秀な芸人に学ばせるほか、新たに中学校以上の卒業生を募集し、見習いとして学習させ需要に対応する。
④ 工芸美術品に関する原材料の購買と製品の販売については、必ず「よいものであれば、値段が高くつく」という原則を貫かねばならない。
⑤ 各省市の共産党機関と政府部門が既存の諸工芸を保護しなければならない。優れた工芸美術品を保護し、発展させる際に生じたさまざまな困難を適切に解決する。

4、手工業に関する指導と組織機構の問題

　手工業は地方工業の重要な部分である。「専区」、県以下の工業生産額のうち、手工業が約80～90％を、省・自治区（注16）の約30～50％をそれぞれ占めていた（注17）。

　手工業は工業・農業・商業との関係が密接であり、多くの問題はその土地の事情に適した措置をとり、統一して計画的に解決する必要がある。そのため今後、手工業の改造や管理は地方の共産党組織・政府が責任をもって指導しなければならない。各手工業合作社の計画、とりわけ購買、生産・販売計画、インフラ計画は必ず地方産業計画に組み込まれなければならない。地方党・政府は一致して計画を担当しなければならない。

　当時、県（中国の県は市の中の行政単位）以下の工業はおおむね手工業であった。県の工業と手工業とを統一して管理するため、県の工業課と手工業課とを合併させ、工業課（局）を設立させた。中等以上の都市と工業・手工業の多い省は手工業管理局を保留し、工業部門と協力しなければならない。工業

や手工業の少ない省は省工業庁の下で、手工業管理局を設立し、各手工業連合社は同級の手工業管理局と合併させる。

　県工業課と手工業連合社は共産党、政府の指導下で、次の事項を担当する。つまり合作社の企業管理、改組、原材料の購買、製品の販売、生産計画、計画の整合性、財務管理、技術改造、幹部養成、工賃管理、厚生福利および私有手工業者の団結と教育、など。

　省(市)手工業管理局と連合社は、主に省(市)共産党・政府の指導下で、下部の連合社と合作社に生産の指導、原材料購買、製品販売の割振り、計画の整合性、幹部養成などを担当し、また、県(市)が解決できない問題や権限の及ばない事項は責任をもって解決する。

　中央手工業管理局と全国手工業合作総社の主要な任務は、中央政府・国務院の指導下で、手工業に対して監督・チェックし、政策づくり、経験交流、省(市)の解決できない問題や権限が及ばないことについて協力して解決することである。

三、小括

　以上、手工業管理局・全国手工業合作総社『当面手工業合作化に関するいくつかの問題の報告』の内容を4項目にまとめてみた。加速的に進められた手工業合作化の中で、発生するさまざまな問題に対処するため、手工業合作社の努力が求められた。中国側の研究を追ってみると（注18）、合作社の努力より、上部の政策・方針の説明の方に偏っており、上部の政策や指示に頼る傾向が強いように思われる。また、政府や政策当事者の分析と指導の内容は細部にわたっている。確かに、こうした指示・措置・援助のおかげで、ある程度問題の解決や緩和が図られたと思われる。しかし残念なことに、肝心な合作社の当事者がいかに対応したかは史料からは窺うことは困難であった。

　とにかく、57年の手工業生産合作社の生産性は56年より20.3％も高くなり、52年より121.9％を高くなった。また、1人あたりの年収も384元に達していた。これは56年に比べると、10.7％の増加となり、52年より83％の増加とな

った。いずれにせよ、52〜57年の5年間で、年平均は12.9％の増加となった（注19）。

注1　なぜ中国が社会主義を選んだかについては優れた研究がある。溝口雄三『中国の衝撃』東京大学出版会、2004年、129〜137ページを参照されたい。
注2　毛沢東「農業協同化の問題について」、『毛沢東選集』第5巻、外文出版社、1977年、261〜295ページを参照されたい。
注3　毛沢東「手工業の社会主義的改造をはやめよう」、前掲『毛沢東選集』第5巻、405〜409ページなどを参照されたい。
注4　毛沢東は55年7月31日中国共産党中央が召集した省委員会・市委員会・自治区委員会書記会議で「農業協同化の問題について」という報告を行った。そのなかで、毛は次のように言った。全国の農村には、新しい社会主義的大衆運動の高まりがおとずれようとしている。ところが、われわれの一部の同志ときたら、まるで纏足をした女のようによろよろと歩きながら、はやすぎる、はやすぎる、と愚痴ばかりこぼしている、と。前掲『毛沢東選集』第5巻、261ページ。「纏足の女」と揶揄されたのは当時農村工作部長だった鄧子恢である。やがて鄧の考えは右傾よりの保守的思想と批判された。農業合作化の高まりはそこより始まった。
注5　薄一波著『若干重大決策与事件的回顧』上巻、中共中央党校出版社、1991年、448〜449ページを参照されたい。
注6　「北京市手工業全部実現合作化」、『人民日報』1956年1月13日。
注7　前掲汪海波著『新中国工業経済史1949.10〜1957』、385ページ。
注8　同上。
注9　前掲書、386ページ。
注10　同上。
注11　中国語では「群衆路線」という。政策実行のとき、中国共産党の指導方法である。
注12　米鴻才他編著『合作社発展簡史』中共中央党校出版社、1988年、216ページ。
注13　中国社会科学院工業経済研究所情報資料室編集・出版『中国工業経済法規彙編』（1949〜1981）、58〜85ページなどを参照されたい。
注14　手工業管理局研究室他編『北京市手工業合作化調査資料』財政経済出版社、1956年、9〜12ページを参照されたい。

注15　前掲汪海波著『新中国工業経済史 1949.10～1957』、389ページ。また、社員の賃金については次のような記述がある。1956年全国手工業合作社社員の平均工賃は52年より66％増加し、毎年13.55％の増加となる。零細企業主およびうまくいかない合作社を除くと、90％以上の社員の収入が増加した。楊堅白編『合作経済学概論』中国社会科学出版社、1990年、370ページ。合作社の工賃問題についての検討は別な機会に譲る。

注16　「専区」：中国の省または自治区が必要に応じて設けた行政区域で、若干の県・市を含む。また、自治区は5つある。ちなみに、2004年まで市は661、県は2,862、町村は41,636ある。中国研究所編『中国年鑑』新評論、1998年、315ページなどを参照されたい。

注17　前掲汪海波著『新中国工業経済史 1949.10～1957』、391～392ページ。

注18　汪海波著『新中国工業経済史 1949.10～1957』、385～392ページを参照されたい。

注19　前掲鄧潔『中国手工業社会主義改造的初歩総結』、89ページ。

第五節　手工業の社会主義的改造の達成

一、合作化の達成状況

1、数年間で私的手工業の社会主義的改造を完成

　表2－4（1949年から57年にかけての工業合作化）と表2－5（1952年から56年にかけての手工業生産合作社）とが示すように、55年から57年にかけて、手工業の合作化はハイスピードで進められた。また、49年に手工業生産総額のうち、合作化された手工業の生産額がわずか0.5％に過ぎず、52年になっても3.5％に上昇したに過ぎなかったが、56年になると91.7％へと急上昇した。なお、52年、手工業生産総額のうち、手工業合作社生産額が3.4％であるが、56年に86.2％までに急増した。すなわち56年には私的手工業の社会主義的改造がすでに実現されたとみてよい（注1）。

第一章　集団所有企業の誕生（1949〜57年）

表2−4　1949年から57年にかけての工業合作化（％）

項目　　　年	49	50	51	52	53	54	55	56	57
手 工 業 者	100.0	100.0	100.0	100.0	100.0	100.0	100.0	100.0	100.0
合作化手工業	—	—	—	3.1	3.9	13.6	26.9	91.7	90.2
私 的 手 工 業				96.9	96.1	86.4	73.1	8.8	9.8
生 産 総 額	100.0	100.0	100.0	100.0	100.0	100.0	100.0	100.0	100.0
合作化手工業	0.5	0.8	2.2	3.5	5.6	11.2	19.9	92.9	95.2
私 的 手 工 業	99.5	99.2	97.8	96.5	94.4	88.8	80.1	7.1	4.8

資料：当代中国叢書編輯部編『当代中国的経済体制改革』中国社会科学出版社、1984年、29ページより。

表2−5　1952年から56年にかけての手工業生産合作社

年	手工業生産合作社数（社）	手工業従業員のうち手工業生産合作社員の比重（％）	手工業生産総額のうち手工合作社の比重（％）
52	3,280	3.0	3.4
53	4,629	3.5	5.3
54	11,741	6.7	8.2
55	20,928	11.9	12.9
56	74,000	73.6	86.2

資料：『中共党史教学参考資料』第21冊、517ページ。ここは前掲汪海波著『新中国工業経済史1949.10〜1957』、394ページ表2より。

2、生産の発展

表2-6（1952年から57年にかけての手工業の状況）から分かるように、中国における私的手工業の社会主義的改造のなかで、生産は大きな発展をなし遂げた。

55年から57年にかけての手工業者は著しく減少したが、52年から57年までの間は、55年を除き、手工業生産総額は大幅に増加し、生産性も徐々に上昇していった。また、合作化された手工業の生産総額は速いスピードで上昇し、

表2-6　1952年から57年にかけての手工業

項目	単位	52年	53年	54年	55年	56年	57年
手工業者	万人	736.40	778.90	891.00	820.20*	658.30	652.80
合作化手工業	万人	22.80	30.10	121.30	220.60	603.90	588.80
（内）							
手工業生産合作社	万人	21.80	27.10	59.60	97.60	484.90	474.00
私的手工業	万人	713.60	748.80	769.70	599.60	54.40	64.00
手工業生産総額	億元	73.12	91.19	104.62	101.23	117.03	133.67
合作化手工業	億元	2.55	5.06	11.70	20.16	108.76	127.22
（内）							
手工業生産合作社	億元	2.46	4.86	8.56	13.01	100.93	118.74
私的手工業	億元	70.57	86.13	92.92	81.07	8.27	6.45
労働生産性	元／人	992.90	1,170.80	1,174.20	1,234.20	1,777.80	2,047.60
合作化手工業	元／人	1,118.40	1,681.10	964.60	913.90	18,801.00	2,160.70
（内）							
手工業生産合作社	元／人	1,128.40	1,793.40	1,436.20	1,333.00	2,081.50	2,504.50
私的手工業	元／人	988.90	1,150.20	1,207.20	1,352.10	1,520.20	1,007.80

＊1955年から57年にかけての手工業者が減少した。その原因は合作化の過程において、一部の都市手工業者が国営工場に入ったことと、一部の農村手工業者が農業合作社に入社したことによる。

資料：前掲汪海波著『新中国工業経済史 1949.10～1957』、395ページ表3より。

生産性は54、55年を除くと、やはり大幅の上昇を見ることができた。さらに、合作化の過程で、年ごとに大量な私的手工業者が合作社に入社したにもかかわらず、54年まで私的手工業生産総額は次第に上昇していた。54年に比較すると、55年はやや減少したが、52年よりは大きく増加した。生産性については56年まで継続して上昇し続けていたのである。

また同表1952年から57年にかけての手工業の状況から、私的手工業に比べると、手工業生産合作社が優越性をもっているということができる。

53～57年の間の手工業生産総額の増加と生産性の上昇をみると、ともに手工業生産合作社の拡大が寄与している。この間、手工業生産総額と生産性は82.8％と106.0％とそれぞれ増加するが、手工業生産合作社のこの2項目がそれぞれ47.3倍と121.9％の増加となっている。

もちろんこの間の、手工業生産合作社の生産総額の急速な増加は、大量の私的手工業者が手工業生産合作社に入社したことと関連するが、しかし生産性の高まりによるところがやはり大きかった。たとえば、57年手工業生産合作社の生産総額118.74億元のうち、従業員の増加によりもたらされた価値は53.3億元であるが、生産性の高まりによりもたらされた価値は65.24億元であった。前者は45.1％を占めるが、後者は前者を超えて54.9％を占める（注2）。

手工業生産合作社の生産性は増加のスピードにしろ、量にしろ、ともに私的手工業を大きく上回った。52年における手工業生産合作社の生産性は1,128.4元であり、私的手工業の988.9元より14.1％増加した。しかし57年になると、前者は2,504.5元に達したが、後者は1,007.8元に止まり、前者は後者の1.49倍という計算になる（注3）。

3、中国独自の私的手工業の社会主義的改造の方法

手工業の社会主義的改造の特徴は、まず手工業生産小組から手工業供銷生産合作社へ、さらに手工業生産合作社へと次第に移行していくという段取りを踏んだ。したがって、ある時期には、私的手工業の特長を発揮させること

もできれば、手工業合作化の過程で生じた悪影響をある程度抑制することもできた。また、手工業合作化が生産を促進させる役割を果たすこともできた。こうした段階的、漸進的な方法は、中国の私的手工業の社会主義的改造過程を順調に進め、結果として目覚ましい生産の発展をもたらす要因となったと考えられる。

二、問題と批判

　手工業の社会主義的改造は、段階的な合作社化という独特の方法で目覚しい勢いで成し遂げられ、相当の成果をもたらした。中国の社会主義的改造成果をもって、毛沢東がマルクス・レーニン主義理論を中国で独自に発展させたと宣伝されたが、少なくとも手工業合作化については、中国的独自性の要素は少なからずあったといってよいであろう（注4）。中国的独自性というのは、換言すれば、創造的、実験的であったわけであり、そのために、いろいろな問題も抱えていたのも事実である。当時、中国手工業の責任者だった鄧傑によれば、問題は大きく4つあったという。

　第1に、私的手工業に対する社会主義的改造にかかった時間が短いこと。
　数年間で圧倒的多数の手工業者が私的手工業の社会主義的改造を完成したことは成果であると同時に、問題の所在でもあった。とりわけ56年上半期に手工業合作化の高まりにおいてはそうであった。全国の手工業合作組織の状況から見ると、56年上半期、すでに組織化された手工業合作社（手工業合作小組を含む）は92,641社となり、社員（手工業合作小組を含む）は426万人であった。そのうち、生産合作社は63,523社に達し、社員数は322万人にのぼり、手工業供銷合作社は3,499社、社員数は71万人、生産小組は25,619、組員は32万人であった（注5）。
　上述の3つの形態は55年に比較すると、生産合作社は32.4％から68.6％へと増加し、社員数は45.3％から75.7％へと増加した。しかし供銷合作社数は5.4％から3.8％へ、社員数は27.1％から16.8％へ、生産小組数は62.2％から27.

第一章　集団所有企業の誕生（1949～57年）

6％へ、組員数は27.6％から7.5％へとそれぞれ減少した。一部地域の変化はさらに激しかった。たとえば、広西、江西、青海、天津といった省・市・自治区では生産合作社の比重が90％以上、社員は96％以上をそれぞれ占めるようになった（注6）。つまり、わずか半年で、一応全国での手工業合作化を実現させたのであった。急速な合作化は同時に、より高度な合作の形態へと発展が求められたのであった。

　第2に、合作社の規模が大きすぎること。
　56年上半期、手工業生産合作社ごとの平均社員数は50.9人であり、55年の45.8人より11.3％の増加となる。一部の省市の合作社員数はこれを大幅に超えた。たとえば、浙江、山東、安徽、河北、江蘇、上海、天津などの平均社員数は54～140人であった。そのうち、河北省石家荘市が55年末に98社（手工業生産小組を含む）があり、4,607人の社員がいたが、合作社の高まりの中で、新たに5,800人あまりが入社した。しかし合作社数は増えないどころか、市内にある88社は逆に31社に合併された。そのうち、社員数100～200人の合作社は8社、200～500人の合作社は8社、500～1,000人の合作社は4社あった。そのうち、1,400人を抱える服装合作社もあった。これは合作社のなかで最大規模である（注7）。
　河南省鄭州市に、700人を超えるいわゆる「大社」（規模の大きな合作社）もあった。規模が大きいので、管理上多くの問題が生じた。毎日、20数軒の売店の従業員が事務所に駆けつけて清算（「報帳」）し製品調達していた。また10以上の作業場主任が仕事の受け取りや零細な用品の購買等を申請しに来る。なお、各作業場の調達係が原材料の買付け、申込用紙の記入、許可待ち、資金の受け取りなどもしなければならなかった。管理者は煩雑な事務に追われ、各作業場の所在、社員数、財務の詳細が分からない。同様な原材料であるが、この作業場が品切れになるが、あの作業場では寝かせてあるといった具合であった。人数が多いので、一部の社員は仕事をしなくても影響はないと高をくくって、労働の情熱を失っていたケースもあったという（注8）。

75

問題の背景には手作業による低い生産性、管理者の能力と社員の質の低さ等の問題があったが、事業体の規模が大きすぎて組織の無駄、負荷がかかりすぎていた。

　合作社の規模が大きすぎると、手工業の状況に合わなくなる。やがて「一大二公」というスローガンが流行するようになった。「一大二公」とは、大規模で公有制の合作社が優れているという意味である。

　たしかに、単純に言えば、手作業より機器生産の方は生産性が高い。また社会発展過程から見ると、集中生産が分散生産よりも高い段階に位置づけられよう。しかしそれはあくまでも一般論に過ぎず、すべてのケースにあてはまるとは限らなかった。

　第3に、私的手工業の社会主義的改造の限界である。
　中国の手工業は歴史的に、人民の需要を満たすことにおいては、機器生産にとって変わることのできない独特な役割を果たしてきた。こうした私的手工業を歴史から退場させることなく、むしろ社会生産の発展に積極的に寄与するように維持させることは重要な課題である。

　事実、中国手工業合作化の高まりの直後、大量な私的手工業が再び生まれた。統計によると、56年末上海市に自然発生的な私有手工業が4,236社に達し、従業員が14,773人にのぼり、業種は90余りにわたったといわれる（注9）。

　話が飛躍するが、今日の中国では社区（コミュニティー）合作社企業が溢れている。すなわち、現在の中国でも零細な手工業が求められているのであるが、50年前の中国なら人民の生活にもっと必要であったに違いない。

　第4に、集団所有から全人民的所有への変更問題。
　生産を発展させ、現存の手工業合作社のうち、相当な部分が次第に集団所有制から全人民所有制に変わることを求められ、その所有制の変更は当時、手工業改造の方向と見なされていた。

　国の需要と社員の自由意思のもとで、近代化設備を備える一部の手工業合

第一章　集団所有企業の誕生（1949～57年）

作社は、ただちに地方の国営工場に変更することができた。一部の手工業合作社は国より投資を受け、規模を拡大し、改造建設によって、地方の国営工場に変わった。国が新規建設、拡大建設の需要に応じて、同じ業界の国営工場に合併されることも構わなかった。また、機械生産を実現できる可能性のある手工業合作社は、地方の国営工場に変わる条件を備え、あるいは無理をしてもその条件を整えて全人民的所有制に変更していくということも要求された。

　56年、すでに集団所有制の手工業合作社は全人民所有制の工場へと移行するという指示が出された。翌年末、全国で手工業生産合作社から全人民所有制合作工場に変更された企業は1千社を超え、そのうちの一部は地方の国営企業になった。ここで注意しておきたいのは、連合社は地方政府に所属していた、ということである。それゆえに、連合社が経営した全人民的所有の合作工場は、実際に地方の国営工場と同じ性格をもっていたといえよう（注10）。

　これは58年以後、集団所有制から全人民所有制へと移行する思想的根拠ともなった。統計によると、59年5月まで、全国で10万社余りの手工業生産合作社、500万人余りの社員のうち、地方国営工場に移行した合作社が37.8％、合作工場に移行した合作社が13.6％、人民公社工場（地方国営工場にあたる「准地方国営工場」）に移行した合作社が35.3％、合作社という形態をそのまま維持したのがわずか13.3％に過ぎなかった（注11）。

　56年以降は中国工業合作社の発展期に当たる。第4節に取り上げた合作社の形態のなかで、合作社化の高まりの到来にともなって、手工業合作小組と手工業供銷生産合作社とは手工業生産合作社へと移行させられ、手工業生産合作社は国営工場に移行した。

手工業合作社の変化図（1959年）

Ⅰ	手工業合作小組 手工業供銷合作社	→ 手工業合作社
Ⅱ	手工業合作社	→ 「地方国営」工場 合作工場（手工業連合社経営） 人民公社（「準地方国営」）工場
Ⅲ	手工業合作社形態の維持	

注1 　われわれの知る限り、資本主義商工業についての研究を列挙すれば次のとおりである。千家駒「対資本主義工商業的社会主義改造問題」、『新建設』1956年第5号、8〜13ページ；斉思成「我国対資本主義工商業社会主義改造的偉大勝利——加強対資産階級分子的改造」、中国社会科学院経済研究所編『経済研究』（北京）1960年第3期、26〜37ページ；許滌新他監修・武藤守一訳『中国資本主義商工業の社会主義改造』三和書房、1965年；孫瑞鳶「資本主義工商業社会主義改造道路的形式」、中共中央党史研究室編『中共党史研究』（北京）、1988年第4期、39〜46ページ；戎文佐「対50年代対資改造的功過應該作全面的歴史的評価」、『未定稿』1989年第12期、11〜14ページ；任民「対資本主義工商業社会主義改造的歴史評価」、『広西社会科学』（桂林）1995年第2期、94〜98ページ；陳夕「建国初期党対民族資本主義経済政策簡論」、『当代中国史研究』（北京）、1999年第2期、23〜32ページ。

注2 　前掲汪海波著『新中国工業経済史 1949.10〜1957』、396ページ。

注3 　前掲書、395ページ。

注4 　もちろん、ソ連からも大きな影響を受けたことはいうまでもない。よく知られているように、中国は建国当初からさまざまな面でソ連の影響を受けている。これはすでに常識である。問題は中国農業合作化運動がソ連農業集団化のコピーかどうかについて意見が分かれている。王前氏は50年代における中国農業合作化運動は、その理論も指導思想もスターリンの全面的な集団化の枠から抜け出していないため、30年代ソ連農業集団化のコピーに過ぎないといっている。これに対して、趙金鵬氏は真っ向から反論した。趙は次のように、

第一章　集団所有企業の誕生（1949～57年）

5つの側面から中国農業合作化はソ連農業集団化との違いを指摘している。
① 農業合作化と工業化とが同時に進行したこと。農業集団化と工業化との関係については、ソ連はまず工業化、その後農業集団化という順序であるが、中国は工業化と農業化と同時進行した。
② 機械化と合作化との関係。農業集団化と農業機械化との関係については、ソ連は農業機械化の基礎を築いた上で、農業集団化に取り組んだ。だが、中国はソ連と異なった。中国農業合作化は、トラクター台さえないという状況下からスタートし、工業基礎は極めて弱かった。したがって、中国はまず合作化、その後機械化という手法をとった。
③ 農業合作化の段取りについて。ソ連の場合、農業集団化は農業公社、農業労働組合、共同耕作社といったいくつかの組織が併存し、相互関係は平等であり、低級、高級といった違いはなかった。これとは逆に、中国は互助租・初級合作社・高級合作社というステップ・アップ形態を導入した。
④ 階級政策について。農業合作化において、農民に頼るという点については中国もソ連も違いはないが、しかし中農に対する認識は異なった。ロシア革命以前、農村における中農の比例は20％であったが、大規模の農業集団化が始まった際、中農はすでに約60％まで上昇し、ソ連の農村は基本的に中農化したといってよい。しかしソ連指導部は変化した状況にあまり気付かずに集団化において中農に対して暴力をふるって、剥奪を行った。これに対して、中国は比較的に成功裏に中農問題を解決した。建国前後の中国の階級政策は貧農に頼り、中農を団結させ、富農を中立させ、地主を消滅するというものであった。土地改革時、中農は農村人口の30％を占めたが、土地改革後、半数以上の農村人口が中農になった。ソ連と同じ現象が起こった。しかし中国は中農をさらに「上中農」（上層中農。経済的余裕があり、多くの生産手段を占有している中農。富裕中農とも言う）と「下中農」（下層中農。中農のうち経済的にやや貧しい農民のことを言う）と分けて、下中農にも頼って、農業合作化を押し進めた。結果から見ると、農業合作化における中国の中農政策は運動を促進する役割を果たした。一方、富農については、ソ連は富農を制限することから富農を消滅するという富農政策をとったため、激しい抵抗に遭遇した。逆に中国はゆとりのある政

策を導入した。たとえば、農業合作化の初期、富農の入社は認められなかったが、農業合作化が大体実現した後、異なる政策を実施した。つまり勤労者の入社は許され、身分の変更（富農から農民へ）も是認された。中国農業化の史実が物語ったように、一部の富農を入社させ、富農階級消滅と富農分子改造と結合する手法は、農業合作化への抵抗を弱め、経済発展を促すという効果を生んだ。

⑤ 生産責任制について。大規模の農業集団化が始まった後、ソ連はコルホーズの拡大に偏り、経営管理を重要視しなかった。それに対して、中国は経営管理に力を注ぎ、各地は生産計画を立て、「包工」（請負）・「包産」（生産請負）などの農業生産責任制を導入した。もちろん、いろいろな理由で、こうした政策は長く続かなかったことも付言しておかねばならない。王前「関於合作化理論的沉思」、『中共党史研究』1989年第1期；ここは趙金鵬「中国農業合作化運動不是蘇連農業集体化的翻版──与王前商権」、『中共党史研究』1990年第6期、76〜79ページ、王真「50年代中期我国対蘇連建設模式的突破」、『当代中国史研究』1995年第2期、15〜24ページなども参照されたい。

注5　前掲鄧潔『中国手工業社会主義的初歩総結』、34ページ。
注6　同上。
注7　同上。
注8　前掲書、35ページ。
注9　前掲薄一波著『若干重大決策与事件的回顧』上巻、451ページ。
注10　手工業合作社変化図を参照されたい。ちなみに、「地方国営」という言い方を理解するには中国の地方行政に触れておく必要がある。地方行政とは権限の範囲が1地方に限定された国家行政のことである。中国の国家機構を支配する基本原則は民主集中制がある。したがって、民主集中制のもとで、地方や少数民族地区にある程度の自立性が認められる。しかし、地方行政はあくまでも国家行政の一部分であり、中央政府の指導監督に服従しなければならない。行政区画単位ごとにおかれている権力機関・人民代表大会も地方の自治機関ではなく、地方における国家権力機関と位置づけられている。
注11　前掲薄一波著『若干重大決策与事件的回顧』上、456〜457ページ。

第二章　集団所有企業の国有化・再調整
(1958〜65年)

建国直後の中国はソ連からさまざまな援助を受けていた。製鉄所の建設をはじめとする156項目の大型プロジェクトが象徴的である。しかし社会主義の道をめぐっての認識のずれや亀裂もあった。とくにスターリンの死去以後、中ソの矛盾は表面化し、やがて中ソ論争が起こり（注1）、社会主義陣営の分裂に至った。そうしたなかで、毛沢東は大躍進運動を敢行し、人民公社を全国に広げていった（注2）。それに賛同しないものは容赦なく失脚させられたのである。やがて、時の国防部長彭徳懐が犠牲になった。

　第一章では、工業合作社の形成を時期を追って辿りながら分析してきた。設立された中国の工業合作社はその後どうなったのか、それを明らかにするのがこの第二章の作業である。

　実は、いわゆる社会主義的改造が実現されるまでの手工業合作社については、コンセンサスがほぼできている。問題はそこからである。つまり、これから述べるように、合作社の一層の高度化、つまり「引き上げ」や国営工場への転換、つまり「転廠過渡」ということである。結論から言えば、引き上げや転廠過渡は行き過ぎたと思われる。後の調整期はまさに行き過ぎに対する政策の修正であった。しかし一方、スピードがゆっくりではあったが、国営工場や生産高の増加、イノベーションの進行、従業員数の拡大といった側面も見落とされてはならない。そういう視角から考えると、この時期における中国工業合作社はやはり発展期に入るといっても差し支えなかろう。ちなみに、本章は汪海波・董志凱他著『新中国工業経済史（1958～1965）』（経済管理出版社、1995年）をベースとして整理した。

第一節　手工業合作社の国有工場化（転廠過渡）

一、直面する問題

　繰り返しになるが、58年の大躍進運動時期、所有制において「一大二公」の思想が支配的であった。できる限り、速やかに私的経済を消滅させ、「集

第二章　集団所有企業の国有化・再調整（1958～65年）

体経済」すなわち集団所有経済を国有経済にシフトさせようというのが当時の風潮であった。また、単一の社会主義公有制、さらには単一の社会主義全人民所有制・公有制が主導的地位を占め、多種な経済が併存するという経済構造を変えようというトレンドもあった。

　58年4月、中央政府が集団所有経済に適合しない一部の特殊な製品を除いて、すべての私有手工業者を手工業合作社に入社させ、さらに集体企業を国有企業に変更させるよう指示した。こうした背景の下で、なお残存していたわずかな私有手工業者は手工業合作社を主体とする集団所有経済に編入された。大躍進運動時期における統計資料の中に私有手工業者のデータが見つからないのはそのためである（注3）。農村では相次いで連合社や合併合作社が人民公社（注4）に変わるというブームのなかで、手工業合作社も国有工場に移行するいわゆる「転廠過渡」が行われていた。

　すでに述べたどおり、58、59年、全国10万社余りの手工業合作社・手工業合作小組のうち、「転廠過渡」を実現したのは社員総数500万人余りの86.7％を占めた。多くの合作社の従業員は、地方国有工場の労働者になったり、合作工場の労働者になったり、人民公社の社員になったりした。「転廠過渡」は急ぎすぎたので、社員の意気込みをくじかれ、生産力の発展が著しく妨げられた。

　そのようななかで、手工業はさまざまな問題に直面するようになった。

　第1に、産業集中が急速に進み、分散した多くの手工業がなくなり、住民生活に支障をきたした。ミシン、床屋業はとくにそうであった。少なからぬ地域では農具の修理や部品の取り替えや「修配站」（修理作業場）がより大きな機械製造工場に合併されたので、農具等をタイムリーに修理するのに支障をきたした。

　第2に、「高精大」（高級・精密で大きな）製品が一方的に追い求められ、「低粗小」（低級で粗末な・小さな）大衆製品は無視された。たとえば、北京市の有名な「王麻子刀剪廠」（王麻子刀・鋏工場）は58年9月から300人あまりの社員が生産額の高い製鋼用具と鋳造道具の製造部門に編入され、刀、は

さみを製造する従業員は20人しか残らなかった。結局、生産額は目標をうわまわったものの、生産量は月産35,000本から3,000本に激減した。そもそも200種類以上のはさみは11種類にまで減少し、360種類の刀は7種類に激減してしまった。また次のように有名な「張小泉剪刀廠」もほぼ同じ状態におかれていた。

「張小泉剪刀廠」は1663年に設立されたおよそ300年以上の歴史を誇る企業である。建国後の1953年、7社の生産合作社（357人）が設立され、同年はさみの生産高が186万本に達し、歴史的な記録をマークした。55年、7社の合作社はより3つの大きな合作社に合併された。翌年、毛沢東は「手工業の社会主義的改造をはやめよう」という文書のなかで、「張小泉剪刀」の名をあげながら、もっと発展させようと指示した。57年、全国手工業合作社総社が出資し、浙江省杭州市連合社が建設した新社屋を竣工した。58年4月、「杭州張小泉剪刀合作工廠」と改名され、労働者は767人に膨らんだ。60年から、工場は技術革新により、機械化か半ば機械化生産が実現された。65年、生産高は420万本に躍進した。ちなみに76年360万本と減少した。80年代以後、ハイスピードで健闘ぶりを見せている。たとえば、88年工業生産額は2,301万元を超え、生産高も3,900万本を上回り、規模、生産高、品種、技術設備、経済効率において中国を代表する刃物専門企業となった。89年、従業員は1,659人に達し、各種の設備は590台となり、固定資本は1,000万元にのぼり、はさみの種類も80を越えた。さらに94年、生産高は4,200万本を越えた。これで「張小泉剪刀廠」は名実とも中国の「先進企業」となった。ちなみに、2000年12月、「杭州張小泉集団有限公司」と改名され、新しい企業制度改革に挑んでいる。「張小泉剪刀廠」の成功の秘訣は5つあった（注5）。

① 科学技術を重視し、生産を促進すること。
② 製品品質を高め、ブラントの名声を守ること。
③ 新製品の開発を積極的に行うこと。
④ 生産力を拡大し、外貨獲得に努めること。

⑤　生産環境を改善し、労働者の福利厚生を高めること。

　第3に、鞍替え・転業である。たとえば鉄鋼が重要視されると（注5）、各地は大々的に鉄鋼を作ることが優先され、地方工業の育成が行われるが、一方では人民の生活に必要不可欠な日用雑貨や器具設備の産業が閉鎖され、従業員も転業せざるを得なかった（注6）。

　第4に、適切ではない統一採算、統一負担が従業員の意気込みに大きな影響を及ぼした（注7）。

　第5に、手工業に対する管理が弱まった。一部の地区では手工業連合社とその機構が取り消されたか他の工業部門に合併され、手工業を担当する職員もいなくなった。一部の地区では、ブランド商品を生産する合作社や工場の管理権が区・街道（町内）ないしは農村人民公社に委ねられた。結局、当時集体企業に当たる手工業合作社は省・市が担当せず、区・社は担当できず、生産計画もなくなり、稼働もできずに終わってしまったという例もある（注9）。

　第6に、多くの地方は、社会の需要を満たす、いわゆる融通が利き、多様な手工業の特長に対する認識が足りなかった。手工業合作社はそれまで生産発展、購買・販売、管理、民主的経営、節約といった側面においてさまざまな豊富な経験を蓄積したが十分に重視していなかった。そもそも実行された制度も乱れた。購買・販売ルートも中断され、手工業への経営・管理に混乱した現象が起こった（注9）。

　多くの地域は一方的に生産額を追い求め、製品の品種や品質を無視していた。多くの手工業合作社は人民公社の工場に変わった後、独立した採算制度をも導入せず、コストにもこだわらなかった。一部の人民公社は勝手に合作社の製品を使用していたが、価格を無視したり、無償で使用したという。

　一部の合作社では、出資金がなくなり、生産もできなくなり、合作社自体が崩壊してしまったというケースさえあった。また機械的に出勤・退勤制度を執行し、価格を高く設定し、品質を下げたので、大衆から不満を買った。

　画一的な組織の移行や急ぎすぎにより、手工業に必要な原材料の購買問題

もタイムリーに解決できなかったことにより日用品の減産を招き、全国で手工業品の供給も手詰まり状態に陥ってしまった。各地は盥（木盆）、かご、ベッド、桶、モップ、小鍋、小さじ、靴釘、「靴の鳩目」、指ぬきなどの供給が不足状態に陥り、鎌、鋤といった小農具も大いに減少していた。

　工業経済統計年鑑によると、57年から60年にかけて、全人民所有制企業は49,600社から96,000社へと増加したが、一方集団所有企業も119,900社から158,000社へと増加した（注10）。手工業生産合作社の全人民所有制への移行による減少を上回る数の手工業生産小組から合作社への格上げによる増加があったためであろう。58年に農業合作社が人民公社へ移行され、合作社等集団所有制企業が全人民所有制への引き上げが行われたが、これをめぐって農民に対する搾取だという説がある（注11）。同じ論法で、手工業合作社の「転廠過渡」は労働者に対する搾取になると言えるだろうか。

二、転廠過渡の修正

　こうした手工業製品の供給をめぐる逼迫状況を改善するために、59年上半期、各地方政府は措置をとり、減産、稼働停止に陥った一部の日用品生産を緩和した（注12）。同年8月、中央政府は「手工業生産を迅速な回復とさらなる発展に関する指示」（関於迅速回復和進一歩発展手工業生産的指示、李先念・姚依林が担当）を通達した（注13）。これは文字どおり中国政府が手工業をすみやかに回復させるため、指示したものである。

　これは「手工業18ヶ条」と呼ばれ、大躍進・人民公社化のあらしのなかで制定された手工業に関する調整措置である。そのうち、所有制と企業規模の調整をめぐる措置は次のとおりである。

　第1に、人民の生活需要が多様化することにかんがみ、手工業製品の色柄・品種も多様にすべきであり、サービス方式も所有制の形式も多様性を確保すべきである。所有形態については、全人民所有制もあれば集団所有制もあり、一部の私有企業も許すべきであり、千篇一律で無造作に対処してはならない。

　第2に、全人民的な所有に変更した後、生産に不利であり、住民に不便な

第二章　集団所有企業の国有化・再調整（1958～65年）

ものは手工業合作社に戻るべきである。連合社が経営する「大集体」所有制の合作工場に戻っても良く、合作社に戻ってもよく、合作社が地方政府の指導の下で、独立採算形に戻っても構わない。すでに人民公社工業に変わったものが引き続き手工業合作社の手法で経営を行う集団所有と採算制を実行してもよい。

　第3に、合併して大企業になったにもかかわらず、品種や数量の面で社会のニーズを満たすことができず、人民の生活に支障をきたしたものは適当に縮小されるべきである。縮小後、全人民所有を維持してもよく、集団所有にしてもよい。

　第4に、修理、サービスといった移動型のサービス業はその収入が歩合制か損益の独立採算という方法をとるといい。

　第5に、社会主義制度の下で、家内工業が社会主義的経済を補充し、援助する役目を果たしている。したがって社会主義的経済の指導の下で、農業生産を阻まない限り、品質を保証できるならば、商業部門か手工業連合社を通して、加工・買付け方法を採用し、積極的な役割を十分に発揮することができる。

　手工業の管理と経営を強化する措置に関しては、業界、製品に分けて分野・等級ごとに管理し、所属部門で適切に管理されていたものは、そのままで固めておいた方がいい。そうではなければ、調整されるべきであるとした。

　また、手工業企業内部で、経済採算制度を導入されるべきである。また、手工業合作社がそもそも勤勉で、節約し、優れたやり方を十分に高揚させるべきである。なお、手工業原料・燃料の供給もしっかりとやらねばならない。

　以上述べた点は、いわゆる「手工業18ヶ条」の主要内容である。一般的に言って、こうした冷静な調整措置は中国の手工業生産の回復に対して積極的な役割を果たしたと考えられる。しかし、ソ連とのあつれきの表面化や59年の廬山会議（注14）後、各地で「彭徳懐をはじめとする」右翼的日和見主義に反対する政治闘争が行われるなかで、徹底的に貫徹されることが困難であ

ったと思われる。57年の基準価格で計算すると、58年の集団所有制工業生産額は118億元に落ち込み、59年に169.9億元に再び上昇したが、しかし60年にはまた155.1億元に減少した（注15）。

　56年までの工業合作社に比較すれば、この時期は、集体企業の国有企業への移行を伴いながら工業合作社が大きく躍進した時期であった。しかし大躍進という極めて政治的意味合いの濃いキャンペーンのもとで、負の遺産がどうしても払拭できない。もちろん、数千万人の死者をもたらした不幸な事件を合わせて考えてみると（注16）、工業合作社における「転廠過渡」はむしろ穏やかに進行したと言えよう。

注1　スターリン批判に端を発する国際共産主義運動をめぐる中国とソ連の意見対立、のちに国家間の対立にまで発展した大論争である。
注2　大躍進運動とは毛沢東主導のもとで58年から60年にかけて、ソ連をモデルとした第1次5ヶ年計画から離れて、人民公社の設立、また大衆動員によって、鉄鋼・穀物生産などを極めて短期間で、急激に増産しようとし、急進的な理想社会の実現を目指した運動である。また人民公社は58年に設立され、82年に廃止が決まった中国農村の行政、生産、社会基層組織を指す。天児慧他編『岩波現代中国事典』岩波書店、1999年、583～585、695ページ。ちなみに、5ヶ年計画とは国民経済・社会の発展目標とそれを達成するための制度改革、各産業の生産指標、資金・財・労働力の配分、重点プロジェクトの建設、蓄積と消費の比率などを織り込んだ中期計画である。社会主義国では毎年の経済運営は年度計画に基づいて行われるが、その大枠と目標は中長期計画によって決められる。中国にとっても5ヶ年計画の策定・実施は計画経済期と改革・開放期とを問わず、政治的・経済的に重要な意味をもつ。
注3　前掲汪海波他著『新中国工業経済史　1958～1965』、69ページ。
注4　1958年に設立され、82年に廃止が決まった中国農村の行政、生産、社会基層組織。
注5　王伝礼「直挂雲帆済滄海――記張小泉成名340年」、『張小泉人　1999～2003』その4、1～11ページ；前掲汪海波他著『新中国工業経済史　1958～1965』、69～70ページ。なお、阮品秧「小商品做出大文章――記杭州張小泉剪刀廠的発展」、中華全国手工業合作総社他『軽工集体経

第二章　集団所有企業の国有化・再調整（1958〜65年）

済』1989年第11期、18〜19ページ。また、杭州張小泉剪刀廠党委「加強政治思想工作、発揮保証監督作用」、『軽工集体経済』1985年第6期、25、10ページ；張小泉剪刀廠「実行廠長負責制給企業帯来生機」、前掲『軽工集体経済』1988年第3期、27〜29ページ；樊建国「企業興文化、老樹更著花」、『中国集体工業』1995年第9期、41〜43ページ；「老樹春深更著花——訪杭州張小泉剪刀廠」、『人民日報』1999年9月9日などをも参照されたい。

注5　王朴「以鋼為鋼」、『人民日報』1958年7月1日。

注6　前掲汪海波他著『新中国工業経済史1958〜1965』、70ページ。

注7　同上。

注8　同上。

注9　同上。

注10　国家統計局工業交通統計司編『中国工業経済統計年鑑 1989』、中国統計出版社、1989年、21ページ。

注11　王貴宸「論合作社経済」、『中国社会科学院研究生院学報』（北京）、1997年第2期、5〜10ページを参照されたい。

注12　「関於手工業合作社向全民所有制過渡問題的報告」、中華全国手工業合作総社他『中国手工業合作社和城鎮集体工業的発展』第2巻、中共党史出版社、1994年、152〜161ページ。また『陳雲文選 1956〜1985年』人民出版社、1986年、117ページなども参照されたい。

注13　前掲中国社会科学院工業経済研究所情報資料室『中国工業経済法規彙編 1949〜1981』、10ページ；前掲汪海波他著『新中国工業経済史1958〜1965』、71ページ；前掲郭鉄民他著『中国合作経済発展史』、951ページなどをそれぞれ参照されたい。

注14　1959年7月から8月にかけて廬山で開かれた中国共産党中央政治局拡大会議および8期8中全会のことをさす。会議の予定では「左翼」偏向の政策を総括して、誤りを是正し、生産建設の指標を調整し、59年下半期およびそれ以後の任務を確定するはずであった。だが、毛沢東あての書簡で、彭徳懐が毛沢東のプチブルの熱狂性を批判し、大躍進政策の転換を主張した。やがて毛は反撃に出て、彭を失脚させた後、右翼的日和見主義に反対するキャンペーンを中国で巻き起こした。その後、毛沢東に公然と反対する者はいなくなった。その結果、大躍進の誤りを徹底的に是正する機会が失われ、これが後の文化大革命につながった。蘇暁康他著・辻康吾監修『廬山会議』毎日新聞社,1992年；凌志軍著『歴史不在徘徊——人民公社在中国的興起和失敗』人民出版社、1996年、などを参照されたい。

注15 中国国家統計局編『中国統計年鑑 1989』中国統計出版社、1990年、214ページ。
注16 前掲安貞元著『人民公社化研究』、231〜233ページ；小島麗逸著『現代中国の経済』岩波新書、1997年、42〜44ページなどを参照されたい。

第二節　集団所有経済の調整

　この百年ばかりの中国の社会や政治の大きな特徴は、左右に大きく揺れ動いたことである。その理由は、中国が歴代の王朝がとってきた封建制度から抜け出す過渡期にあったからだという指摘がある（注1）。つまり1つの問題を解決するためには一方に大きく揺れ、多くの場合暴力や混乱がともなう。ところが、新たに起こったもう1つの問題を解決するためには、反対側に大きく揺れ戻すわけである。いずれにしても、満足のいく解決策は見つからない。それも当然のことで、中国のような巨大な国家を治めるという問題自体が大きすぎるからなのである。おそらく百年にわたる大きなゆれを繰り返してようやく安定した社会政治構造が定着するという。50年代末の大躍進運動や人民公社化はまさに左への揺れである。しかしうまくいかないと、今度はそれを見直す調整政策が導入されるのである。本節は60年代前半における手工業集団所有経済の調整について考えてみたい。

一、手工業集団所有経済の調整の背景

　既述のように、大躍進運動時期「一大二公」の左傾思想の指導のもとで、手工業合作社は国有工場への移行を急いだ。これがかえって手工業生産を急激に縮小させ、手工業市場における供給が需要に追いつかない状態に陥らせた。こういった状態を改善するため、共産党中央は59年8月、「手工業生産を迅速に回復させ、一層発展させることに関する指示」（前述）を通達した。しかしすでに述べたように、廬山会議から、右翼日和見主義に反対する運動

第二章　集団所有企業の国有化・再調整（1958～65年）

が展開されたため、手工業に関する問題を解決するには至らなかった。

　61年5月、朱徳が手工業に関する調査報告を毛沢東に提出した。この報告によると、58年「転廠過渡」すなわち手工業合作社が国有工場へと移行したり、合併したりする際に、集団所有制から全人民所有制へと移行させる幅が広すぎた、また、集団所有制を維持していた工場も、実態は合作制度を正確に実施していた企業が少なかった（注2）、というのだ。

　たとえば、理事会、監事会、社員大会といった組織機構はなくなり、配当、公共積立金、公益金（福祉基金）などの制度も取り消され、出来高制はほとんど月給制に取って代わっていた。そのため、手工業生産において、「磨洋工」つまり表面は働いていると見せかけて、実際は仕事をサボっているといったことが普遍的な現象として現れてきていた。

「磨洋工」は中華人民共和国成立まで労働者が外国資本家の搾取に反抗するためにサボタージュをしたことから来ている言葉である。そうであれば、新中国においてこうした現象の出現はいかにも皮肉である。なぜならば、新中国の労働者は「指導階級であり、主人公であるはずである」からである。その指導階級であり、主人公であるはずの労働者階級がなぜ「磨洋工」するようになったのか。

　すでに言及したが、労働者の意欲を引き出すために、工賃の出来高制などがすでに導入されていた。建国初期における合作社にいくら問題があったとしても、工賃の出来高制の導入は評価されるべきであろう。だが、大躍進運動、人民公社化後、「移行」や「過渡」を追い求められるあまり、出来高制さえ消えてしまった。上からの理念の押し付けと組織改革の弊害は、労働の意欲そのものを喪失させ、「磨洋工」現象を蔓延させていたのだ。

　こうした状況を改善するため、手工業合作社時期の組織形態と経営管理制度を復活しなければならないという認識に基づいて、5月21日から6月12日にかけて北京で中央会議が開催され、「都市・農村手工業に対する若干の政策問題に関する規定（試行草案）」（関於城郷手工業若干政策問題的規定）が制定された。これはすなわち「手工業35ヶ条」である（注3）。

二、「手工業35ヶ条」の内容

「手工業35ヶ条」の目的は、手工業所有制の構造的な調整にある。ちなみに、「手工業35ヶ条」は手工業が統合されすぎること、合併が多すぎること、および制限しすぎることなどの問題を克服するための具体策を指示したものである。

以下検討しよう。

1、手工業組織形態の調整

社会主義段階において、中国の手工業には3つの所有制形態がある。すなわち全人民所有制、集団所有制と私有制である。そのうち、集団所有制がメインであり、多くの手工業からすれば、生産力の発展水準と手工業労働者の自覚の程度に最も適合している形態だと考えられる。

全人民所有制（国有化）は、一部のものに限られるべきで、全人民所有制が多すぎても、また移行が速すぎても、生産には不利になる（「過多過快対生産不利」）。そして私的手工業は、社会主義的経済の補完物、補助的なものである。

集団所有制手工業の組織形態は、手工業生産合作社、手工業供銷生産社、手工業合作小組の3種類の企業形態があり、そのほかに、合作工場、都市人民公社が経営する作業場、手工業生産小組や農村人民公社が経営する作業場、合作社と合作社とが連合して経営する工場、生産大隊、生産隊の手工業生産小組が含まれる。全国的にみれば、手工業生産合作社が手工業の主要な組織形態であったが、上記のように初期段階から発展段階にいたる多様な企業形態や人民公社など他の組織形態と結合した多様な形態が含まれていた。

いずれの形態をとるにせよ、原則上、入社は自由意思により、脱退も自由であるべきである。また民主的経営を行い、独立採算とする。採算性を無視し、「吃大鍋飯」つまり何から何まで同じ生活待遇を受ける、というやり方には反対である。「鉄飯碗」（国の請負を頼りにする）思想にも反対である。

第二章　集団所有企業の国有化・再調整（1958〜65年）

　手工業生産を速やかに回復・発展させるために、当時の手工業所有制に必要な調整が行われなければならなかった。所有制調整の原則は次のとおりである。

　第1は、手工業労働者の積極性を引き出し、生産性を高めること、第2は、製品品種と数量の増加および製品の品質を高めること、第3は、原料を節約し、コストを削減すること、第4は、人民の生活需要に適合すること、第5に、各人が能力に応じて働き、労働に応じて分配するという社会主義的社会における個人の生産手段の分配原則をうまく実施し、生産発展の下で次第に手工業者の収入を増やしていくこと、である。

　集団所有制の調整は複雑で緻密な仕事であり、実際の状況に照らしてことを進め、大衆路線を実行し、正常な生産を維持し、すべての人員を適切に案配し、手工業者の収入を下げないようにし、地区・企業・生産の状況によって異なる方法で対処する必要がある。

　所有制の変更、組織形態の調整、経営方針の確定、公共財産の処分といった重大な問題については、従業員（「幹部や群集」）の十分な議論を経なければならない。議論を重ね、民主的に決定する。いい加減なことに反対し、新たな命令主義とでたらめな指揮を執ることを防がなければならない。手工業所有制の調整は、必ず計画を立て、段取りよく行い、各地は狭い範囲で試験的にやってみて、経験を蓄積しながら次第に広げていくことが大切である。

　すでに国営企業になったか公社企業になった手工業合作社は、およそ手工業労働者の積極性を引き出すことに不利で、製品品種の増加、品質の改善、生活の改善に不利益なものは必ず段取りよく手工業生産合作社か合作小組に戻らなければならない。実際にうまく経営されており、社会の需要に適合したものは変更する必要はない。

　農業機械の修理、農業副業の加工、鉱山の採掘、建築材料生産といった農村人民公社が経営する工業は、概ね集中生産に適合する。また、うまく経営されているものは公社の集団所有制を維持してよい。公社は引き続き経営を行い、独立採算する。およそ集中生産に適合せず、所有制を変更しなければ

うまくいかないものであれば、人民公社社員代表大会と企業従業員の同意を得た上で、手工業生産合作社、合作小組、生産大隊、生産隊の手工業生産小組に変更されるべきである。発展の可能性がなく、経営条件も整っていないものは止めるべきである。

都市人民公社が起こした企業も、実際の状況に照らして合理的に調整を行うべきである。公社に入社した女性らに対しては、彼女らの意思を尊重しなければならない。強制的にことを進めてはならない（注5）。

農村では合作社は、人民公社という連合組織の中の独立した経営組織であり、人民公社経済の一部であり、公社と県手工業連合社との二重の指導を受けることになる。都市と町（「集鎮」）ではこの組織が人民公社経済の一部としても良いし、手工業連合社が直接指導下の独立した経営組織で、人民公社経済の一部としなくてもよい。

農村人民公社の手工業労働者は農業との関係がとくに強い。一部の集中する手工業を除いて、一般的には手工業生産合作社をつくらない。手工業労働者らは引き続き生産大隊か生産隊の手工業生産小組に参加する。ただし、労働報酬の計算方法が農業生産とは違う。出来高制でも、生産額によっても、歩合制でいってもよい。独立採算させ、公共積立金を納めさせてもよい。

農村人民公社が起こした工業・手工業合作組織、生産大隊と生産隊に所属する手工業生産小組は一年中生産しなければならぬものを除いて、みな労働者であり同時に農民でもある（「亦工亦農」）という原則を守るべきである。農閑期には手工業に多く従事するが、逆に農繁期には手工業に少なく従事するように調整する。

単独経営に適合する一部の私有手工業者は、手工業合作社組織、公社か生産大隊の指導の下での独立労働、自己生産と自己販売が許可されるべきである。収益が自己所有とすべきであると同時に、手工業合作組織や公社か生産大隊に少量な公共積立金を納める必要がある。

都市における家内手工業は手工業の一部であり、積極的に発展させるべきである。家内手工業は自己生産・自己販売を行ってよい。商業部門から加工・

第二章　集団所有企業の国有化・再調整（1958〜65年）

注文を引き受けてもよい。人民公社か手工業連合社が手工業供銷生産社か生産小組を統一指導、分散生産させ、原料を分配させ、製品を購買させてもよい。家内手工業の収入が個人所有と個人支配にすべきである。

　国営企業、公社企業から手工業生産合作社に戻ったものは、国営・公社経営時代における損益や債権債務は国営企業管理部門と人民公社が責任をもって対処する。この間、新規設備および他の資産、手工業合作社が必要なものは、合作社に調達されるべきである。時価に換算して手工業生産合作社が分割払いで返済されてもよいし、国か人民公社に対する投資としてもよい。

　いままで手工業生産合作社の資産と社員の出資金が無償で調達されたものは、必ず弁償しなければならない。調達者が弁償をする。もともと手工業生産合作社社員の出資金と合作社の公共積立金、公益金および他の資金、設備、作業場等は元の所有者に戻すべきであり、流用されたか破損したものは額面通り弁償しなければならない。国営工業と公社工業の財産になったものは、もともと社員の出資金、個人用具などは、かならず時価で換算し清算しなければならない。国に渡されたもともと手工業連合社の蓄積と資産は担当部門によって戻らなければならない（注7）。

　以上のとおり、「手工業35ヶ条」は、あまりにも性急な「転廠過渡」政策、すなわち手工業合作社が国営工場への移行や全人民的所有への転換（国有化）によって生じた各種の不整合を正し、手工業の生産、市場、労働の実態に適合した組織へ再度修正するように誘導したのである。とくに、生産合作社をはじめとする集体企業に戻ることを奨励している点は注目してよい。さらに、集体企業へ戻る場合の手順や手続きについても細部にわたってアドバイスをしている。

2、組織規模の縮小、手工業生産人員の回復と充実

　「転廠過渡」の政策は、また合作社等の集体企業の合併促進策も講じた。合併促進はより合理化を図ろうと考えたのであるが、一律の合併と規模拡大はかえって効率を低下させた。また、規模拡大に見合う効率のよい業種への

95

集中を招き、多くの日用品分野の衰退をもたらした。

そこで、適正規模への復帰と衰退した日用品産業の再生を図る必要に迫られたわけである。

以下、「手工業35ヶ条」における集体企業の生産規模の見直しと衰退業種の復活策についてみよう。

手工業企業の規模も業種も適切であるべきである。規模が大きすぎるものは縮小しなければならない。業種が混同したものは区分しなければならない。労働者を組織することはイコール集中生産ではない（「組織起来不等於集中生産」）。集中しすぎたものは分散しなければならない。もちろん、状況によって対処法は異なる。手工業は業種が複雑で、小さくて、融通性が高い、経営方式も多様であるべきである。集中生産もよく、分散生産もよい。作業場を固定してもよく、流動してもよい。移動業種は地元で歩き回っても、どこに行っても、全く自由である。地方へ出かける小商人に対しては、人民公社が適切な便宜を与えるべきである（注7）。

もともと手工業企業の従業員で、とくに伝統的なブランド品を生産する企業と技術者はすでに転業した者であっても特別な事情がない限り元に戻らなければならない。もとの修理、サービス業に従事した者も本職に復帰しなければならない。本職に復帰の際、業種に分けて、計画を立てて、順序よく、行われる。

同時に、新人の手工業者を大いに養成し、親方が見習いを率いる。手工業部門、人民公社、生産大隊は青年の技術学習を計画的にやらねばならない。

3、労働に応じた分配の原則を貫徹

「労働に応じて分配し、多く労働すれば、所得が多く得られる」という原則を貫徹し、国家所有企業・集体企業・私的個人の3者の関係を正確に対処しなければならない。

また、集体企業の労働者を不当に差別することなく、正しい労働評価を与えるべきことを求めて、次のようにいう。

集団所有手工業者の工賃水準は、都市では同じ業種、同等な技術条件の国営工場の労働者工賃に相当させるべきである。工賃が低い場合は、生産の展開にともない次第に高めていくべきである。農村では習慣に照らして農産業に従事する農民より高い収入が得られる。手工業者の福利待遇は企業の経営と発展状況によって定められるべきである。

　都市手工業者は当地の同業種の国営工場労働者と同等の待遇を受ける。具体的な規則は各地で自ら定める。農村手工業者は業種によって適当に配慮される。その家族も地元農家と同じ待遇を受ける。自家保有地（「自留地」）を保有する（注8）。

4、手工業の生産・購買・販売を統一して計画配分

　中央と地方との統一計画もあれば、企業が独自に生産を計画実施することもある。主要な製品・ブランド品が中央と地方との計画に組み込まれるが、あまりにも細かく管理することには慎重であるべきである。集体企業の生産計画は、農業生産、人民生活、輸出、工業建設に奉仕する方針に基づいて、国家計画の指導のもとで、具体的な状況によって立案される。調整の際に国家はアドバイスをするが、実行を強制してはならない。

　手工業の生産配分は、伝統的な生産地区の役割を発揮させるように留意し、ブランド製品の特徴を維持し高揚しなければならない。伝統的、合理的な購買・販売関係と経営方式を速やかに回復し、市場の需要に応じる。手工業集中生産地区のブランド製品は地元と他の地域との両方の需要に配慮を加える。必要な原料・労働力・食糧等は各省、市、自治区が全面的に手配する。

　手工業の技術改造は、製品品質を保証できるか、高められるかを念頭におく必要がある。色柄、デザインの減少がないように配慮する。また優れた伝統的な生産法を継承・高揚させる。新商品の製造はまず試行する。成功すれば次第に生産は拡大していく。

　手工業生産に必要な原材料は国の配分と自力更生で解決する。国に統一配分されるものは手工業部門の申請に基づいて中央と地方との計画に組み込ま

れ、国家物資部門と関係する機構が手工業部門に配分する。

　商業部門に属するものは商業部門によって供給される。手工業生産に必要な物資は商業部門、手工業部門、企業にわけて購買、使用される。地方で物資を買付けするには、県以上の手工業機構の指導のもとで、組織的に行われる。定期市に参入する物資は手工業部門と企業と買付けをしてもよい。手工業部門と企業が原材料を買付けする際、市場管理ルールに従うが、地元の担当部署にも協力してもらう（注9）。

　地域間の伝統的な購買・販売の協力関係は速やかに回復し、新たな協力関係も積極的に確立する。手工業部門と企業とは原材料を生産する供銷合作社、人民公社から直接に原材料を買付けもできれば、自ら販売品をもって必要な原材料と交換することもできる。

　手工業生産においては廃品・廃物の再利用を奨励する。工場・鉱山・鉄道・交通・インフラといったところでは、切れ端、廃物・廃品は原則的に手工業部門に購買されるべきである。一部の工場、鉱山の切れ端が上納された場合やリサイクルの際に計画機構が合理的な原則にしたがい、上納、リサイクル、手工業へと調達比例を適切な割合で配分される。手工業企業は工場・鉱山に直接連絡をとり、切れ端の提供関係を結ぶ。

　社会に出回る廃物は商業・物資部門によって買い上げられ、優先的に手工業に提供されるべきである。手工業企業は伝統的な慣習にしたがって、加工・修理を引き受ける。自社用一部の廃品の買い上げもできる。

　手工業部門に属する機械工場は、その一部を調達するか国によって他の機械工場から調達されるべきである。国営企業が使用しなくなった旧設備を適切な価格で手工業部門に譲渡すべきである。手工業建設に必要な、国によって配分される物資・設備は請負制で中央と地方との計画に組み込まれる。

　手工業製品のうち、国より供給原材料で製造された計画製品は、原則的に商業部門が一手販売する。そのうちの一部を手工業か企業が自ら販売してもよい。手工業・企業は自ら買い上げた原材料でつくった製品、および一部が国に提供される原料でつくられた計画外製品は、原則的には手工業部門か企

業が自ら販売する。商業部門がその一部を選択して買い上げ、販売しても良い。手工業企業が商店と連携することを提唱する。

　手工業製品の価格は合理的でなければならない。生産に合理的な利潤を保証する。原材料価格の変動によって、コストが上下するものは、生産者価格と販売価格を適切に調整する。経営・管理によってコスト・アップした場合は、期限を切って改めなければならない（注10）。

　手工業製品の価格は各地の物価管理委員会が把握する。商業部門が一手販売と選択買い付けの製品価格は商工双方が合理的に議論し決定する。手工業部門が自己生産、自己販売の製品は国営商業の公定価格で販売してもよく、同業種で議論し価格を決定するのも構わない。一部の零細な商品は売買双方が相談して価格を決めてもよい。手工業製品に対して「よい品物は値段が高くつく」という原則を実施すべきである。

5、民主的経営、節約方針の堅持

　手工業生産合作社が効率ある民主的管理制度を回復し、理事会・監事会を民主的に行い、会計を定期的に公表し、一切の重大な問題は社員大会か社員代表大会により解決される。公社企業が自らの経験を総括し、モデル手工業合作社の素晴らしい経験を吸収する。国営手工業は自らの状況を考慮し、民主的やり方を強め、工場長の民主的な選挙を実施し、上部の許可を得る。

　すべての手工業企業は採算性を厳しく執行する。財務管理を強め、手工業の特徴を発揮する。支出を控え、非生産者をできる限り削減する。生産責任制・定額管理制度・製品検査制度・原材料領収と保管制度をつくる。つとめて製品品質を高めることに留意し、返品・取り替え・修理の伝統を継承する。手工業企業の労働時間と営業時間は業種・特徴・季節によって違うということに配慮する（注11）。

　手工業の管理者は民主的なやり方を高揚し、大衆のため、大衆と相談し、独断専行してはならない。「事実求是」（事実に基づいて真実を求める）を実行する。ごまかしをしてはならない。大衆と苦楽をともにする。特権化に反対

する。管理者は労働に参加する。労働者は管理に携わる。管理者は労働者・技術者との「三結合」をはかる。

6、手工業企業における指導機構の整備

　中央・省・市・自治区・専区・県はいずれ手工業に対する管理機構を設立し、そして健全化にしなければならない。また仕事に相応しい管理者を割り当てる。さまざまな所有制企業を統一して管理を行う。各級連合社を復活させる。各級手工業連合社は手工業・公社工業管理機構と一緒に執務し、人員もワンセットにする。

　各級の手工業連合社の主要任務は次のとおりである。購買・生産・販売計画を立案し、原材料の購買と製品の販売を指導し、企業の経営管理を指導し、技術改造を援助し、進んでいる経験を広げ、企業管理・財務会計・技術幹部を養成し、下部の企業と協同で集団福利事業に従事し、私有手工業労働者を組織・教育・業務指導を行い、原材料の買い上げや製品の販売について必要な協力をする。各レベルの手工業連合社は原料の買い付けや製品の販売機構をつくらなければならない（注12）。

7、党の指導と思想政治活動の強化

　すべての手工業企業のなかで共産党組織が指導する中核になる。共産党・共産主義青年団は生産を含むあらゆる活動において模範的・率先的な役割を果たすべきである。手工業企業のなかの共産党組織はかならずや党の政策・方針に沿い、企業に対する指導を強めなければならない。だが、理事会か管理委員会の日常業務を取って代わるか一手に引き受けてはならない。手工業企業のなかの党組織は、定期的に理事会か管理委員会・社員代表大会・従業員代表大会において討論・検査を行う。生産・財務・社員生活・政策法令・計画およびその他の重要な問題に対しては、党内で十分に下相談をすると共に、党員ではない従業員とも共同で議論する。そのうえ、党の考えを理事会か管理委員会・社員代表大会・従業員代表大会にかけて討論する。通ると、

第二章　集団所有企業の国有化・再調整（1958〜65年）

実行に移る。

　手工業企業において、党の政治思想活動を強めなければならない。従業員の生産・生活状況と政治文化水準に相応しい方法をとり、常に彼らに対してマルクス・レーニン主義と毛沢東思想を宣伝し、社会主義教育・愛国主義教育・時事政策教育を行う。従業員に手工業生産の重大な意義を理解させ、手工業労働を「大工業生産」（近代的機械による生産）と同様に光栄だと理解させる。従業員は主人公の観念を樹立させ、企業に心がけてもらうようにする。ベテラン従業員は若い従業員を結束し、年をとった従業員の役割を発揮させ、若い従業員を教育する（注13）。

三、手工業集体企業の調整措置

　以上、7項目にわたって「手工業35ヶ条」の主要内容を述べた。そのポイントは大躍進運動や人民公社化の時期の行きすぎた政策の調整である。61年6月19日、党中央は「手工業35ヶ条」を全国の各下部組織に通達し、実施を求めた。その後、実行性を高めるため、一連の措置をとった。9月30日、党中央は中央手工業管理局と軽工業部とを独立させることを決定し、鄧潔に中央手工業管理総局と全国手工業合作総社を主宰させることを決定した。11月、全国手工業生産合作社が「手工業生産合作社を固める指示」を打ち出し、「手工業合作社をうまく経営する5か条」を次のとおり示した（注14）。

① 社章にしたがい、民主的な管理を行う。
② 生産の方向を確認し、管理制度を健全化する。
③ 経済採算性を実行し、財務管理を健全化する。
④ 収益の配分を合理的にし、労働に応じた分配原則を遵守する。
⑤ 幹部と大衆と団結し、社会主義的思想が有利な地位を占めさせようにする。

11月28日、中央手工業管理総局と全国手工業合作総社は、全国手工業の庁局長と連合社主任会議を北京で開催した。会議は「手工業35ヶ条」を貫徹した経験を総括した。責任者李先念がスピーチのなかに次のように言った。

　およそ「手工業35ヶ条」をまじめに貫徹した地域は、生産の状況が好転している。製品の数量も増加し、品質も良くなった。ブランド製品と合理的な生産方式、購買販売関係は次第に取り戻され、市場も活気に溢れるようになりつつある、と。

　「手工業35ヶ条」の貫徹は集団手工業と私有手工業を発展させるのに積極的な影響を及ぼした。調整の初期段階において、日用品の生産は強化され、売れない製品が減少したため、集団所有制の工業生産額が一時的に下がったものの、デザイン、業種は大いに増加し、人気商品の生産量も急増した。調整後期段階になると生産額が迅速に上昇していった。

　57年の実質価格で計算すると、集団所有制工業生産額は61年に117.1億元であるが、62年に103.7億元となり、63年にまた98.4億元に落ち込んだ。しかし64年になると、115.4億元に回復し、65年に138.4億元にのぼった（注15）。都市の集団所有制の従業員数は、58年の656万人から65年の1,181.5万人へと急増した（注16）。都市の個人経営者も58年の106万人から65年の171万人に達した（注17）。

　　注1　「天安門・激動の40年・ソールズベリーの中国（Harrison Evans Salisbury's China)」、『ＮＨＫスペシャル』1989年9月23日を参照されたい。
　　注2　前掲中華全国手工業合作総社他編『中国手工業合作化和城鎮集体工業的発展』第2巻、769ページ。
　　注3　中共中央党校党史教研室資料組編『中国共産党歴次重要会議集』下、上海人民出版社、1983年、154〜155ページ。また、前掲郭鉄民他『中国合作経済発展史』、952〜954ページと汪海波他著『新中国工業経済史 1958〜1965』、187〜194ページなども参照されたい。
　　注4　「鉄のご飯茶碗は決してわれないことから」食いはぐれのない職業・親方日の丸的な思想にも反対する。

第二章　集団所有企業の国有化・再調整（1958～65年）

注5　　建国後の女性解放についての考察は今後の1つの課題としたい。
注6　　前掲汪海波他著『新中国工業経済史　1958～1965』、187～189ページ。
注7　　前掲書、190ページ。
注8　　同上。
注9　　前掲書、191ページ。
注10　前掲書、192ページ。
注11　前掲書、193ページ。
注12　同上。
注13　前掲書、194ページ。
注14　前掲書、194～195ページ。
注15　前掲中国国家統計局『中国統計年鑑1983』、214ページ。
注16　中国国家統計局社会統計司編『中国労働工資統計資料　1949～1985』中国統計出版社、1987年、15ページ。
注17　前掲汪海波他著『新中国工業経済史　1958～1965』、195ページ。

第三章　集団所有企業の発展（1966〜78年）

第一節　消費財工業の成長と限界

　本文に入る前に手工業の管理体制の変遷について付言しておこう。
　建国直後の49年11月1日、政務院（後の国務院）財政委員会組織条例に基づいて中央合作事業管理局が設立された。中央合作事業管理局の任務は、全国の合作事業を主導することであった。そして各地に所属機構が設置された。50年10月、政務院は程子華を局長に任命した。翌11月、薄一波が全国合作総社理事会主任に選ばれ、52年全国合作総社に生産局が設立され、鄧潔が生産局長に任命され、手工業合作社の推進を主宰した。54年11月10日、国務院は中央手工業管理局を設立し、白如氷を局長に任命した。58年3月、さらに手工業管理局を軽工業部の所属組織にした。
　ところが、65年初頭、国務院は当時の状況にあわせて、中央手工業管理局を廃止し、第二軽工業部を設立した。そこから、第二軽工業部は手工業と一部の軽工業を指導することになり、徐運北を部長に任命した。70年4月1日、国務院は第一軽工業部・第二軽工業部および紡績工業部の合併を決定し、軽工業部に統一され、銭之光を部長に任命した。78年1月1日、政府はまた軽工業部と紡績工業部とをそれぞれ独立させた。ちなみに、93年7月、国務院は軽工業部を中国軽工総会に変え、98年3月、また軽工業局を変え、経済貿易委員会に所属した（注1）。
　周知のとおり、生産は生産財生産部門と消費財生産部門とに分けられる。この時期の消費財生産部門は飛躍的に伸びている。ここから述べる内容は、主に軽工業部が担当する紡績業以外の日用品工業つまり消費財を指す。
　この時代になると、これまでの「手工業」として分類されていた日用品工業は、機械化されて工場制工業に発展したものも多く、また、新たな近代的な消費財工業が生まれ、一大軽工業部門として確立を見せてきた。
　したがって、軽工業の分野は旧来の伝統的な手工業も多く、全人民所有制以外の集団所有制に属するものもかなり多く含まれていた。また、品種が多

いので、国の指導や統制は間接的に行われるのがほとんどであった。したがって、市場との関係もより密接であった。なお、本章では主に、馬泉山著『新中国工業経済史 1966-1978』（経済管理出版社、1998年）を参考にしたことを断っておく。

一、消費財工業の様相

　消費財工業分野の特徴は3つある。それは業種が多いこと、生産額が低いこと、および製品が小型であることである。したがって、企業の規模は小さく、他の産業に比べると、地方型企業、集団所有制企業が多い。計画経済の下で、この分野は国からの援助やサポートが少なく、一部の重要な原材料、機械設備、燃料、動力については、国有企業ほど安定して供給されなかった。資材不足が起きるたびに供給を削られるのが常であった。

　66～78年の間、中国政府が軽工業に対して割り当てたインフラ投資額は、138.95億元にのぼった。これは同期における工業インフラ投資総額の6.26%に過ぎない。58～62年の間（第2次5ヶ年計画期）は5.3%、63～67年の間は7.3%をそれぞれ占めた。53～57年の間（第1次5ヶ年計画期）の8.6%より低い（注2）。

　また、53～57年の間、政府は主に一連の大型か中型のコア・プロジェクトに資金を割り当てたが、58年以降、中型か小型プロジェクトをメインとしたため、投資総額は減った。63～72年の間は、「三線建設」（注3）に重点をおいた。したがって、軽工業の発展は主に地方政府に任せるという状態であった。この時期、中央政府の投資は、軽工業機械や材料製造部門に回された。この結果、70年代になると、製紙、製糖、ミシン、自転車、腕時計、タバコ、電球、塩といった主要な軽工業生産能力および生産高は60年代半ばに比較すると、大幅の増加が見られた。78年、軽工業生産総額が1,276.9億元に達し、65年482.3億元より264%の増加となった（注4）。

　なお、いわゆる改革開放が行われる前の十数年間、注目される消費財工業があった。人気商品として自転車、ミシン、時計が、恋人同士が結婚して家

庭を持つ際のほぼ欠かせない商品となった。品物は不足ぎみであったので配給制が導入されていた。つまり、人気商品を購入するときには、金だけでなく配給券も必要であった。合成洗剤、合成脂肪酸、プラスチック製品、感光材料といった製品も売れていった。

政府はこういった業種に11.6億元を投資し、生産能力を拡大させた。76年、軽工業生産高は775億元に達し、65年より184％の増加となった（注5）。

表3-1　軽工業製品およびその生産能力（1966～76年）

アイテム	投資額（億元）	生産能力増加
自転車	1.4	158.4万台
ミシン	1.6	94.4万台
時計	2.0	512.0万個
合成洗剤	1.1	13.8万 t
合成脂肪酸	0.8	2.9万 t
プラスチック製品	4.7	12.9万 t

資料：当代中国叢書編集部『当代中国的軽工業』上、中国社会科学出版社、1985年、233ページより。

表3-2　軽工業製品およびその生産高

アイテム	単位	65年	76年	成長率	年平均
自転車	万台	183.8	668.1	263.5	12.4
ミシン	万台	123.8	363.8	193.9	10.3
時計	万個	100.7	911.3	805.0	22.2
合成洗剤	万 t	3.0	21.7	623.3	19.7
合成脂肪酸	t	8,671.0	45,874.0	429.1	16.4
感光フイルム	万㎡	130.8	457.5	249.8	12.1

資料：同上

第三章　集団所有企業の発展（1966〜78年）

二、問題点

　以上のように、軽工業・消費財工業の生産は、原料部門と軽工業生産に必要な機械部門の生産に重点が置かれ、この結果、消費財生産はある程度の発展は見られたが、やはりいくつかの問題があり、軽工業のさらなる展開のネックとなった。それは消費財生産の不利益、財政投入の不足および機械製造の遅れであった。

1、消費財生産の利益低下

　トータルで見ると、66〜78年の間、消費財生産額の成長スピードは購買力に比較すると高いことがわかった。また、生産した消費財生産量も市民の購買量よりも高かった。しかし不思議なことに、消費財市場に商品が乏しくて、一部の商品は品切れも起こっていた。

　その原因は消費財生産の利益低下ということにあった。つまり企業において、生産額や指標は重要視されたが、逆に製品の生産高および品種は軽視された。言ってみれば、それは政府の経済政策が企業側のめざす目標と一致しないからであった。

　たとえば、政府は消費財市場の製品供給に不安を持ち、増産を指示したが、不良品を増加させ、消費財市場を傷つけ、日用品生産にダメージを与えた。また、価格政策においても、生産額の高い製品に傾斜し、生産額が高ければ高いほど価格も高くつく、つまり生産額は価格とリンクするので管理者も生産額を企業業績の最重要指標と見なしていた。

　しかしこれは消費財生産にとって極めて不合理である。なぜなら多くの消費財製品は生産額の低いものであり、高価格、高利益の製品は少ないからである。したがって、消費財生産は、仕事を多くすればするほど損をするという理不尽な結果になり、企業は積極的に生産を増加させることができなかった。結局60年代から70年代の間、一部の軽工業企業が高価格、高利益製品の生産にシフトするようになり、生産額が高くなって、生産発展も遂げたよう

に見えた。

　こうして、日用軽工業生産額は上昇したが、一方で品種は減少したという現象が起こった。66年、上海の日用品は669品種があったが、74年になると、607品種までに減少した。色柄やデザインも11,997から10,131へと減少した（注6）。一時期、市場に売られた電球は100ワット以上のものばかりで、市民がよく使用する数十ワットの電球はなかなか入手できない状態があったという（注7）。

２、財政的投入の不足

　財政投資の不足は軽工業発展の足かせであった。建国後、取り巻く厳しい国内外事情もあって、中国政府は改革開放までの約30年間、大ざっぱにいえば、重工業優先政策（注8）をとりつづけていた。換言すれば、軽工業に対して、政府はそれほど重視しなかった。その証のひとつとしてあげられるのは、政府の消費財工業への財政的援助は極めて少なかったことである。

　繰り返すが、66〜78年の間、軽工業に対する政府の投資は第１次５ヶ年計画期を下回った。また、軽工業のうち、在来企業、小型企業が多く、設備も老朽化していた。新興企業は主に地方政府に頼るか集団でつくられたもので、生産設備は粗末であった。したがって、多くの軽工業企業は普通あるいは一般水準以下の製品しか作れなかった。そのため、政府からの援助は受けにくかった。設備の更新は難しく品質の改善や色柄・デザインの多様化も困難であった。

３、機械化の遅れ

　中国軽工業の技術・設備の遅れは中国軽工業機械製造の遅れと関連している。すでに述べたように、軽工業は業種が多様であり、必要とされる機械の品種も複雑であるが、しかし数量は逆に少なかった。国は、こうした品種が多く、数量が少ない軽工業向け機械の生産を積極的行わず、主に軽工業の製造部門みずから対処してきた。結局、軽工業機械製造の状況は、数量も足ら

第三章　集団所有企業の発展（1966〜78年）

ず、品質も悪かった。さらに一部の設備が欠落し、一貫生産ができない、ということもしばしばあり、数量も品質もニーズに応えられなかった。

　以上述べたことからわかるように、この時期における中国の消費財工業部門の生産は、消費の増大と原料生産と機械生産の増加を反映してある程度の発展は見られたが、軽工業生産の不利益、国から援助金の減少、および機械製造の遅れなどの要素が、消費財部門のさらなる発展に限界をもたらしていた。

注1　戎文佐「対重建手工業管理体制的建議」、『中国集体経済』1999年第2期、8〜9、12ページなどを参照されたい。
注2　これまで中国は10回の5ヶ年計画を経験してきた。具体的に言うと以下のとおりである。第1次5ヶ年計画時期は1953〜57年、第2次は58〜62年、第3次は66〜70年、第4次は71〜75年、第5次は76〜80年、第6次は81〜85年、第7次は86〜90年、第8次は91〜95年、第9次は96〜2000年、第10次は2001〜2005年。現在は第11次5ヶ年計画期（2006〜2010年）にあたる。ちなみに、63〜65年の間は調整期である。
注3　中国は60〜70年代に国防戦略上の配慮によって実施された鉱工業の内陸部への移転である。「一線」は東北および沿海地域の12省・自治区・直轄市、「三線」は内陸地域の11省・自治区の全部か一部、「二線」は「一線」と「三線」との間の地域をさす。具体的に言うと、「三線」は内陸地域の雲南、貴州、四川、陝西などである。また、呉暁林著『毛沢東時代の工業化戦略——三線建設の政治経済学』御茶の水書房、2002年なども参照されたい。ちなみに、三線建設は後の「西部大開発」につながる。
注4　前掲馬泉山著『新中国工業経済史　1966〜1978』、486ページ。
注5　当代中国叢書編集部『当代中国的軽工業』上、中国社会科学出版社、1985年、233ページ。
注6　前掲馬泉山著『新中国工業経済史　1966〜1978』、489ページ。
注7　前掲馬泉山著『新中国工業経済史　1966〜1978』、490ページ。
注8　輸入代替政策ともいう。すなわち、発展途上国において、先進国からの工業製品の輸入を制限し、輸入代替財を生産する産業を育成する政策である。

第二節　都市における多様な集団所有企業の発展

　手工業生産合作社は、もともと都市において形成された手工業を母体として生まれ、発展してきた。そして手工業合作社が集体企業の雛形となったことはすでに触れた。大躍進時代には、手工業合作社は全人民所有制（国有）に移行すべきとされたが、後に調整政策が実施され、全人民所有制に適合しない企業はもとの集団所有制手工業合作社に戻るよう指導された。このことも先ほど述べた。「上山下郷運動」は、都市の若者を農村に行かせ、農民とともに労働し、暮らし、教育を受けさせるキャンペーンであった。統計によると、約1,700万人が農村に行ったが、80年代初頭この運動を終結するまで約1千万人の「知識青年」が都市に帰還した（注1）。彼らに安定した就業を確保するため、新たな集体企業が設立された。この章では60年代後半から70年代の都市における集体企業について検討する。

一、都市における集団所有企業の形態

１、大集体企業（都市部の新しい集体企業）

　66年から78年にかけて、中国全土に文化大革命（注2）のあらしが吹き荒れたこともあって、政治的な不安定が続いた。しかし意外なことにこの時期、都市における集体企業が大きな発展を遂げていた側面も見逃すことはできない。
　「大集体企業」の登場である。
　正式名称は、「城鎮集体企業」つまり、都市部の集体企業である。「資産を労働者全体で所有し、共同で労働作業にあたり、労働に基づいて利益の配分を行う、社会主義経済組織」と定義される。特別な例を除き、労働者全体が所有する資産の比率が51%以上とされている。公有制による企業に分類されるが、国有企業の資産所有者が国、つまり全国民であるのに対して、集体企業はその企業の労働者が資産の半数以上を保有している点が異なる。

第三章　集団所有企業の発展（1966～78年）

　この大集体企業は、50年代に都市の私有手工業者が合作制原則によってつくった手工業合作小組か手工業合作社を出発点とし、後に手工業生産から機械生産か半機械生産へと移行させるよう援助し、分業原則によって生産を指導し、伝統的な生産様式を近代的な生産様式に改めるとともに、集体企業の労働者の出資に国や地方政府の出資を加え、全人民所有的な色彩を強め、国有企業に近い存在として、より社会主義的企業としての性格を増したものとなった（注3）。

　こうした方針は、手工業者の間で支持され、すでに述べたように50年代半ばには、数百万人の手工業者が生産合作社、供銷合作社に参加し、集団所有制企業の最初の形態を形作ったのである（注4）。生産過程からすれば、近代ヨーロッパの歴史がかつて経験した手工業者の手作業生産から工場手工業の協同生産（マニュファクチャー）を経て、機械生産の近代工場制度に至るまで過程を中国の社会主義の建設に応用したものであった。

　65年になると、全国手工業合作社（合作小組を含む。）の蓄積が6.5億元に達した（注5）。こうした蓄積は、生産設備の購買や労働条件の改善に使用されていった。

　山東省潍坊新勝紅炉社および第一農具工場、上海鉄床社、北京第一食品社、武漢度量衡社など目覚しい発展をとげた合作社は、すでに立派な工場と機械設備を備え、手工業生産方式に別れを告げ、機械生産に基づく近代的合作社になった。

　統計によれば、このような近代的合作社は全国合計で1,582社に達した。広東省だけで機械化、半機械化が実現されたものは303社にのぼり、従業員数は21,425人に達した（注6）。

　いまや、「手工業生産合作社」は「工業生産合作社」となったわけである。
　この発展と生産規模の拡大は、2種類の状況を含んでいる。それは、新しい生産合作社の設立と、合作社か合作小組が社員を増加させるか複数の合作組織が相互協力・提携して規模の拡大と収益の拡大をはかるものである。58年、各地の地方政府では、地方工業を担う工業合作組織に資金や技術面で

のサポートを与え、地方工業を振興し始めた。

上海ボイラー工場の前身は、失業者がつくった「五金」(注7)合作工場であり、後に重要な機械企業までに成長した企業である。長い間、中国庶民を魅了した有名なブランド品「鳳凰自転車」(注8)を生産する上海自転車第三工場の前身は、鉄製の寝台の生産合作社であった。この合作社は、関係の近い小型の合作社や工場と連合して、国から200万元の出資を受け、年に60万トンの生産能力を有する集体企業に成長していった(注9)。

合作社が国あるいは地方政府から出資を受けることは、この時期から行われたものである。合作社が国や地方政府から出資を受けることにより、合作社の出資は公的出資(全民所有)と社員の出資が並存することになり、企業の性格も変化することになるとともに、企業体の支配のあり方にも変化をもたらす。こうした国からの出資は、今日の集体企業の所有権、使用権、財産権からなる「産権」(所有権)の曖昧さの原因となり、今日の大きな課題になっている問題である(詳細は後述する)。

北京第一食品工場は、もともと砂糖等を生産する第一食品合作社であり、天津「儀表」(計器)工業の出発点は、200社あまりの手工業合作社からなる第二機械工業局であった(注10)。

多くの手工業生産合作社、合作小組の生産・技術改造は合作社から近代的工場制度へと移行することにともない、財産関係にも変化が起こっていた。もともと、手工業者は、生産用具と一部の実物を出資金として入社するという制度があったが、急激な規模拡大と生産様式の変化のなかで形骸化し、どのように改革するかが問題となっていった。

このような集団所有制企業の変化に対応して、政府は、社員の出資金を返却し、その身分も社員から労働者へと変更させ、給料を払い、配当を止める、という政策を採用していった。一般的に、この種の形態は合作社というより集団所有制企業であるが、合作制の要素、すなわち従業員の経営参加などの特徴は一部残っている。この形態は、全人民所有制に類似した面があるので、「準全人民所有制」式の「大集体経済」と呼ばれる。

第三章　集団所有企業の発展（1966〜78年）

2、小集体企業（町の集体企業）

　58年の大躍進運動の際、集団所有制と全人民所有制との格差縮小を急いだため、手工業生産合作社の財産関係が大幅に変更され、思わぬ損失がもたらされた。経済調整期に入ると、もとの合作制に戻ろうとしたが実際に戻ったのは一部に過ぎなかった。なぜなら、一部の合作社はすでに出資金を社員に返却し終わっており、多くの集体企業の出資金は労働者との関係をもはやもたなくなっていたからである。

　このようななかで注目すべきものは、家庭の主婦らが共同で起こした「街道集体」（「コミュニティー集体企業」と名づけておこう）である。一般市民を含む人々が自由に起こした都市型集体企業は、企業労働者の集団所有形式を採用し、自主的、独立採算の経営であった。これは、大集体企業とは異なるので、「小集体企業」と呼ばれる。

　65年2月1日、国務院が第二軽工業部の成立を決定し、もとの手工業管理局に所属する小集体企業の「街道工場」を担当させ、手工業生産をメインとし、プラスチック、家電といった新興部署の軽工業製品の管理の一本化をはかった。それと共に、手工業管理局を廃止し、全国手工業合作総社を第二軽工業部と合併させた。これは都市集体企業の発展に広い空間を開いたものだった。中国の軽工業は、都市集体工業をメインとする第二軽工業関連部門を設置し、これより手工業生産合作関係企業は二軽集体工業企業と呼ばれるようになった。略称は「二軽」企業である（注12）。

　65年になると、中国の都市集体企業は10万社まで回復し、従業員は505万人に達し、工業生産額は133.1億元にのぼった。そのうち、二軽企業生産額が112.7億元であった。工業生産総額に占める都市集体企業と二軽工業の比重はそれぞれ9.5％と8.0％であった（注13）。

　生産額の内訳は次のとおりである。①農業支援生産額は17.8億元であり、13.4％を占める。②日用品生産額は75.5億元であり、56.7％を占める。③国営工業と提携し、組み合わせてセットにする生産額は41.1億元であり、

115

30.9%を占める。④輸出品生産額は14.2億元であり、10.7%を占める（注14）。

　65年、都市集体企業の生産性は前年に比較すると、14.7%を上回り、3,060元となり、歴史的な記録を作った。インフラについては二軽関連部門の集体企業が1.52億元を投資し、固定資産は1.43億元を増やした。そのうち、各級手工業連合社への投資額が1.08億元であり、71%を占めた。企業みずから集め、投下資金が3,912億元で、25.7%を占めた。他の投資額が508万元であり、3.3%を占めた。同年、全国工業合作組織の所有資金が41.1億元に達し、64年より22.7%の増加となった。こうして、都市における集体企業の一層な発展に土台を築いたと言えよう（注15）。

二、文革期の都市集体企業

1、打撃を被る

　この時期は文化大革命という激動もあって、都市における集体企業はさまざまな打撃や制限を受けていた。紅衛兵（注16）が四つの古いもの（旧思想、旧文化、旧風俗、旧慣習）を破壊し、少なからぬ工芸美術品、文化スポーツ用品、輸出貿易品などを攻撃、取締りの対象とした。こうした製品を生産していたのは、主に都市の集体企業であったため、都市企業の多くが被害を受け、転業せざるを得ないものも続出していた。

　統計によれば、66年全国工芸美術業界1,399社のうち、383社が転業に追い込まれ、転職者が37,548人にのぼった。アクセサリーの生産は「ブルジョアジーの奥さん、お嬢さんに奉仕するもの」と批判され、売上げが激減し、大幅の減産に追い込まれた。転業したばかりであり、家電製品の生産および専門的な輸出貿易を経営する都市集体企業でさえ、輸出貿易の制限を受け、苦しい立場に追い込まれていた。68年8月、上海市対外貿易局がかつて告示を発布し、家電商品の仕入れを停めたと。こうして、家電の生産メーカーが10社から4社にまで減少し、15種類の製品も4種類に落ち込んだ（注17）。

　66年から76年にかけて、都市の集体企業が被ったもう1つの打撃は「平調風」であった。それは物資調達キャンペーンである（注18）。

一部の地方政府が既定の集体企業政策を顧みず、集体企業に対して全人民所有制企業と同じような取り扱いで、勝手に引き締め、転業・合併を指示し、ひいてはその財産関係を独断で変更させ、集体企業を全人民所有制の国営企業に引き上げるいわゆる「移行過渡」を強制した。

　統計によると、70年における都市集体企業数は65年に比べると、7,000社も減少した。北京市二軽工業関連部門110社の合作工場のうち、60社が国営工場に変更させられた。

　天津市二軽工業関連部門は、68年から70年までに集体企業を担当する業種別の各専門会社を廃止させ、市所属の664工場、30万人弱の従業員を有する集体企業をすべて各区に委ねた。また、勝手に転業を命じられたので、製品品種が少くなくなった。実に71年、日用品などの286種類が切り捨てられていたという（注19）。

　都市集体企業は二重の打撃を被っていた。第3次5ヶ年計画期間（66～70年）の年平均成長率は調整期（63～65年）より7％低くなった。第4次5ヶ年計画期間（71～75年）になると、外部環境がある程度改善されたが、平均主義と無差別な物資調達を強要するいわゆる「平調風」をやめなかった。

　70年から72年までの間、吉林省長春市はまず160社あまりの区所属集体工場を市政府に直接担当させたが、75年になると、そのうちの二軽関連部門の集体企業を再び手放し、各区に委ねた。引き締めたり放したり、独立させたり統一したりした混乱の中で生産は混乱したことは容易に想像がつく。

　66年から76年にかけて、都市集体企業は国営企業に類似した扱いを受けていた。とりわけ大集体企業はそうであった。すなわち国営企業の管理方法をもって、大集体企業を管理しようとした。財務上、地方政府の担当部署が統一採算、損益を統一採算、資金を統一供給させる方法をとりいれ、企業の購買、生産・販売および人・金・物の配分を担当部署の役人が勝手に決定し、経営権を無視して集体企業の経営を混乱に陥れた。

　一方、原材料、機器設備、燃料の供給については、集体企業に対して国営企業と同等な待遇を与えなかった。政府計画機関と物資部門は相変わらず

「まずは国営、次は集体」という手順を適応して配分した。生産要素が不足した場合、国営企業のみに配分され、集体企業には回されて来なかった。一部の集体企業製品は国内外で非常に高い信望を集めていたが、その物資の供給は国家計画に組み込まれず、保証はできなかった。小集体企業は、生産機構とみなされておらず、電力公司から生産に必要な電力供給さえ得られないばかりでなく、その価格も国営企業より高く設定された。

　労働政策については、集体企業の労働者募集に対する多くの制限が設けられていた。たとえば、暇でのんびりしていた素質の低い人や障害のある者を募集しなければならなかった。都市集体企業の賃金、従業員の待遇は、国営企業の工賃制度と賃上げ方法に準じるものとされ、自由に定められてはならないとされた。

　一方、集体企業の工賃水準、福利基準は国営企業より低く設定されなくてはならない、と決められた。集体企業の内部においても、小集体企業が大集体企業より低く決められた。食糧補助の数量も、国営、大集体、小集体の順にランク付けされ、次第に減っていくという具合であった。

　以上述べた「平調風」と集体企業を差別した政策や措置は、徹底したものであった。いうまでもなく、こうしたやり方は都市集体企業の手足を縛ることになり、都市企業の発展を阻害する結果を招いたのであった。

2、集体企業の存立能力

　上述のようなさまざまな不利な条件を強いられたにもかかわらず、都市集体企業はかなりの発展を遂げていた。たとえば70年、都市集体企業の生産総額は65年の133.1億元から240.9億元へと増加し、年平均成長率は12.6％に達した（70年の不変価格で計算）。第3次5ヶ年計画の際、都市における集体企業は厳しい環境におかれていたが、なんと2桁の成長を維持することができた（注20）。

　ではなぜ都市集体企業はさまざまな差別を受けながら、これだけの成長を遂げることができたのであろうか。馬泉山氏によると、背景は2つあったと

第三章　集団所有企業の発展（1966〜78年）

いう。

　第1に、失業青年を有効活用したことである。すなわち市場の隙間が集体企業に発展の空間を提供したからであった。当時、国営企業は文化大革命の悪影響を受け、人々は思想闘争に没頭し、生産条件が悪化していた。多くの「待業青年」（注21）が配置を待つという状況がはじめて現れた。政府は手が回らないので、都市集体企業がこうした待業青年を生産現場に配置したのであった。

　第2は、それは融通の利くメカニズムおよび市場との深い関係で活動を可能にしたことである。中国経済における計画経済の管理は、全人民所有制に引き上げられることが重要と考えられ、全人民所有制の経済主体までが政府の責任範囲内とされてきた。したがって原則的に集体企業は度外視されていた。国家計画のなかで、毎年、集体企業に割り当てられる日用品生産に必要な鋼材、銑鉄といった原材料でさえ、ときには流用されてしまったのであった。

　文化大革命が激しさを増すにつれてマクロ・コントロールが弱くなり、一部の国営工場の生産が正常稼動できなくなった。しかし皮肉なことに、そのことは集体企業の出番となってしまった。言い換えれば、混乱が集体企業の発展の土壌を提供したのであった。原材料の供給・製品の販売ルートを含むそもそも国家計画範囲内の一部の生産が都市集体企業に回されてきたのであった。

　都市集体企業の一部は、大集体企業に属し、上級連合社か工業局担当部門から多くの制限や監督を受けていた。しかも自己責任のため、操業を停止することは許されず、あらゆる手段を尽くして生き残りを求めなければならなかった。工芸美術、文教スポーツ用品といった業種が衰退し、日用品の売れ行きも悪くなった。儲からないため、都市集体企業は次から次へと起業する電子産業など値段も高く、利益も高い他の業種に活路を求めるようになった。

　68〜70年の3年間、北京市では服装、特殊な工芸、皮革、「五金」（金型）、文化用品、日用品、包装、玩具、抜きかがり細工（ドローン・ワーク）など

業種のうち、27社が次第に電子製品へと転業していった。上海市の手工業関連部門では66年から70年までの間、トータルで321社の工場、作業場の約4万人の従業員が電子製品、ラジオ機材、軍事用品、自動車部品、機械設備と電力設備に転業していった（注22）。

天津市二軽企業の日用品生産については、71年は65年に比較すると、39.6％の増加をみることができた。同期の電子計器生産品は2.9倍の増加となった。また、70年、天津市二軽企業の生産品のうち、生活手段製品生産額は65年の63.9％から47.2％へと減少したが、生産手段製品生産額は36.1％から52.8％へと逆に上昇した（注23）。

70年代初頭、浙江省杭州市の179社の集体企業のうち、28社が電子計器へと転業した。全部または一部が自動車部品へと転業したのは24社であった。両者を合わせると52社となり、全企業数の29％を占めた。当市二軽関連部門工業生産額のうち、国有企業に組み合わせてセットにする生産額は71年が65年より16.4％増えた。しかし、同期の日用品生産額は13.7％減った（注24）。これは都市集体企業が当時の特殊な環境の下で、市場の需要に応じて、みずから構造的な調整を行った結果である。集体企業は融通の効いた応変能力と粘り強い生存力、発展能力を示した好例といえる。

マクロの角度からすれば、自然発生的なこうした構造的な調整は新たな矛盾を引き起こしてしまった。たとえば、一部の日用品の供給は減少し、需給はある程度逼迫した。ある調査によると、70年、全国日用品品種は65年より三分の一以上が減少したという。中国で有名な「北京市王府井百貨大楼」の毎年扱う商品は約3万種類であったが、60年代末、70年代初頭になると、1.8万種類にまで減少していた。しかしミクロの視角からすれば、こうした調整はむしろ合理的であり、企業が生き残るために、選択した必然な結果であったからだ（注25）。

第4次5ヶ年計画において、中国社会はそれまでに比べ、より安定し、国民経済も回復から発展へと向かっていた。だが、都市での就職圧力は緩和されておらず、逆により深刻になっていった。雇用対策というニーズが

第三章　集団所有企業の発展（1966～78年）

都市集体企業のさらなる発展につながった。75年、小集体企業数は11.1万社に達し、従業員は1,063万人に上り、工業生産総額は453.4億元（70年の不変価格計算。以下同じ）であった。同年、小集体工業生産額は全国工業生産総額に占める比重は70年の10％から14.1％へと高くなった（注26）。

　繰り返しになるが、都市集体企業において、小集体企業と呼ばれる集体企業（「街道工場」）の発展が目覚ましかった。それらはすべて、みずから資金を集め、原材料を自分で見つけ、販売ルートも自己で開いた。小集体企業は完全な独立採算を実施していた。この小集体企業は、国営企業とも、大集体企業とも異なり、必ずしも各級政府か二軽関連部門に属するとも限らなかった。

　こうした企業はおおむね町のサービス・ステーションが待業青年の就職問題か貧困な家庭の生計問題を解決するために、個人の集めた資本、借金、援助に頼り作られた。70年以後、一部の国営工場、鉱山、機関、学校、「事業単位」（注27）が従業員の家族や弟子の就職問題を解決するために、小集体のやり方を模倣し、次から次へと「家属工場」（家族工場）を起こしていたものであった。

　こうした「家属工場」は職場や機構からの援助もあって、普通の町工場より恵まれていた。だが、町工場であれ「家属工場」であれ、ともに国営工場を頼りとしようとし、もしくは「大手の国有企業」の余りものや廃棄物を使って市場に必要な製品を生産したのであった。一部は大手の国有企業から加工などの仕事を引き受け、その遺漏や欠所を補っていた。

　遼寧省の統計によると、73年、全省の小集体企業数は2,799社に達し、生産額は都市・町工場生産総額に占める割合は20.3％だった。76年、上海市の町工場生産額は10.9億元に達し、66年より3倍近く増加した。一部の工場は大手企業の加工サービスから起業し、次第に独立し、自分の製品を生産できるまで成長していった（注28）。

　76年まで、上海の小集体企業は、製品によってはすでに39業種におよんでいた。より大きいのは電子、計器、機械設備と電子設備（「機電設備」）、道具、

121

金型、プラスチック、機械修理業であった。そのうち、電子企業生産額が全市の町工業生産額に占める割合は40％を超えた。企業規模も次第に大きくなり、従業員の熟練度も高くなった。66年、企業が抱える従業員の平均人数は114人であったが、10年後の76年になると、323人へと増加した。起業当初、従業員の多くは国営大型企業従業員の家族か女性であったが、その後、知識青年が増えていった。改革・開放政策が導入される直前（70年代末）になると、中等教育を受けた若者がより大きな比重を占めるようになっていた。

三、1977年から78年にかけての都市集体企業

1、都市集体企業の不調

76年、毛沢東が死去し、「四人組」も逮捕された（注29）。中国政治に大きな変化がみられたと同時に、中国経済も回復軌道に乗り始めた。全人民所有制たる国営経済部門は、2年連続2桁の成長を達成した。

だが、都市集体企業は逆に不調に陥った。78年、発展のスピードが落ちて、利益の縮小や赤字の拡大が起こった。同年、工業成長率は13.48％であるが、都市・農村集体企業の成長率は9.62％に過ぎなかった。そのうち、都市集体企業の成長率は6.15％だった。都市集体企業のなかで、手工業合作組織は生産額が増加したが、利潤が逆に減少した（注30）。

たとえば全国の3.56万社の手工業合作組織を調査した結果、78年の工業生産額は77年より8.3％増加したが、利潤は逆に11.94％減少した。欠損の幅も量も増大した。78年欠損企業は2,435社に達し、幅は77年の5.49％から7.22％へと拡大した。赤字も78年は8,255万元の赤字をだし、77年に比較すると、2,357万元多かった（注31）。

2、不調の原因分析

都市集体企業の利潤が減った直接の原因は経営環境の変化にあった。文革の終えんにともない、経済は「正常」に戻りつつあった。国営企業は正常に戻ったため、原材料においても、市場においても、都市集体企業は国営企業

と競争するという皮肉な立場に立たされてしまった。しかし国家計画システムが回復していくなかで、明らかに国営企業に比べ集体企業に不利な要因が増大した。都市集体企業は、原材料や燃料、動力の供給においての不足が稼働の低下を招いた。

また、政府はプラスチック、機械などの製品売価を下げたので、集体企業の利潤に悪影響を与えた。なお、少なからぬ工業合作組織の管理水準はまだ低く、物資を寝かせるか浪費が多く存在していた。その上、資金も限られたため、環境が変われば対処はし難くなり、生産経営に支障をきたしたのであった。

浙江省の手工業合作組織は、経営、管理が悪く「核銷」（注32）した損失額が1,400万元にのぼった。また78年、全国手工業合作組織がもっていた流動資金は決まった額の52％しか達しておらず高くはなかった（注33）。

こうした困難に直面することは決して偶然な現象ではなかった。中国の経済政策と管理システムにおいては、市場の地位がなかったからである。とりわけ、市場と結びついていた集体企業は、生産手段も商品もマーケットに参入できず、売買双方も自由に取引ができなかった。一方、日常用品を除外すれば、集体企業の生産、原料の購買、製品の販売は国家計画に組み込まれず、保証されることもなかった。

振り返ってみると、中国の集体企業は大躍進の時代に全人民所有制に移行した歴史をもっている。集団所有制から全人民所有制へと移行させた背景の１つは、移行すれば集団所有経済は国家計画に「戸籍」を移され、定住、生産、販売、購買の保証を得て発展をはかれるということであった。66～76年の十年間、市場の隙間が拡大したが、皮肉なことに、それは文化大革命の負の影響によるところが大きく政府の政策のお陰ではなかった。したがって、この10年間で経済管理システムの変更や改革が行われていたとしても、集体企業と市場という肝心な問題は基本的には解決されていなかった。

文化大革命後、国家体制が次第に正常に戻ったときに、国営企業の生産が

回復するやいなや、集体企業の「生存空間」はただちに縮小してしまった。原料の供給が厳しい状況の下で、国有大企業の生産手段でさえままならないのだから、集体企業に必要な資源は配分されなかった。集団所有制企業は中国の社会経済の発展とともに多様な形式に拡大をみせ、国家所有経済と市場の間で揺れ動きながら発展をみせたのである。

四、集体企業の形成と発展の事例

ここで、北京市と江蘇省常州市における集体企業の形成と発展の状況を事例的に紹介しておこう。

1．北京市における城鎮集体企業の発展過程（注34）

（1）形成と発展

北京市における城鎮（都市）集体企業は4つの段階を経て発展してきた。
第1段階：合作工場（工廠）

解放当初、北京市における手工業は34業種あり、製造・工芸美術および修理の3種類に大別できる。1949年、全市は手工業合作社（組）が18社あり、全市の手工業生産総額の0.1％を占めるにすぎなかった。従業員は700人、全市手工業従業員数の1.4％、工業生産額は28万元で漸次手工業生産総額の1.1％であった。

1953年党中央は、過渡期の総路線を制定し、「一化三改」（工業化、農業の集団化、手工業の合作化、資本主義的商工業の公私合営化）を実行し、手工業合作化運動に突入した。1956年初、社会主義改革が進展すると従業員の97.5％が手工業合作社に入社し、生産額は全市生産総額の97.8％に達した。

こうした手工業の社会主義的改造を通して設立された生産合作社では、各社員は自分で所有していた道具や材料など生産手段を持ち寄って入社するとともに、一ヶ月分の工賃を出資金とした。生産合作社は独立採算で、生産手段は合作社所有とした。こうして労働大衆による集団所有制が確立した。

しかし、1958年になると、一部の手工業合作社は全人民的所有制へと引上げられ、いわゆる「国（国営企業）合（手工業合作社）共同経営」という特殊な形態も現れ、多くの合作社は合作工場（国営）へと移行した。

合作工場へ移行後、社員の出資金が返却され、年末配当制度も廃止された。集団企業は地方政府の管理部署に統一管理された。つまり小集団から大集団へ、手工業合作社から国営工場へと過渡（移行）された。これらはいわゆる「形式上の集団、実質上の全人民」といわれたのである。

60年代初頭、中央政府は調整措置をとり、「都市農村手工業における若干の政策問題に関する規定」を制定した。「手工業35ヶ条」である。これによると、「我が国の手工業は集団所有制をメインとすべきである。なぜならば、集団所有制は我が国の生産力の発展段階および手工業労働者の自覚の度合いにもっとも適するからだ」と。また、「国営工場に引上げられた手工業合作社のうち、労働者の労働意欲を引き出すのに不利益であるなら、適当に措置をとって、戻ればいい」と求めた。なお、「独立採算で自己責任としなければならず、悪平等はよくない」と強調した。しかし、残念なことに、こうした方針は徹底されなかった。

文化大改革が始まると、また何度も全人民的所有制への過渡（移行）が行われ、特に70年代初頭になると3分の1の集団企業が国営企業に移行された。さらに、一部の業界では、すべてが過渡する「全行業過渡」が出現した。たとえば、プラスチック工場の場合は工場資本総額の30％に当たる集体企業を国営企業にした。

第2段階

1958年、社会主義建設の総路線のもとで、全国人民が自力更生し、社会主義建設の新しい道を開いた。多くの主婦が社会に進出し、700余りの町工場を設立した。そこには5万人あまりが参加していた。こうした工場は次第に公有化の度合いが高まられ、まずは北京市の区所属の大集体企業に移行したが、1978年にはさらに市所属の大集体企業に引き上げられた。

第3段階

　1970年から「57指示」（軍、教員幹部も生産活動に卒先して参加せよという毛主席の指示）を機に、幹部が集団労働に参加すると同時に、職員の家族や半失業状態にあった人々が町内に「57工場」を起し、また国営企業及び事業単位（職場・機関）の「57連」（中隊）を発展させた。1970年から1973年にかけて12.2万人が参加した。これらの57工場は80年ごろになっても小集体企業に属し、街生産組が統一管理していた。一部はすべての利益を企業に残すが、しかし管理部署の同意なしには使ってはならないという規則があった。

第4段階：「生産服務社」

　1979年4月、都市における「待業青年」の雇用問題を解決するため、様々な「知識青年服務社」がつくられていた。これは知識青年の知恵に頼り、古いものを修理し、廃物を利用し遺漏や欠所を補った。彼らは社会に大量の物質的財産を作り出しただけでなく、青年失業者の雇用問題をも解決した。北京市40万人の「待業青年」のうち、14万人がすでに仕事に就いた。税金・管理費・公共積立金・公益（福祉）金を除くと、他は社員によって自由に分配される。工賃も国営企業より高く設定されても問題はない。1957年までの集団所有制度に戻った。

　以上、4つの発展段階から分かるように、生産の発展にともなって、幾度となく集団所有制企業は国有企業に引き上げられ、公有化の度合いも高くなるが、しかし国有化すると生産が衰退したり停滞し、失業が増加するという矛盾に直面した。すると、自主的に合作社による町工場が生れてくる。政府はそれを歓迎しないが、社会はそれを求める。中国の生産力の水準がまだ低く、国営企業がより多くの製品を提供できない。また国営企業のみでは大量の労働力を吸収できないという現実のなかで、政府が扶助するにしろ、制限するにしろ集団所有制企業は絶えず再生産されるということである。

第三章　集団所有企業の発展（1966～78年）

2．江蘇省常州市の大集体所有制工業の現状（注35）

　常州市の地方工業における集団所有制工業は重要な地位を占めている。1977年には243の集体企業があり、全市工業総数の61％を占めた。従業員数と工業生産額はそれぞれ市の39％と22％を占めた。500種類の主要製品のうち、集団所有制工業は200種類あり、そのうち軽工業製品が最も多かった。

　常州市の集団所有制企業は2つのパターンがある。一つは町内会（街道）や社隊（公社・大隊）が経営する小集体所有制企業で合計65社あり、全市の集体所有制企業の27％を占めた。これらは真の労働大衆集団所有制企業である。もう一つは、区に所属する大集体所有制企業で合計178社あり、全市の集団所有制企業の73％を占めた。これらは、形式上は集団所有だが、実態は全人民所有制的地方国営企業である。こうした大集体工業は集団所有制の主要部分で、ここ十年あまり、ハイ・スピードで発展しており、その役割も大きいし、効果も上がっており、市の工業の持続的発展において重要な要素となっている。

（1）形成と発展

　今日の都市集体工業の前身は個人手工業を社会主義的改造を通してできた合作社（組）および後に都市住民がみずから資金を集めて興した町工場（街道工場）である。これらは典型的な労働大衆所有制である。大躍進及び文化大革命時期、各地に大集体工場が現れた。常州市の大集体工業の形成は次のような4種類に分類できる。

　① 　小集体工場から引き上げられたもの
　　もともとの手工業合作社（組）は発展していく中で、合併したり、改組されるときに出資金（股金）が元の出資者に返還された。一方、一部の町工場は、国営企業に引き上げられる時にその設備が評価され、出資者に返却された。十数年後、各部署の局、区はこうした小集体工場をみず

から資金を工面し、必要な設備や工場を増やし、大集体工場にしたのである。

②　全人民所有制工場から変更したもの

1961年から1963年にかけて、常州市は「調整・筑固（固めること）・充実・向上」の方針にしたがって地方工業の重要部分を守るために、適当に工業規模を縮小すると同時に、管理方法を改め、形式上、一部の全人民所有制工場を大集体所有制工場に変更した。その生産手段を評価して返還しない場合は、工場は相変わらず市の区や局に所属したまま企業の性格も変わらなかった。

③　全人民所有制工場が起したもの

文化大革命以来、一部の製品の需要は大きいが労働力が不足していた全人民所有制の工場が集団所有制の作業場をつくり、新しく労働者を募集し、所有していた工場（廠房）、設備および技術をいかし、部品加工を担わせた。独立採算であった。この作業場がある程度の生産力をもち、労働者も独立して仕事をこなすようになり、製品の品質や技術の水準が向上し、しかもある程度の蓄積ができた場合には、独立させ、大集体所有制工場として生まれ変わることがあった。借りた設備や資金を次第に返却し独立した。1976年以来全市にはこうした方法で作られた大集団所有制工場が14に達した。

④　市や局（区）が資金を集め、直接投資して起したもの

1971年以来、常州市は大集体企業が市や局（区）に納めた税金の一部を使い、一連の企業を興し、重点的な製品生産に力を注いだ。1973年から1977年までに市は534万元を投資し、工業局は1,847万元を投資した。これらの投資は主に2ヶ所に使われた。まずはニーズが大きいが、それぞれの工場や工業局のみでは生産できない製品である。次に新規建設した場合や原材料、部品を生産する大集体所有制工場を増設したものである。たとえば、プラスチック工業の発展に伴って、年生産高千トンのポリ塩化ビニールを生産する「常州樹脂工場」を設立した事例も見られる。

第三章　集団所有企業の発展（1966〜78年）

　以上、4種類のうち、3、4は近年において大集体工業が生れた基本パターンである。なお、それ以外の派生した方式もある。たとえば、大集団所有制工場が計画的に助成し、一つの工場から多くの工場が生れる場合もあった。
　常州市の大集体工業の成長は全市の平均的成長速度を上回った。1965年から1977年までの12年間で、工業生産額の平均成長率は18.3％、全人民所有制工業は11.8％、全市工業は12.9％であった。また、上納税金と利潤の年成長率はそれぞれ15.7％、10.6％、11.2％であった。なお、労働生産率の成長率は13.4％、6.7％、7.5％だった。
　常州市の大集体工業がハイスピードで発展を遂げた原因は、労働力の豊富さと順調な資金調達、地方政府が積極的に政策を実行したことに加えて企業の自己責任意識の高さにある。

（2）性格と役割
　常州市の大集体工業と小集体工業との共通点は、生産手段の公有制にある。公有化の度合いの差が両方の違いである。大集体工業の公有化の度合いは相対的に高く、生産手段と製品は各企業の従業員に所有されるのではなく、市の各局・区に所有・支配される。局や区は国の地方政府の経済管理部門あるいはその構成部分である。大集体工業の利潤は企業のみにより掌握されるのではなく、また企業内にのみ分配されるのでもない。国に所得税を上納した後の一部は市・局・区に統一分配され、集中使用される。この部分は企業の拡大再生産に使われるか新規企業建設に使われる。大集体工業の個人収入分配は統一した工賃制度によって実行される。
　生産手段の所有関係と製品の分配方式から見ると、常州市の大集体工業は、実質上、労働大衆の集団所有制ではなく、全人民所有制的地方国営工業である。現行計画、財政、生産等管理システムにおいて、こうした大集体所有制工業は地方が管理した全人民所有制工業とは微妙に異なる。たとえば、規則によると、大集体工場は中央関係部署に直接管理されてはならず、幹部や労

129

働者を国家の従業員と見なしてはならないことなどなど。しかし、こうした地方工業に対する国の管理制度や管理法が、生産力の発展に適応するので、大集体工業を発展させただけでなく、国家建設と人民生活に有利な新製品を開発・生産し、地方工業の合作企業の発展を促進し、工業生産レベル向上に寄与し、地方工業発展の資金源と雇用問題解決に大きな役割を果たした。

表3－3　1966～78年における都市集体企業

年	企業数（万）	生産額（億元）	対前年成長率（％）	工業生産総額に占める比重（％）
65	10.0	133.1	—	9.5
66	—	165.6	—	9.8
67	—	167.8	1.3	11.5
68	—	159.8	−4.8	11.6
69	—	209.2	30.9	11.3
70	9.3	240.9	—	10.0
71	—	289.2	20.0	10.4
72	9.6	298.6	13.0	11.7
73	10.2	346.6	16.1	12.4
74	10.5	373.8	7.8	13.4
75	11.1	453.4	21.3	14.1
76	11.0	489.4	7.9	15.0
77	10.8	567.6	16.0	15.2
78	10.1	602.5	6.1	14.2

注：1、66～69年の生産額は農村公社が経営する工業が含まれる。
　　2、71年までは57年の基準価格で計算したもの。72～78年の数字は70年の不変価格で計算したもの。
　　3、ここの「基準価格」についてはいろいろな説がある。呉暁鷹「戦後中国工業成長率の再推定1949～1997」、http://www.ier.hit-u.ac.jp/COE/Japanese/Newsletter/No.14.japanese/Wu.htmを参照されたい。ただし、便宜のため、われわれは「基準価格」という方法を使用した。
資料：中国統計局『中国統計年鑑1983』中国統計出版社、1983年、213～215ページより。

表3－4　66～78年における中国軽工業関連部門工業企業利潤税金統計

年	利潤・税金総額	利潤・税金総額利潤	所得税	税金
65	14.99	10.88	4.82	4.11
66	16.03	11.63	5.35	4.40
67	13.97	9.76	4.49	4.21
68	11.84	8.17	3.76	3.67
69	16.79	11.92	5.67	4.87
70	23.89	17.37	8.39	6.52
71	28.46	21.22	9.97	7.24
72	32.09	23.31	11.68	5.78
73	31.33	22.07	10.90	9.26
74	30.76	20.38	9.99	10.38
75	39.03	27.09	12.15	11.94
76	35.50	23.47	11.38	12.03
77	41.56	28.41	14.54	13.15
78	38.07	25.02	12.92	13.05
66－78年合計	359.32	249.82	121.19	109.50
49－78年合計	107.46	78.57	27.71	28.89
66－78年対49－65年の比率（％）	234.40	218.00	337.40	279.00

注：単位：億元

資料：当代中国叢書編集部編『当代中国的集体工業』下、当代中国出版社、1991年、612ページより。

注1　知識青年は「知青」と略称する。初級中学（日本の中学校に相当）以上の中等教育を受けた青年、とくに文化大革命時期の上山下郷運動で農山村に下放した青年たちのことを指す。

注2　毛沢東が発動し、1966年から76年まで中国を激動させた政治運動である。

注3　大集体企業の性格については中国ではいくつかの説が見られる。ま

ず大集体は歴史的な産物であり、集団所有制の高級形態であるという説がある。また、大集体は歴史上、かつて過渡の影響を受けたものであり、実質上、すでに集団所有制ではなくなり、経営自主権もないので、否定されるべきである、という説があるのに対して、大集体に関しては、ケースバイケースというべきで、一概には言えないという説もある。谷新徳「関於城鎮集体工業経済改革討論綜述」、『軽工集体経済』1987年第4期、15ページ。また王樹春「城市集体経済的制度変遷及其趨勢」、『中国集体経済』2001年第3期、5ページをも参照されたい。

注4　話は前後するが、北京市第一食品工場の経過を次のように記しておこう。

　北京市第一食品生産合作社は1950年6月、3人の失業者により立ち上げられたものである。ここ数年速いスピードで発展してきた。小型から大型へ、貧困から裕福へ、手産業から半ば機械生産へと遂げてきた。56年の時点で、すでに507名の社員を有する大型合作社となった。

　この合作社を起したのは現在の理事会主任黄嘉生である。彼は長年私営「光明糖果（砂糖菓子）廠」に勤めていたが解雇された。当時、あるタオル生産合作社に入社していた友達から合作社しか未来がないと説得された。やがて黄は失業者だった馬徳祥、楊世清と相談し申請して、食品生産小組を設立した。服や箱などを売り、120元の出資金を集め、砂糖や香辛料を購入した。建物は楊の小部屋を借り、そのほかの道具を調達し生産に取り組んだ。

　最初は生産がうまくいかず、稼動停止に追い込まれたこともあったが、3人は無給で働き始め、製品品質を高め、価額を低く設定し、売れ行きを良くした。一方、北京市合作総社の援助を受け、彼らは西単で店頭販売をしながら、一部の消費合作社とリンクしマーケットを広げた。50年9月、あらためて2人の労働者を採用し砂糖のほかに、ビスケット生産に踏み切った。同年末になると、従業員は12人に拡大し550元の蓄積ができた。51年4月、北京市第一食品生産合作社へと転身した。

　王玉庭は私営光明糖廠の社長であった。解放前、黄はかつて王の工場で働いた。50年末、王は道具を貸すということで、生産小組に参加することを求めてきた。当時、生産小組は道具が不足していたので、王の入社を許可した。その後、王は組長に選ばれたが王は悪質だった。経営上、王は仕事の手を抜き材料をごまかし、投機的な取引をした。また王は北京市合作総社から廉価で砂糖を購入し、加

第三章　集団所有企業の発展（1966～78年）

工もせずに売ってしまう。そこから不法な利潤を得ていた。生産小組においては、働かないで他人の成果を我がものにする。最も高い給料をもらうが、職場には顔をあまり見せない。社員にも冷たく、反対意見には耳を傾けなかった。そのため、合作社に悪影響を及ばした。そこで、合作社の社員は我慢できず、会議を開き王の除名を決定した。王も負けずにすべての道具を回収し、五人の社員を連れて第一食品生産合作社を去り、新たに「振興糖果廠」を起した。

その後、第一食品生産合作社は社員大会を開催し、王と戦う決心をした。社員一同はかならず合作社をうまく経営し、資本家に勝たなければならないと誓った。また、製品の売れ行きを確保し、生産高・品質を高め、コストを削減すると言明した。王の除名は逆に社員の自覚を高めることにした。

「振興糖果廠」は、最初は包装に工夫し、掛け売りといった手で第一食品と競争し、マーケットの争奪戦を繰り広げ、時には合作社の名誉に傷つけることもあった。一方、合作社はコスト・ダウンを徹底し、品質および製品の宣伝を通してユーザーの確保に努めた。結局、六ヶ月後、品質の悪さ、値段の高さ、売れ行きの悪さにより生産停止に追い込まれることになった。そのあげく、「振興糖果廠」はすべての道具を食品生産社に売却し、王に連れて行かれた社員も合作社に戻ってきたのであった。

王は除名されたが、合作社内部の争いが絶えなかった。なぜなら、業務の拡大につれ、合作社の余剰がますます増えたので、一部の管理者や社員はそれを分け尽くそうと思い、給与のアップを要求したからであった。しかし、連社は合作社の蓄積が少ない理由で賃上げ要求を認めなかった。すると、一部の管理者や社員は連社をごまかし、販売した商品は少なく記帳し、利潤をこっそり分かち合った。三反五反運動の時に、こうした集団的な汚職事件が初めて摘発された。52年3月、合作社は社章をあらため、公共積立金を40％から47％を引き上げた。53年9月、さらに50％まで引き上げた。これで、経済上、合作社の安定と発展を保証することができた。

54年になると、合作社はさまざまな機械設備を備えるようになり、一部の仕事は機械により行われたが、多くの場合は手産業のままであった。合作社が直面するのは公共財産を蓄積し、機械化のため条件をつくることである。55年、合作社は広安門外で新たな建物を建設し、製菓設備をも購入した。砂糖菓子の月産量は54年の43,250キログラムから61,000キログラムと増加し、ビスケット・ケーキも月産量は13,150キログラムに達した。それでも、マーケットのニーズに満た

133

せなかった。56年末に、オートメーション生産を目指すという。

　それと同時に、合作社は新商品の開発や新柄のデザインを重んじる。56年第一四半期、合作社は技師を招いて十数種類の新商品を開発し、それはやがて人気商品となった。55年末、北京王府井百貨大楼の大半の砂糖菓子・ケーキは上海で注文したが、その後、多くの商品は食品合作社から注文するようになった。一部の大使館からの注文も来た。56年初頭、合作社は品質審査会を開き、二十種類の砂糖菓子の品質を向上させることができて、上海を勝ち抜いた。そして、手工業合作化運動の際、多くの有名店を吸収・合併し、新社員は302名と拡大し、百種の製品品種を加え、12の支社、16の職場を含むものとなった。なお、3つの卸部と5つのサービス・センターを設立した。

　このように、食品生産合作社は50年からさまざまな困難を克服し、集団化の優越性を示した。メンバーは3人から507人へと拡大し、公共積立金は32万元に達した。また最初の手産業から今日のある程度の機械化が達成できた。社員の生活も改善され、平均工賃は倍増した。なお、合作社内で、公費医療が実現され、女性社員は出産手当をもらえるようになり、知識の学習やクラブの楽しみもできた。「従艱苦闘争中成長起来的北京市第一食品生産合作社」、北京市手工業生産合作社連合総社資料室編『在手工業合作化的道路上』北京出版社、1956年、8～14ページ。

注5　前掲馬泉山著『新中国工業経済史（1966～1978）』、335ページ。
注6　同上。
注7　5つの金属。金・銀・銅・鉄・錫の5つを言う。広く金属一般を指す。
注8　恐縮であるが、かつて私（范）の家もこの種の自転車を持っていた。
注9　注5と同じ。
注10　前掲当代中国叢書編集部編『当代中国的集体工業』上、232ページ。
注11　二軽工業管理体制の確立の原因は3つあったといわれている。①手工業合作組織の展開にともない、各業種の管理の一本化が求められたこと、②一部の手工業生産の機械化と半ば機械化が実現し、手工業合作社が合作工場になったこと、③手工業合作組織を新型プラスチック製品と家電業界へのシフトを促すこと。前掲何光編・唐宗焜他著『中国合作経済概観』、281ページ。
注12　前掲馬泉山著『新中国工業経済史 1966～1978』、336ページ。
注13　前掲馬泉山著『新中国工業経済史 1966～1978』、336～337ページ。
注14　業種生産額の計算は重複する部分があるので、総額が都市集体工業

注15　前掲馬泉山著『新中国工業経済史 1966～1978』、337ページ。
注16　文化大革命時期に学生たちが自発的に組織した大衆造反組織のことである。毛沢東の赤い衛兵の意。
注17　注15と同じ。
注18　「一平二調」という言い方もある。すなわち一に均等、二に徴用。平均主義と無差別な物資調達。58年からの人民公社化運動で農村各地に巻き起こった極左的風潮。「平」は人民公社内では平均的に物資を分配すること。「調」は県や公社が生産用の資材や人員を無償で徴用すること。「平調」とも言う。中国集体工業「数字事実――来自城鎮集体（合作）経済方面的統計資料」、『中国集体工業』1996年第3期、45ページなどを参照されたい。
注19　前掲馬泉山著『新中国工業経済史 1966～1978』、338ページ。
注20　前掲馬泉山著『新中国工業経済史 1966～1978』、339ページ；前掲中華全国手工業合作総社他編『中国手工業合作社和城鎮集体工業的発展』第2巻、801ページ。
注21　失業青年。卒業後、職場への配属をまだ受けていない。
注22　前掲馬泉山著『新中国工業経済史 1966～1978』、340ページ。
注23　同上。
注24　同上。
注25　同上。
注26　同上。
注27　生産による収入がなく、国家の経費でまかなわれ、採算にとらわれない組織・機構。
注28　前掲馬泉山著『新中国工業経済史 1966～1978』、341ページ。
注29　「四人組」とは文化大革命推進に協力、中国共産党政治局入りした江青、張春橋、王洪文、姚文元のこと。毛沢東死後、逮捕された。いまは全員死亡。
注30　前掲馬泉山著『新中国工業経済史 1966～1978』、342ページ。
注31　前掲当代中国叢書編集部編『当代中国的集体工業』上、325ページを参照されたい。
注32　審査の上、支出を許可する。
注33　注30と同じ。
注34　清華大学馬列主義教研室楼啓標・李誼青・潘康麗「北京市城鎮集体所有制工業初歩調査」『経済研究』1980年第3期、72～76ページより。
注35　鳥家培・張曙光・「江蘇省常州市の大集体所有制工業現状調査」『経済研究』1978年11期、55～60ページ。

第四章　郷鎮企業と集体企業

郷鎮企業とは、農村地区に立地し、郷や鎮の地域で設立された企業のことで、今日の「郷鎮企業」は、郷村において農民が設立した集体企業や町村営企業だけでなく、私営企業も含め、多様な企業形態による農村企業の総称である。
　「郷」は村、「鎮」は町に当たり、県（市の下に置かれた行政単位）の下にある行政組織である。日本でいえば、町村に該当する。したがって、郷鎮企業は、「農村工業」というような意味であり、特定の企業形態を意味する概念ではない。郷鎮企業の多くが集体企業である。
　1992年第十四回共産党大会報告によると、78年12月以来、中国の郷鎮企業は「異軍突起」、これまでとは異なった新しい勢力が突然現れるという意味の鄧小平の言葉を引用してこう表現した。郷鎮企業は、中国の農村改革において、請負責任制に続いてもう一つの発明であるといわれていた。
　中国内外において、郷鎮企業研究は盛んである（注1）。ここでは、先行研究を基に中国郷鎮企業の時期区分、組織形態、発展モデル、制度改革および問題点を整理し、集団所有制との関係に焦点を当てることにしよう。
　一般的に言うと、中国の郷鎮企業は50年代に芽生え、60年代に衰え、70年代に復活し、80年代に台頭し、90年代に改革され今日に至るのである。また、「農村副業」「社隊企業」「郷鎮企業」「後期郷鎮企業」の四つの段階を経過したのである。

第一節　郷鎮企業の誕生と発展

一、農村副業から社隊企業へ

1、農村副業、農村手工業

　中国の農村において、農村副業と農業関連手工業は、農業生産道具と農民の日用消費品、農機具修理やサービス業務および伝統的な工芸品生産などを担ってきた。建国当初、こうした産業は次第に回復し、発展を遂げていた。

合作化時期、農村手工業者や農業兼手工業者は相次いで、農業合作社に入社し、合作社が経営する副業の中核となった。各地の農業合作社は生産設備が簡単な工場を起し、各種の副業生産に従事していた。57年になると、全国約1,210万人の手工業者が合作社に入社し、農村工業の主要な力になった。当時の農村工業は、農村における副業、農村の手工業合作社、新たに設立された小工場、家内手工業の四項目が含まれた。これらは農業から完全に独立していないが、郷鎮工業の発展の基礎をつくり、人材・技術・資金などにおいてさらに発展する条件を整えた。

2、農村工業の独立

58年4月、政府は「地方工業を発展させる問題に関する意見」という文書のなかで、はじめて「農村工業」という概念を打ち出した。それによると、「農業社が経営する小型工業、たとえば、農具の修理、肥料の加工、少量の農産品加工などは、みずから生産・販売を行う。農村における小型工業は、県や農業社の連合経営あるいは村営の形態がいい」と意義付けた。8月、中央政治局拡大会議は「農村で人民公社を設立する問題に関する決議」を行った。決議は「農村工業の発展は農業から一部の労働力の移転を求める」と主張した。その後、人民公社は多くの小型製鉄所、小鉱山、小炭鉱、農業機械修理、セメント、食品加工および交通運輸等企業を起した。12月、8期6中全会が通った「人民公社に関する若干問題の決議」は人民公社工業化を認め、「人民公社は大いに工業を起すべきである」とし、それは農村工業化を実現する道であり、国家の工業化を速め、都市と農村との格差を是正すると指摘した。このときから、公社工業は農業に付随する副業ではなく、農村におけるより独立した産業とみなされたのである。李宏氏によると、農村工業化ブームのなかで、人民公社の誕生にともなって一連の公社企業が生まれた。59年6月、公社が経営する工業企業は70万社に達し、生産額が71億元にのぼった。これは当時の全国工業生産額の一割に当たるという（注2）。

3、大躍進運動と社隊企業

　大躍進運動の時期に「公社の工業化」が試みられた。そして、人民公社および生産大隊に、農業に必要な発電、セメント、化学肥料、農業機械などさまざまな工業が設置され、人民公社の「社」と生産大隊の「隊」をとって「社隊」企業と称された。

　農村における工業の育成が急激に進展した58年には、各地の農村が一気に非農業化、工業化を推し進めたため、多くの労働力が農業部門から離れた。加えて、農業政策の失敗が深刻になった。結局、59～61年国民経済が重大な困難に直面し、大躍進運動や人民公社化運動の誤りを是正するため、61年7月、8期9中全会が"調整・筑固・充実・向上"方針を制定し、全国の人民公社の改革を行うとともに、人民公社の付属工場を切り離して、さまざまな調整が行われた。

　具体的にいえば、次の措置がとられた。

　まず、人民公社の実施する工業の経営範囲を制限し、当時の農村工業が確実に成果をあげなければならない業種とさほど重要でない業種に細かく分け、肥大化した農村工業を縮小した。また、縮小された非農業部門の労働力を、「県社工業を整頓し、人員を削減する」と主張して整理した。そのため、社隊企業の労働力はできる限り削減され、多くの企業の従業員が農業に戻った。62年9月、8期10中全会はさらに「人民公社は今後若干年の間一般的に企業を起さない」旨を通知した。

　こうして、63年になると、全国の社隊企業数は59年の70万社から1.1万社にまで縮小し、生産額が70億元から史上最低の4.2億元に縮小した（注3）。

4、文革期における社隊企業

　当時、左傾主義が流行っており、農村における工業・副業は「資本主義のしっぽ」と見なされたが、必要な物資が不足していた上、農民は生活苦のなかで農業生産、農民生活に欠かせない工業・副業を逆境のなかで細々と続けていた。この時期、起こされた企業は、国の工業生産品の不足を補充する役

割を果たしていた。一部の地域では、農業生産、農村建設、農民生活の需要が高まり、都市における機械工業と協力したり、市場の拡大に応じ一連の小工場が起こされた。

　70年になると、全国の公社経営工業企業は4.47万社に達し、生産額は2.26億元にまで回復した。翌年、国務院は全国機械会議を開催し、各地で県・社・隊の三級農業機械製造・修理ネットの設立を求め、鉄鋼をメインとする「五小工業」（小型の鉄鋼、炭鉱、農業機械製造・修理、セメント、化学肥料工業を指す）を積極的に促進させることを決定した。資金に関しては、社隊がみずから調達する以外に、国が毎年農業機械化のため投資した。それにしたがって、各地は大いに農業機械修理工場を相次いで設立すると同時に、多種経営を行い、非農業機械製品の生産を増やした。この間、都市工業も積極的に社隊企業に業務連携を探り、また60年代農村に下放された技術者や知識青年たちが農村で工業の発展の下地をつくった。76年になると、全国の社隊企業は111.5万社に達し、生産額は243億元にのぼった（注4）。

二、改革開放初期の社隊企業

1、社隊企業の発展

　78年12月、名高い共産党11期3中全会が開かれた。この大会はそれまでの政治闘争を中止するとともに、経済建設を中心とする方針を打ち出した。大会は農業発展を速めることを決定し、農業経済は農業・林業・牧畜業・副業・漁業の全面的な発展を確定した。この方針に基づいて、国務院は79年7月「社隊企業を発展させる若干問題に関する規定（試案）」を公布した。この「規定」は建国以来、国が法規形式で公布した社隊企業を発展させる方針に関する初の指導的文書である。それによると、社隊企業の発展政策、経営範囲、国による社隊企業への優遇・助成政策、企業内の規則制度、管理機構の設立などについて、詳細に規定した。これはその後の社隊企業の発展に重要な意味を持つものとなった。もちろん、当時まだ計画経済の影響が大きく、流通・交換・価格においては国が強固に制限していたことも指摘しておく必

要がある。

　79年9月、11期4中全会が決定した「中共中央が農業発展を速める若干問題に関する決定」は、次のように言う。

　「社隊企業は大いに発展しなければならない。およそ合理的な原則に符合し、農村加工に適応する農業副業製品は次第に社隊企業によって加工される。都市工場は一部の農村加工に適応する製品および部品を計画的に社隊企業に譲り、設備支援、技術指導しなければならない。国は社隊企業に対して、状況に応じて減税か免税政策を実行する。」

　各地は具体的な状況に応じて一連の社隊企業を扶助する措置を実施した。農業部・財政部・中国農業銀行などはそれぞれの分野で一連の規定や規則を制定し、積極的な役割を果たした。こうした規定や規則は農民の不安を解消し、彼らの積極性を引き出し、社隊企業のさらなる発展に適切な環境をつくった。したがって、多くの幹部や農民はこの時期を郷鎮企業の「最初の春」と名づけている。

2、調整・改革・改善

　79年、政府は国民経済調整・改革・整頓・向上の方針の下で、社隊企業の発展方向、業種構造など初歩的な調整を行った。こうして、機械製品の生産高が減り、売れ行きの商品・農業副業製品および国が必要とする鉱産物といった工業原料製品が大幅増えた。調整を通して、社隊企業の従業員の商品意識と市場観念が強化された。これが大きな収穫である。その後、社隊企業の生産は市場に左右されるということを打ち出された。

　もちろん、情報不通・指導上の問題などによって、各地の社隊企業は生産重複・品質低下・とりわけ環境汚染といった問題が生じた。81年、各地は「国務院は社隊企業が国民経済調整方針を貫徹する若干規定」にしたがって、調整・整頓・改革を続けた。調整のポイントは三つあった。まず、マクロ的

なコントロールをし、投資の方向および投資総額を厳しく制限し、計画性を強める。次に、市場の需要に応じて、日用商品の生産と都市・農村が必要とする建築材料を大いに発展させる。その次に、社会の需要に応じて、産業構造を調整する。整頓の重点は経済効率化を中心とし、企業管理を大胆に改め、そもそも請負責任制のもとで、次第に多種形態の生産請負責任制を広げるとともに、経営者の任免制度・労働者の募集制度・労働分配制度をある程度あらためた。

　以上の調整・整頓・改革を通して、社隊企業の規模が大きくなり、企業数も減ったが、生産額・固定資産・企業税金等各指標が大幅に増加した。企業の利潤も従業員の所得も応対的に増加した。

3、論争

　この時期、社隊企業についての認識が分かれ、多くの論争もみられた。たとえば、80年に社隊企業可否論争、81年に機械工業との矛盾論争（原料、エネルギー、市場をめぐる社隊企業と機械工業論争）、82年に経済犯罪と社隊企業との関係論争などがあったが、最終的には、社隊企業の製品は国有企業の不足する面を補完するとともに、国有企業と競争するという両面性があり、前者は大きく、後者は小さい。したがって、健全に社隊企業の発展を導くことが大切であるというところに落ち着いた。

三、人民公社解体と郷鎮政府所有化

1、社隊企業の郷鎮政府所有化

　83年になると、家庭請負責任制を中心とする農村経済改革が基本的に完了した。これにより農家の生産の意欲を引き出し、農業生産性を大いにアップすることができ、農業は豊作となり、農民の所得も大幅に上昇した。加工できる農業副業製品が増加することで、農家は多種経営と各種の非農業産業の発展を期待した。一方、請負責任制の展開により、農村では大量の余剰労働力が現れ、雇用問題はますます切迫するようになり、農民は貧困から脱出し、

豊かさへの願望がかつてないほど盛り上がった。

　同年、国は農村人民公社を廃止し、町村に郷鎮政府をつくりはじめた。それと同時に、生産大隊を廃止し、村民委員会を設立する改革に取り組んだ。社隊企業は郷か鎮あるいは村所有となった。制限緩和のもとで、一部の地区では農民がみずから資金を集め、企業を起こすブームが現れた。83年になると、農民協同経営企業はすでに50万社を超えており、そのうちの多くは小型工業企業であった。

　こうした新しい状況に対処し、中央政府は12月全国農村工作会議を開催した。国務院副総理万里は、江蘇省がまとめた「無農不穏、無工不富、無商不活」（農業がなければ社会が安定せず、工業がなければ社会は豊かになれない、商業がなければ社会は生き生きとしない）を賞賛し、各地の党書記は食糧増産に努めるよう求めた。会議はまた「1984年における農村工作に関する通知」を制定した。それによれば、8億農民が食事のために働く局面を改めないと、農民も豊かになれないし、国も強くなれず、四つの近代化の実現は望めない、という。なお、会議は農民個人か数戸が共同で企業を起こすことを奨励し支持するとし、これが後の郷鎮企業の発展の土台を築いた。

２、郷鎮企業への改名と振興政策

　84年3月1日、国務院は農業・牧畜業・漁業部の文書「社隊企業の新たな局面を開くことに関する報告」を配布し、社隊企業を郷鎮企業に改名した。

　同時に通知はつぎのように指摘している。「多種経営を発展させることは我が国が農業現代化を実現するために堅持しなければならない戦略方針である。郷鎮企業は多種経営の重要な構成要素であり、農業生産の重要な支柱であり、農民が豊かになる道であり、国の新しい重要な財源である。」それと同時に報告は、自己責任で、平均主義反対を認め、競争メカニズムを是認した。郷鎮企業の特長は、投資が少なくてすむこと、費用が低廉であること、自主権がより大きいこと、科学成果を容易に取り入れやすいこと、市場に敏感に対応できること、である。通知は各地で郷鎮企業の発展を指導し、国営

企業と同じく郷鎮企業を重要視し、必要なときは援助をするとした。

　同年、中国は全面的な経済体制改革を行った。中央政府は新たな流通政策、農業副業製品生産販売政策、対外経済技術交流政策、税制政策、銀行政策、都市農村間の経済交流・人材流動・技術移転政策など一連の政策を制定し、郷鎮企業の発展を押し進めた。なお、郷鎮企業は国家の「七五計画」に組み込まれた。85年9月、「国民経済および社会発展第七次五ヶ年計画を制定することに関する中共中央の提案」は「郷鎮企業を発展させることは我が国の農村経済を振興させる必須の道」と指摘し、また郷鎮企業を指導する「積極的に扶助し、合理的に計画し、正しく指導し、管理を強める」方針を打ち出した。

　こうした政策に対して、一部の著名人が郷鎮企業の発展に関心を寄せ支持を表明した。北京大教授費孝通氏は郷鎮企業を「草の根工業」と名づけ、中国農民の偉大な創造と褒め称えた。

　いずれにせよ、84年から88年にかけては、中国郷鎮企業が輝いた時期であった。郷鎮経営、村営、農家連合経営、個人経営などの各種の形態の郷鎮企業が出現し、農業、工業、商業、建築業、運輸業、サービス業などが全面的に展開する局面を迎えた。郷鎮企業数は83年の134.6万社から、88年の1888.2万社へと爆発的に増え、なんと13倍の増加となった。そうしたなかで、政策緩和は郷鎮工業・建築業のみでなく、従来発展のスピードが遅かった郷鎮運輸業・商業・飲食サービス業等も速やかに発展を遂げ、工業の発展スピードを大きく上回った（注5）。

3、郷鎮企業の成熟

　78年まで、郷鎮企業は一般的には地域の原材料に応じて生産し、地元で販売するという経営方針を貫き、輸出品を生産する企業は極めて少なかった。しかし80年代に入ると、輸出品を生産する企業が速やかに増えた。80年、こうした企業は1500社であったが、88年になると1万5000社に急増し（注6）、中国の外貨獲得の重要な力となった。同時に、全国では次第に珠江デルタ、

長江デルタ、渤海湾地区などの多くの輸出型郷鎮企業群が形成された。輸出品は低級なもの、粗削りの加工商品から高級な家電、服装、紡績品などへとシフトした。郷鎮企業の輸出品への参入は、産業成熟の結果であったが、輸出の増加はさらなる発展の起爆剤となった。

　この時期、郷鎮企業の変化のもう一つの特徴は、技術改善であった。84年以降、国有企業改革の展開につれ、市場競争はますます熾烈なものとなった。生き残るため、郷鎮企業は品質の向上とイノベーションを積極的に行っていった。85年5月、農業部は全国郷鎮技術進歩会議を開催し、企業管理レベル、技術レベル、郷鎮企業の資質向上を目指した。とりわけ沿海地区における郷鎮企業は、積極的に外国資本を利用し、技術・設備を取り入れた。

　また、横断的な連合が強まった。郷鎮企業の横断的な連合は、主に都市と農村間における経済・技術面的連合である。連合の方式は、従来の単純に都市工業と企業連合を作って都市工業品の生産を受け入れる段階から、生産技術連合体、貿易工業農業連合体、農業工業商業連合体等多様な企業連合へとシフトした。内容は資金、人材、技術的連合から設備、情報、管理の連合へとシフトした。連合という手段を通して、人材を取り入れ、資金を導入し、効率を高めることができた。さらに重要なのは、こうした連合は長年にわたる都市・農村間の壁を取り除き、都市農村一体化、農工一体化を実現し、中国の特色を有する工業化の方向を開拓した。

　郷鎮企業のメカニズムの特徴は、市場を重視し、企業の経済効率をはかり、市場メカニズムによって生産経営活動を調整することである。実践が証明したように、こうしたメカニズムは効率的で生命力のある成功的なメカニズムである。

四、「郷村集体所有制企業条例」の制定

1、新たな挑戦

　80年代末期、経済発展が見られる一方、多くの問題も現れた。たとえば、重複投資、経済過熱でインフレーションが発生した。そのため、13期3中全

会は「経済環境を改善し、経済秩序を整理し、全面改革を深化する」方針を制定した。

そのなかで、郷鎮企業の発展にさまざまな意見が出された。一部の人は「郷鎮企業を削減する」「国有企業を維持するには郷鎮企業を制限しなければならない」「郷鎮企業は農業に悪影響を及ぼした」「郷鎮企業を発展させるのは私有化の道だ」などさまざまであった。

国は財政、貨幣などマクロ的なコントロールを強め、一部の生産手段を独占し、インフラ投資を削減するなどの措置をとった。郷鎮企業は、世論の圧力を受けていた。とくに一部の地区では郷鎮企業を大幅に削減させ、大量の郷鎮企業は閉鎖や稼動停止に追い込まれ、巨大な損失を計上した。90年上半期、郷鎮企業はゼロ成長となり、経済効率は低下し、取り巻く環境は悪化していった。

2、「郷村集体所有制企業条例」の制定

郷鎮企業が厳しい状況におかれるなかで、90年6月3日、「中華人民共和国郷村集体所有制企業条例」が正式に発布された。

郷村集体所有制企業条例は、農村において農民が設立した集体企業の社会的位置づけ、国家と集体企業の任務、設立から管理、出資者、社員に関する規定を盛り込んだ企業法である。

主な規定を概観しておこう。

① 郷村集体所有制企業は、農村（郷と鎮）および村（村民小組を含む）において設立した集体企業を指し、農業生産合作社、農村農村供销合作社、農村信用社は含まない。
② 郷村集体企業は、社会主義公有制経済の一部分であり、国家は郷村における集体企業を積極的に助成し、合理的に計画し、正しく指導し、管理を強化する。
③ 郷村集体企業の主要な任務は、商品生産とサービス業を発展させ、社

会においてますます高まってくる物質的および文化・生活における需要を満たすこと、農村における産業構造を調整し、農村の労働力を合理的に使用すること、農業生産と農村建設を支援し、国家財政収入と農民の所得を増加すること、輸出産業を積極的に発展し、外貨を獲得すること、大工業のために必要な部品を供給することとされ、農村における生産のみならず輸出の振興まで大きな役割が期待されている。

④ 郷村集体企業は、自主的経営、独立採算をもとに集体所有制の性格にのっとって資金を集めることができるとされる。

⑤ 集体企業は、審査を受け、法人の条件を満たす場合には、法人格を得ることができ、社長は企業の法的代表者となる。

⑥ 企業の財産は、郷または村の農民全員の「集体所有」に属し、郷あるいは村における農民大会（農民代表会議）あるいは農民全員を代表する集団経済組織が企業の財産の所有権を行使するとされる。ここでいう「集体所有」とは、構成員の財産持分を認めない「集団所有」である。

⑦ 企業は、経営目標、経営形態、社長の選挙または招聘、税金を納めた後の余剰利益の分配方法を定めることができる。

⑧ 従業員は、企業を民主的に管理し、社長およびその他の管理者を批判し、告訴する権利をもつ。従業員代表大会は、企業の経営管理について意見を提出し、アドバイスし、評議する権利をもち、社長およびその他の管理者を監督し、従業員の合法的な権益を維持し保護する権利をもつ。

⑨ 企業は、従業員に労働に応じて分配する原則に従う。男女を問わず同一の労働に対しては同一の報酬を与える。

⑩ 各人民政府の郷鎮企業行政主管部門は、法律、法規および政策によって、企業に対して、次の指導、管理、監督、協力およびサービスを行う。

　（ア）企業は国家の法律、法規および政策をいかに実施したかを監督

し検査する。
- （イ）企業発展計画を作成し、他の関係部署と協力して、農村余剰労働力の雇用計画を制定する。
- （ウ）他の関係部署と企業の計画、統計、財務、監査、物価、物資、品質、設備、技術、労働、安全生産、環境保護といった管理活動を指導する。
- （エ）企業における技術の向上、従業員の教育・育成・訓練を組織し指導する。
- （オ）企業に経済、技術諮問および情報サービスを提供する。
- （カ）企業と他の関係部門との関係を協調し、企業に経済技術協力の展開を助ける。
- （キ）企業発展の経験を総括し広げる。
- （ク）企業において、思想政治活動を組織し指導し、社会主義における精神文明建設を促進する。

この条例は、50年10月24日『中華人民共和国合作社法（草案）』以来の集団所有企業に関する法律となったものである。ここで改めて指摘しておくべきことは、集団所有制企業の所有の性格である。

合作社の場合は、既に述べたように合作社の社員が脱退するときに出資金に相当する金額を返還する「出資持分の財産権」を保証していたのであるが、郷村集体企業の法規定では「出資持分の払戻し」の規定がない。これは集体企業の段階の所有制が合作社の場合とは異なって、事業機関である集体企業そのものが所有するのであって、その出資者の財産権を認めないものとなっている。このことは郷村集体企業条例の制定によって、文字通り集団所有制が確立したことを意味している。

郷鎮集体企業は、農民などが集団で出資して設立し、あるいは人民公社等の付属工場を郷村が出資をして郷村経営化したものに、民営企業や個人経営などが加わって発展してきたのであるが、このうち集体企業に関しては郷村

集体企業法により、新しい集団所有制の法的枠組みを与えたのであった。

 3、戦略的変化

　80年代末期には、中央政府農業部は郷鎮企業に現れた変化に対応して、五つの戦略を検討していた。すなわち、①従来の投入増加による発展から投資増加と技術向上による発展へ、②生産額重視から生産重視と製品品質重視へ、③単一な国内市場から国内外市場へ、④企業の独立経営から専門化経営・社会化協力生産へ、⑤伝統的な零細生産経営から科学的な現代的な企業管理へ移行させることである。

　やがて、郷鎮企業は調整期にはいる。まず市場拡大を目標とし、産業構造の改革を早め、新商品を開発し、ブランド品を拡大生産する。次に企業の構造的な調整を行い、郷鎮企業同士の企業集団を促進し、生産要素の結合をはかる。こうして92年以降、郷鎮企業は大発展を遂げ、生産額が一兆元を突破し、全国工業生産額の三割を超えた。中国国民経済における郷鎮企業の地位はますます重要になっていった。

五、92年から96年にかけての郷鎮企業

　92年初頭、鄧小平の南巡講話のなかで、郷鎮企業の役割が高く評価され、郷鎮企業のブームがふたたび訪れた。92年から96年にかけて郷鎮企業は年平均52％増加した。78年時点で郷鎮企業数152.4万社、従業員数2,826.6万人、生産総額493.1億元であったが、95年には、企業数2,202万社、従業員数1億2,800万人、生産総額6兆8,915億元へと飛躍的な成果を遂げた。郷鎮企業は大量の従業員を雇用し、農村の都市化に大きく寄与しただけでなく、中国社会の安定にも貢献した。こうした郷鎮企業の大発展は中国経済の奇跡として各国の学者に賞賛されてきた（注7）。

　しかし一方、郷鎮企業の大発展のなかで、やはり多くの問題に出合ったことも事実であった。たとえば、大気汚染、不合理な立地、非合法的な経営などもそうであるが、秦暉氏によれば、次の6点がもっと深刻だと指摘する

（注 8 ）。

　第 1 に、80年代に比べると、労働力を吸収する能力が弱まったことである。郷鎮企業は、すでに労働集約型から資金・技術集約型へとシフトし、生産額が引き続き急速に増えても雇用の増加はみられなくなった。郷鎮企業は、80年代末毎年平均一千万の余剰農業労働者を吸収したが、90年になると、雇用数は数百万人しか吸収できなかった。

　第 2 に、一部の郷鎮企業は国有企業と同じ問題点を抱え、組織が重複し、仕事に比べて人員が多すぎ、政治と企業が一体になり、「産権」が曖昧となり、責任の所在がはっきりしない、という問題は郷鎮企業の発展を阻んだ。

　第 3 に、市場競争におけるゲリラ的な場当たり的経営が浮き彫りになった。国有企業の改革や私有企業の成長とは逆に、郷鎮企業への圧力は日に日に大きくなる一方であった。

　第 4 に、改革の進化および経済レベルの向上にともなって、初期の有利な条件が弱まり、たとえば、農村経済市場の形成によって、労働力価格が上昇した。

　第 5 に、郷鎮企業のなかの集体企業以外の民営企業や個人経営に対し規範化を求める圧力が強まった。「赤帽子をかぶせる」問題が多発し、紛糾が絶えなかった。また、合夥企業は成長するにつれ、内輪もめや分裂危機が顕在化した。

　第 6 に、郷鎮企業と地域社会の関係の変化である。かつて中国は「単位国家」と言われ、国営企業が銀行、商店、映画館、書店、レストラン、ホテル、病院などを経営し、あたかも一つの社会を形成していたのである。企業が社会を経営すると揶揄された。郷鎮企業もそれに似たような社区（コミュニティー）に関連するサービスを経営するケースが多かった。しかし、改革の進行にともない、いつの間にか古い伝統が消えつつあった。郷鎮企業ゆえに生じた産権の曖昧さから工場と村との関係・経営者と労働者との関係・地元の農民労働者と出稼ぎにやって来た外来労働者との関係・地元労働者と地元農民との関係が複雑になっていた。郷鎮企業がコミュニティー関連の機能を担

わなくなり、あるいは郷鎮企業が経営困難に陥った場合には、地域社会に大きな影響がおよぶことになる。要は、郷鎮企業の負の遺産があらわれはじめたのであった。

六、郷鎮企業法の制定

　90年代に入ってからは、郷鎮企業のなかに急速に発展して大企業に発展してゆくものが現れ、民営企業の発展などがみられ、郷鎮企業は大きく変化する。

　そうしたなかで郷鎮企業を指導し、郷鎮企業の地位および権利を認めるため、「中華人民共和国郷鎮企業法」が公布され、97年1月1日から実施された。

　郷鎮企業法を概観しておこう。

① 　立法の目的は、郷鎮企業の持続的な健全な発展を助け、導き、郷鎮企業の合法的な権益を保護し、郷鎮企業の行為を規範化し、農村経済を繁栄させ、社会主義の現代化を促すこととされる。
② 　郷鎮企業とは、農村集団経済組織もしくは農民の投資を主とし（出資が50％を超えるか、実質的に農民組織が支配する）、郷鎮（所轄の村を含む。）で設立された企業で、農業の進行に寄与する各種の企業を指すとされる。
③ 　郷鎮企業は、企業法人の条件に合致するものは、法により企業法人の資格を取得する。
④ 　郷鎮企業は農村経済の重要な支柱および国民経済の重要な要素であり、郷鎮企業の主要な任務は、市場の需要に基づく商品生産の発展、社会サービスの提供、社会の効果的な供給の増加、農村の余剰労働力の吸収、農民収入の向上、農業支援の実施、農業と農村の現代化の推進、国民経済と社会事業の発展の促進である。
⑤ 　国家は郷鎮企業に対して積極的に支援し、合理的に計画を立て、分類

指導を行い、法に基づいて管理する。
⑥ 国務院郷鎮企業行政管理部門と関連部門は各自の職責により、全国の郷鎮企業に対して計画、調整、監督、サービスを行う。県級以上の地方各級人民政府郷鎮企業行政管理部門と関連部門は各自の職責により、本行政区域内の郷鎮企業に対して計画、調整、監督、サービスを行う。
⑦ 農村集団経済組織が投資して設立した郷鎮企業の企業財産権はその企業を設立した農民全員の集団所有に属する。
⑧ 郷鎮企業は、独立採算、自主経営を行う。
⑨ 政府は、郷鎮企業に対して税制上、金融上の支援を行う。
⑩ 郷鎮企業は、民主管理を実行し、投資者は企業経営管理制度と企業責任者を定め、重大な経営方針決定や従業員給与、福利厚生、労働保護、労働安全などの重要な問題を決定する時は、本企業の組合もしくは従業員の意見を聞き、実施状況は定期的に従業員に向けて公布し、従業員の監督を受ける。
⑪ 国家は、集団所有形態の郷鎮企業のうち設立初期に経営が困難なもの、少数民族地域、辺境地域や貧困地域に設立されたもの、食料、飼料、肉類の加工、保存、輸送・販売に従事するものに対して、税制上の優遇を与える。

郷鎮企業は、品質向上、適正な商標の仕様、安全衛生、環境問題への対応が急務となった。
　こうして、中国の郷鎮企業は新たな段階に突入した。一方、持ち株制度をはじめとする郷鎮企業改革も行われた。合作制への株式導入も試みられた。「股份合作制」は、合作制の原理を踏襲しながら、増資部分を株式化するもので、集団所有と私有制が融合したものである。株式配当と労働に応じた配当が結合した集団企業といえる（注9）。
　集体企業における体制改革の流れは、郷村政府による企業の直接経営から「股份合作制」の導入による所有と経営の分離、企業経営の改革が目指され

ている。制度改革は東南沿海地域から浙江、江蘇、広東を経て山東省までにおよんだ。96年浙江省は、ほとんどの郷鎮企業を私有企業か股份制に変更した。股份制の場合は、かならず経営者が大半の株を持つことになった。江蘇省はもともと集団所有制の郷鎮企業が発達していたが、90年代後半になると、股份制か股份合作制に移行したのであった。

　それとともに、公有制企業の制度改革も進み、各地は「国有企業は競争領域から脱退せよ」「民営経済を発展させよ」「外資導入」をスローガンとして掲げ、公有制企業の民営化が進められた。また、制度改革は小型企業から中型・大型企業へとシフトしていった。そうしたなかで、各地政府も各種の優遇政策を制定し、企業経営者に低廉な価格で個人持ち株制に移行させた。こうした企業の売却行為は05年現在にまで続いていた（注10）。

　なお、93年に股份制改革の法的枠組みとして公司法が制定され、翌年施行された後、有限責任公司と股份有限公司とも郷鎮企業制度改革の目標の一つとして注目されるようになった（注11）。

注1　中国郷鎮企業についての研究は次のものがある。陳吉元編『郷鎮企業模式研究』中国社会科学出版社、1989年；張仁寿他『温州模式研究』中国社会科学出版社、1990年；邱沢奇「郷鎮企業改制与地方権威主義的終結」、『社会学研究』1993年第3期；秦暉「十字路口看郷企——清華大学郷鎮企業改制問題調査研究報告」、『改革』1997年第6期・1998年第1期；鄒宜民他「蘇南郷鎮企業改制的思考」、『経済研究』1993年第3期；馮曲「従資金籌集機制看郷鎮企業改制：制度変遷動力学的一個案例」、『改革』2000年第5期；張軍他「集体所有制郷鎮企業改制的一個分析框架」、『経済研究』2000年第8期；韓雲『郷鎮企業積累機制研究』中国経済出版社、2000年；姜長雲「郷鎮企業産権改革的邏輯」、『経済研究』2000年第10期；范従来他「郷鎮企業産権制度改革模式与股権結構的研究」、『経済研究』2001年第1期；支兆華「郷鎮企業改制的另一種解釈」、『経済研究』2001年第3期；史晋川他編『制度変遷与経済発展：温州模式研究』浙江大学出版社、2002年；譚秋成「郷鎮集体企業中経営者持大股：特徴及解釈」、『経済研究』1999年第4期；同「転型時期郷村組織行為与郷鎮企業発展」、『中国社会科学』2003年第2期；Park, Albert & Minggao Shen,

"Liability Lending and the Rise and Fall Chin's Township and Village Enterprises", Journal of Development Economics 71, 2003; Parris, Christen, "Local Initiative and National Reform : The Wenzhou Model of Development. "China Quarterly 134 (June), 1993. 洪朝輝「中国郷鎮企業産権改革与中央地方権利的互動」、『当代中国研究』1995年第2期；于立他『中国郷鎮企業産権与治理結構研究』経済管理出版社、2003年；Smyth, Russell, Township and Village Enterprises in China-Growth Mechanism and Future Prospects, Journal of International Studies No.12, 1998；大島一二著『現代中国における農村工業化の展開――農村工業化と農村経済の変容』筑波書房、1993年；関満博編『現代中国の中小民営企業』新評論、2006年；加藤弘之『中国の経済発展と市場化』名古屋大学出版会、1997年；馬財専「大陸農村剰余労働力的吸附効果――郷鎮企業勾勒下的初歩労働図像」2006年11月、http://soc.thu.edu.tw/2006TSAconference/_notes/2006TSA paper/1-4.pdf など。

注2　李宏「評郷鎮企業的発展歴程和"異軍突起"」中国社会科学院・中国中共党史学会『為中華之崛起 1978～2000』2001.6、http://www.cass.net.cn/zhuanti/y_party/yd/yd_m/yd_m_026.html。

注3　同上。

注4　張忠法他「中国農村労働力転移的歴程、特点和経験」――改革開放前農村労働力曲折転移的状況、http://cssd.acca21.org.cnlnews1005.html。

注5　前掲李宏「評郷鎮企業的発展歴程和"異軍突起"」。

注6　同上。

注7　小林誠他「中国・郷鎮企業の現状と課題」、大蔵省財政金融研究所『フィナンシャル・レビュー』1994年11月などをも参照されたい。

注8　秦暉「十字路口看郷企――清華大学郷鎮企業転制問題調査研究報告」、『改革』1997年第6期を参照されたい。

注9　股份合作制に関しては、樋口兼次・范力共同論文「中国における合作社研究の動向」『ビジネスレビュー』2008年3月号所収、白鷗大学ビジネス開発研究所を参照されたい。

注10　牡丹江爆破線廠全体職工「集体企業如此拍売譲工人寒心」、『人民網』2005年4月30日、http://legal.people.com.cn/GB/42734/43197/3362847.html。

注11　甘士明「我国郷鎮企業発展状況」、農業部郷鎮企業局『郷鎮企業情況』2006年12月、第23期。

第二節　郷鎮企業の組織形態

　すでにみてきたように郷鎮企業の組織形態は多様であり、集体企業のほかに個人経営、合夥企業、股份合作制および家族経営が含まれる。次に主に于立らの研究に基づいて郷鎮企業の組織形態を整理しておきたい（注1）。

一、自営業者

　自営業者は、「個体工商戸」といわれ、法人資格もないが、登記をし、営業許可を得て、決められた場所で営業することができるものを指す。銀行あるいは金融機関で口座を開き、ローンの申し込みもできる。こうした自営業者は郷鎮企業の裾野を形成した。

　改革開放初期、自営業者はすでにあらわれた。87年国務院は「都市農村における自営業者を管理する試行条例」を公布し、自営業者が有する法的地位を本格的に認めた。自営業者は小規模であるが、数量が多くて、農村において経済的主体地位を占めていた。自営業者は納税も行う。

　自営業者は外見上、私有企業、個人独資企業と似たような存在であるが、大きな差がつけられている。88年国務院は公布した「中華人民共和国私営企業試行条例」によると、私有企業は独資企業、合夥企業および有限責任公司の三種類が含まれる。自営業者は個人にしても家庭にしても経営することが許される。個人経営の場合、個人の全財産をもって債務責任を負う。家庭経営の場合、家庭の全財産で民事責任を持つ。しかし自営業者は、民事責任を負うとしか規定しておらず、それが有限責任か無限責任かがはっきりしない。個人独資の場合は無限責任をもつことになっている。また、従業員数からすれば、私有企業の上限はないが、自営業者の場合は、「状況によって一人か二人の手伝いを雇うことができ、三から五人の弟子を使ってもいい。しかし総人数は七人を超えてはならない」とされる。税制について、私有企業は口座を開き納税をするが、自営業者は口座を開かなくでもいいが、定額税が実

施されることになっている。

　このように自営業者はおおざっぱに言っても準企業といった存在に過ぎず、明確な法的な存在ではないが、農民の就業のニーズを満たし、また、個人独資会社、合夥企業や公司に成長する可能性が十分ある企業の土台を築く存在とみなされてきている。

二、合夥企業

　「合夥企業」は、農地を兄弟が共同で相続し共同所有で農地経営を行う旧制度を継承したもので、主として農村における加工業にみられ、70年代末以降に農業の家庭請負制が導入されて以来その受け皿となってきたものである。

　97年「中華人民共和国合夥企業法」が公布されたが、農民はこの法律に興味を示さず、郷鎮企業への影響もあまり大きくなかった。合夥企業は自然人が共同出資し、共同管理するが無限責任を共同で負うからである。農民は共同で投資し利潤を分かち合えるが、共同管理したり、共同責任を負うことを嫌がる。そのため、合夥制郷鎮企業はむずかしい面がある。

　だが、農民らはみずから「合夥制」企業を作り出した。これは、一人の出資者を「主要責任者」もしくは「常務責任者」とし、責任を持って企業の日常管理にあたり、その他の出資者は企業の日常業務に関与せず、時には企業の政策決定さえ参加しない。彼らは出資金に比例して企業の余剰の配分を受けると同時に、出資金額に見合う有限責任を負うのみである。于氏らの推計によると、一部の地区では合夥制が実施されたのは郷鎮企業の三分の一に占めるという。

　郷鎮企業の中の合夥制組織形態は、多くの人々に援助の手を差し伸べることになった。それは経営能力はあるが資金がない人、あまり多くの投資を望まない人、資金はある程度もっているが経営能力に欠けるか経営責任を負いたくない人。前者は少量の投資を通じて企業支配権を獲得できるが、その前提は無限責任を負うことであり、後者は日本の株式会社の株主のように企業の経営管理に関与しないが有限責任を負うのみである。

有限合夥制郷鎮企業は合夥制企業と有限責任公司との間の中間的形態である。この制度は合夥制企業が固有にもっている企業所有権、支配権および責任との間の矛盾と制限をスムーズに解決することができた。また各種の創業者主体の需要も満たせるので、農民らが現行法律の枠を破る行為でもある。いうまでもなく、こうした行為は法律に触れるが、しかし現実において効果的なものである。合夥企業に関する法律がなければ、紛争を解決できない。やがて北京市や杭州市では「合夥管理弁法」を制定し、2006年8月、「中華人民共和国合夥企業法」が制定され、07年6月1日施行されることになった（注2）。

三、股份合作制

　90年農業部は「農民股份合作企業試行規定」と「農民股份合作企業示範弁法」を発布し、股份合作制の合法的地位を認めた。92年、農業部はまた「郷鎮企業股份合作制の推進・改善に関する通知」を発布し、農民股份合作制は郷鎮企業の重要な企業組織形態となった。

　実は80年代、法律はすでに個人企業ないしは私営企業を認めたが、各界においては個人企業、私有企業に相変わらず慎重であった。前述した農業部の規定などは農民股份合作企業を社会主義的企業と見なし、公有制に属するとした。当時の背景や人々の思想をあわせて考えると、農民股份合作制は農民にとって受け入れやすかった。とりわけ、私有制に敏感な地区では有効であった。ちなみに、赤帽子をかぶせる企業もこの時期に大量に溢れてきた。

　なお、農民股份合作形態はいくつかのメリットがあった。まず、股份合作制の特徴は資本連合と労働連合とにあり、従業員は出資者であり労働者である。従業員は共同出資、共同生産、リスクをともに負うということである。この組織形態を取り入れることによって、従業員の積極性を引き出すことにも成功し資金不足問題の解消にも役に立った。

　次に、股份合作制は個人株を設け、またその交換性をも認めるので、産権に対する個人の要求に適応した。一方、股份合作制は権利が平等なので、従

業員にとってはより公平性の形態となっている。だからこそ、股份合作制は農民にもっとも親しまれた一種の郷鎮企業の組織形態となった。

　農村における股份合作制は決してメリットがあるだけではなかった。股份合作制そのものに内包する「一人一票」と「一株一票」とは政策決定において相容れない場合が多く、労働に応じた分配（労働分配）と出資持株数に応じた分配（出資配当）とはやはり鋭く対立する。そのため、股份合作制は過渡的な企業組織形態に過ぎず、最終的に公司（会社）制に移行せざるを得ないという見方もある。

四、家族制

　最後に家族制を述べることにする。家族制は正確に言うと、決して単一な企業組織形態ではなく、家族所有制と家族管理制度の企業財産および経営管理権との混合体制である。于立らの調査によると、家族制企業は、家族所有制、家族経営型および混合型の三種類に集約されるという。

　ではなぜ多くの郷鎮企業が濃厚な家族色を強めたのであろうか。その原因は次のいくつかが考えられる。まず、中国の農村はおおむね一つの氏でいくつかの大家族から構成されている。それと同時に、農民たちは強烈な家族観念や慣習をもっている。したがって、企業を設立するときに、農民は家族制企業を選ぶ傾向がある。そのうえ、将来利益を上げるかの見通しがはっきりしない状況のもとで、他人の資金、技術、管理ノウハウといった資源を獲得することが困難である。家族ならばこうした問題は解決しやすくなる。

　また、家族という組織およびメンバーらに依拠して、郷鎮企業は規範化しない作法でそれぞれのコミュニケーションをとることができ、相互不信を取り除き、より信頼できる分業協力体制を築ける。もちろん、こうした組織は大幅なコスト・ダウンがはかれる。

　次に、家族企業は多くの場合、本格的な契約が不要であり、運営メカニズムがより単純化され、取引・管理コストを省け、企業の目指す目標に全力を尽くすことができる。

中国の実践が証明したように郷鎮企業における家族制は効率のよい企業産権組織形態である。もちろん、一般的にいえば、それは小規模経営が大前提である。郷鎮企業は発展すればするほど、家庭制との衝突が激しくなる。時には郷鎮企業発展の足かせとなってしまう場合もある。その意味で、その制約を受けていることも歴然たる事実である。

　　注1　于立他「中国郷鎮企業的過去、現在和未来」、『発展研究参考』2004年第8期を参照されたい。
　　注2　徐景和他主編『「中華人民共和国合夥企業法」条文釈義与適用』人民法院出版社、2006年を参照されたい。
　　注3　郷鎮企業株式合作制については河原昌一郎「中国郷鎮企業の株式合作制に関する制度的考察」、『農林水産政策研究』2006年第11号をも参照されたい。

第三節　地域発展モデルおよびその制度改革

一、地域発展モデル

　加藤弘之氏によると、郷鎮企業の発展は、都市化を伴わない中国独自の農村工業化戦略の成功例として内外から高く評価された。この時期、「離土不離郷」（農地は離れるが農村は離れない——農業から放出された労働力を地元の非農業部門で吸収すること）、「三就地」（地元労働力と地元資源を使って地元市場向けに生産）などのスローガンが提起され、「小城鎮」（農村の小都市、町）の建設を中心とした分散的な産業立地が強調された。ただし、郷鎮企業の発展は全国一律ではなく、地域ごとに多様な発展パターンが見られた。代表的な郷鎮企業のモデル地域として次の三つがあげられる（注1）。

1、蘇南モデル

　「蘇南」とは、蘇州、無錫などの江蘇省南部地域を指す。蘇南モデルは、

改革開放以前の社隊企業を基礎とし、集団所有企業が発展の主体となった地域発展モデルである。今日では、都市工業の下請企業や地元市場向け生産など多面的な生産を行っている。したがって、蘇南モデルは中国の社会主義の典型的なモデルとして評価されている。

2、温州モデル

「温州」は浙江省温州市のことである。このモデルは、私営企業が独自の生産・流通ネットワークを形成した私営中小企業が発展の主体となった地域発展モデルである。ボタンやファスナーといった雑貨類、機械部品などを全国市場向けに生産し、中国の郷鎮企業のなかではもっとも知られている。温州人は80年代から中国各地で活躍し、「中国のユダヤ人」といわれるほど商売上手である。

3、珠江モデル

「珠江」は、広東省珠江デルタ地域をさす。このモデルは、香港に近い地理的優位性をいかして、外資系企業の海外市場向け生産を発展の原動力とする地域発展モデルである。世界の工場といわれる中国の「メイド・イン・チャイナ」の大量生産製品の供給地は、この珠江デルタであった（注2）。

もちろん、蘇南モデル、温州モデル以外に、中国には山東モデルなどの発展モデルもあった（注3）。その設立の最初の目的は単純明快であった。それは各地の風土人情を最大限にいかしながら、経済の活性化をはかり、農民生活の向上を目指すものであった。

二、地方政府の制度改革

郷鎮企業の改革は、地方政府においても積極的に取り組まれてきた。ここでは、張建君「政府権力・エリート関係および郷鎮企業の制度改革——蘇南モデルと温州モデルとの比較」（注4）を参考に蘇南モデルと温州モデルを中心に郷鎮企業の制度改革プロセスを振り返ってみることにしよう。

1、蘇南モデルの場合

　97年以降、蘇南の地方政府は、自ら所有し、あるいは所轄する集体企業に対して制度改革を行っていた。蘇南における制度改革においては、基本的に二段階の改革が行われた。第一段階改革は、郷鎮企業を股份合作制に改革する。この場合企業管理者や労働者は企業における地位、勤続年数等に応じて企業の株を購入するとともに、地方政府もある程度の株を持った。制度改革の第二の段階は、産権の徹底的な移転である。これは地方政府が持株から撤退（注5）したことと、労働者の持株が経営管理者層に集中したことである。制度改革のスピードは地域や企業によって異なるが、概ね90年代末には8～9割の郷鎮企業改革が完了し、2000年末になると、小規模企業を除き、ほとんどの郷鎮企業において制度改革は終了した。制度改革の規模や速度からすれば、蘇南モデルは、旧ソ連・東欧諸国とほぼ同じように私有化された（注6）。

　だが、蘇南制度改革の特徴は透明性にかけることにある。地方政府は所轄企業を速やかに処分した。理論上、企業の制度改革の際に五つの利益関係者（スティーク・ホールダー）の利害を調整するべきであるとされる。事実上の所有者である地方政府、企業経営者、労働者、名義上の所有者であるコミュニティー居住民、債権者（銀行を含む）である。しかし制度改革の実態は、コミュニティリーダーと企業経営者の二者のゲームとなり（注7）、労働者、コミュニティー居住者、取引先・銀行などの利益関係者らは埒外に置かれた。多くの場合、地方政府のなかで政策決定に関与できる者は、党の書記および郷鎮長など限られている。透明性のない制度改革は、企業売却などの値引きにつながって、譲り受けた経営者に有利になる。それと同時に、政策決定に関与する役員にも豊富な利益をもたらす。換言すれば、蘇南における郷鎮企業の制度改革の本質は、農民労働者の低賃金利用により蓄積された集体企業資産の私物化と経営者への企業売却という色彩の強いものであった。経営者や役人が利益を得て、労働者は企業改革から追い出された。国有銀行も損失

をこうむった。新しい経営者はさまざまな手段を使って、銀行債務から逃れる。なぜなら、銀行は中央政府に属するからである。直接の利益関係者と名義上の所有者としての労働者は、企業改革に対する意見も聞かれず、制度改革のプロセスに関与することができなかっただけでなく、何の補償も得られなかった。制度改革において、地方政府は失業や社会の不安をおそれて、新しい企業の所有者になるべく従業員を解雇しないように要請はしたが、強制的なものでなく、経営者は聞く耳を持たなかった。

2、温州モデルの場合

　蘇南モデルに対して、温州郷鎮企業改革は違った方法がとられた。温州はより透明な手段で次第に郷鎮企業改革を行っていた。それは次の三つの側面からうかがうことができる。まず、最終決定前に、さまざまな改革案を従業員に公開し議論させる。コンセンサスが基本的にできた上で、次のステップに移る。また、競売が決まると、地方政府は請負の入札を競争入札で募集する。労働者を解雇する場合は、勤続年数に応じて相応の補償が得られる（注8）。

　温州における郷鎮企業の制度改革は政治的な原因からきている。政治的環境が緩和されると、温州はただちに「赤帽」を脱いだ。鄧小平の南巡講話も温州郷鎮企業改革にチャンスを提供したことはいうまでもない。

　総じて、温州郷鎮企業改革は透明であった。もちろん、改革は「工会（労働組合）法」にしたがう必要がある。この法によると、企業制度改革するには、70%以上の従業員の賛成が必要である。制度改革案はおおむね股份合作制への移行、企業の貸与、競売である。

　いずれにせよ、蘇南モデルと温州モデルの郷鎮企業の制度改革は、以上のように、そのプロセスが透明かどうか、労働者の関与が許されるかどうか、補償されるかどうかという点で異なっていた（注9）。

注1　前掲天児慧他編『岩波現代中国事典』、306ページ。
注2　前掲大島一二『現代中国における農村工業化の展開——農村工業化と農村経済の変容』、関満博『現代中国の民営中小企業』新評論、2006年などを参照されたい。
注3　山東省については紀平良昭「郷鎮企業の第二次所有制改革——山東省の既存研究を中心に」などをも参照されたい。
注4　『社会学研究』2005年第5期、香港中文大学中国服務中心データベース、http://www.usc.cuhk.edu.hk/wk.asp を参照されたい。
注5　邱沢奇「郷鎮企業的改制度与地方権威主義的終結」、『社会学研究』1999年第3期；孫早他「従政府到企業：関於中国民営企業研究文献的綜述」、『経済研究』2003年第4期などをも参照されたい。
注6　堀口正「中国郷鎮企業の所有構造改革とその効果——蘇南モデル地域における比較分析」、『アジア研究』Vol.50、No.1、2004年1月；馮曲「世界末的変革：蘇南郷鎮企業改制的一個評注」、香港中文大学中国研究服務中心データ・ベース、注4と同じ。；薛明潔「蘇南の郷鎮企業の民営化」、『岡山大学大学院文化科学研究科紀要』第17号、2004年2月。
注7　劉平青他「集体企業変遷：転軌経済視角的回顧」、『江漢論壇』2005年第1期をも参照されたい。
注8　温州モデルについては加藤健太郎「中国農村の工業化モデルの変容——温州モデルの政策的示唆」、http://www.s.fpu.ac.jp/hattori/papers/kato.doc を参照されたい。
注9　郷鎮企業の所有制改革については厳善平「郷鎮企業の所有制改革と評価」などを参照されたい。

第四節　郷鎮企業の環境変化

90年代に入ると、郷鎮企業の問題点が浮き彫りになった。以下、主に三つの側面から指摘しておこう。

一、取り巻く環境

90年代に郷鎮企業が直面した資金不足は深刻であった。たとえば、93年、国有銀行が郷鎮企業へ行った貸付金は、社会全体の貸付金総額の8.5％しか

なかった。94年には5％にまで下がり、95年10％に回復したが、急速に発展したスピードとは対照的であった（注1）。また、国が中西部における郷鎮企業への傾斜特別貸付金はスケジュール通り進まず、計画があっても、資金は貸し出されなかった。

　また、国有企業と密接な関係にあった郷鎮企業は、国有企業の動向に左右された。構造的にも郷鎮企業は、国有企業に準じた扱いがなされ、「準国有」といわれたが、経営面における国有企業の困難は、取引先である郷鎮企業の経営にマイナス影響をもたらした。

　97年に生じたアジア金融危機は、輸出に大きなダメージを与え、郷鎮企業の輸出産業は厳しい環境におかれた。もちろん、金融危機は周辺諸国の貨幣価値の下落を招き、同類製品の輸出に巨大な競争圧力ができてしまった。

　なおこの時期、郷鎮企業が負った税負担はますます大きくなり、企業の再生産能力は弱まった。94年新しい税制度が導入されるとともに、新税の納付も始まった。また、郷鎮企業への減税・免税といった優遇措置は撤廃された。こうして、回転（流転）税、所得税・都市維持建設税、土地増殖税を初めとする企業が実際に納める税額は明らかに増加した。

二、企業のガバナンス問題

　企業そのものに着目すると、郷鎮企業の停滞には客観的な原因があったことに気付く。それは郷鎮企業の所有と支配の問題である。つまり郷鎮企業の主体は集体企業である。集体企業の産権はコミュニティーの農民の所有であるはずであるが、実際にはコミュニティーの政府が所有しているのである。財産所有者は経営者を選ぶ資格がない。問題をもっと複雑にしたのは、コミュニティーの農民らが集団名義で財産の所有権を保有していることである。本来の所有者の権利は認められず、経営に対するモチベーションを持ちえない。また、農民は政府を監督するモチベーションも失っている。

　コミュニティーの政府は農民利益を代表しているとされるが、実態はその役割を果たしていないのが現状である。またコミュニティー政府は、単に郷

鎮企業の余剰分配を支配することであって、優れた経営者を選ぶという動機に欠けている。

　一方、経営者は企業の中心的な存在であり、生産計画を立て生産経営に直接にあたり、生産方式や生産技術を決定し、従業員を監督し、その仕事振りを評価し、報酬を分配するのである。しかし、郷鎮企業において、所有者であるコミュニティー政府は、経営者の所得と負うべき責任とを一致できない。また、経営者に対し、企業の支配権と余剰請求権をも与えない。なぜなら、所有と権利と責任とを一致させると、郷鎮企業の経営支配権は完全に経営者のものとなり、集団所有企業ではなくなるからである。

　以上の理由から分かるように、コミュニティーの政府は、経営者と企業の権益および責任範囲をめぐって協議し続け、結局のところ高い監督費用と企業財産の減少、利潤の減少という対価を支払わなければならなくなる。経営者と所有者との間は協力的ではなくなり、ときには経営者が所有者に損害を与えることさえ生ずる。

三、環境問題の深刻化

　それと同時に指摘しておかねばならないことは、環境問題の発生である。郷鎮企業法のなかで郷鎮企業が環境への対応を義務付けられてはいるが、工業化の進展とともに環境問題は深刻になってきた。

　郷鎮企業は中国各地の農村部に点在し、「村々冒煙」（各地に工場ができた）という状況で環境汚染はひどかった。92年の調査によると、全国2079万社の郷鎮企業のうち、92％にあたる1900万社あまりが各農村で、7％が鎮（町）で、1％は県城で設立されていた（注2）。こうした郷鎮企業の全国分散が環境汚染を拡大する状況は今日も続いている。

　一方、郷鎮企業はかつて大規模かつ生産の高速化を追い求めたので、環境に悪影響を及ぼした。85年の調査では郷鎮企業が放出した廃液、排ガス、廃棄物のいわゆる「三廃」の排出量は総排出量の10.7％・9.3％・11.1％であったが、90年になると、それぞれ7.2％・12％・1.6％となり、廃液を除くと、

他の比重は高くなった。またある調査によると、郷鎮企業により汚染された耕地は2800万ムー（1ムーは6.667アール、ちなみに国有企業により汚染を受けた耕地は6000万ムー）という。なお、2000年になると、郷鎮企業の廃液排出量が120～220億立方メートルに達し、もたらす経済損失が270億元にのぼると予測された（注3）。

　以上、中国における郷鎮企業を集体企業との関連で整理してきた。計画経済の時期、人民公社のもとで生まれた社隊企業から出発し、今日の市場経済化の時期のいわゆるポスト郷鎮企業に至るまで数十年の歴史を持つことになる。その間、とりわけ80年代初頭より90年代初頭にかけての約十年間、郷鎮企業の発展は世界の注目を集めた。郷鎮企業は延べ一億人以上の農業余剰労働者を採用し、中国社会安定に大きく寄与した。89年、郷鎮企業は猛烈なスピードで発展を遂げた。しかし計画経済から市場経済への移行、国有企業改革および私有企業への容認のなかで、郷鎮企業の矛盾が浮き彫りになり、制度改革の嵐にさらされた郷鎮企業は大きく変容した。集体企業という伝統的な郷鎮企業に取って代わったのは股份合作制企業、有限責任公司制企業、股份制企業であった。90年代半ば頃から今日にかけての「改制」（企業制度改革）は「民営化」である。たしかに、制度改革を通して、地方政府の官僚達は企業から離脱し、郷鎮企業は企業らしくなった。しかし一方、大量な従業員が解雇され、社会に放り出され深刻な社会問題となっている。加えて発展のひずみとして大きくクローズアップされてきたのは環境・大気汚染問題である。

　　　注1　「郷鎮企業可持続発展問題探析」、『中国軟科学』、2001年第7期、を
　　　　　参照されたい。
　　　注2　同上。
　　　注3　同上。

ardía
第五章　改革開放政策と集体企業
(1980年代以降)

第一節　改革開放と集体企業の復活

　78年12月、共産党第11期3中全会が北京で開催された。そこで、階級闘争という政治運動を止めて（継続革命論否定）、経済建設を中心とする改革・開放政策が打ち出され、党活動の重点を近代化へと転換した。中国現代史の一つの転換点を迎え、従来の革命・建設期から改革開放期に突入したのである。

　そこで、まず経済改革の重点は農村におかれ、人民公社の解体や農業での農家経営請負制などが推進された。そして84年秋（共産党12期3中全会）を境に、農村改革の成功を踏まえたうえで、改革の重点が都市に移るようになった。

　その後、87年、共産党第13回大会の趙紫陽の報告は、中国の現段階が社会主義の初級段階にあると位置づけた。それまで資本主義固有のものと見なされていた私営企業や株式配当は合法的地位を与えられた。こうして、郷鎮企業の大発展や深圳・珠海・厦門（アモイ）などの経済特区の設立がおこなわれた。こうした背景のもとで、工業合作社や集体企業は新たな段階を迎えた。

　そこで、改革・開放期、とくに1980年代における集体企業の実情および国民経済における集団所有制の位置について検討しよう。

　ここでは、楊堅白主編『合作経済学概論』（中国社会科学出版社、1990年）の分析を参考に展開している。

一、全人民所有制の後退と集団所有制の復活

1、所有制の構造的調整

　80年代、全人民所有制は適切に縮小され、集団所有制が積極的に促進され、私有経済、各種の「合営」（共同経営）、股份（株式）経済および私営経済が発展していった。改革開放政策により企業体制は、全人民所有制、集団所有制、私有制の3つが並立することとなった。

　このなかで、集団所有制はどのような位置づけを与えられたのだろうか。

第1は、全人民所有制の縮小により、集団所有制の比重は高まることとなった。84年の1年間だけで、7,502社の供銷合作社に所属する企業が全人民所有制から集団所有制に戻った（注1）。

第2は、「社隊企業」（後の「郷鎮企業」）に対する優遇策が打ち出された。79年3月、国務院は、『社隊企業を発展させる若干の問題に関する規定（試行草案）』を通達した。これは、「社隊企業は大きく発展しなければならない」という内容の指示を発すると同時に、社隊企業発展の意義、方針、経営範囲などの側面をも規定し、各部署に計画立案、原材料、資金、設備、技術、購買、販売、貸付け、人材といった側面に対する助成を求め、一連の優遇措置を打ち出したものである。

また、郷鎮企業の優越性を次のように総括した。

すなわち独立採算で、悪平等の打破（「不吃大鍋飯」）、競争の導入、自主権、投資の少なさ、費用の低さ、従来とは別種の製品を作り出し、あるいは転換することが速いこと（「転産快」）、市場のニーズに適合しやすいこと、などをあげ、郷鎮企業が優れていることが強調された。

85年12月、党中央は農村活動会議を開き、「郷鎮企業は中国農村経済発展の避けて通れない道である」と明言した。この結果、中国農村において集体企業が急激に発展を始める。これは、「新経済連合体」（新型組合企業）ともいわれる。

2、都市集体企業と合作経済の発展

80年4月、全国工業交通活動会議が北京で開かれた。会議は集体企業を積極的に助成し、とりわけ、二軽企業（消費財集体工業）の特殊性に配慮し課税後の利潤について「多く残し、少なく上納する」（企業への蓄積を認める）という方式を導入し企業の納税後の最終収入が60〜70％に維持されるように指示した（注2）。

81年4月、再び開催された全国工業交通会議は次のことを決めた。すなわち、二軽企業は納税後の利潤留保（注3）を数年内に変更せず、毎年の増加

部分も半額にする特恵措置をとった。つまり増加利潤所得税と合作事業基金の上納金を半分しか納めず、年末配当を分配するいわゆる「分紅」（配当）制度を復活させた。

83年4月、国務院は『都市集体所有制経済に関する若干政策問題の暫定規定』を公布し、都市集体所有制は「社会主義公有制経済の重要な一部であり」、旺盛な生命力を持っており、都市集体所有制経済を発展させるのが長期にわたる政府の政策である、と述べた。この暫定規定は各部署に対して、国営企業と同じような扱いで集体企業に接し、政治上においては平等に、経済上においては対等に扱うよう唱えた。

また、暫定規定は、都市集体企業の特徴を「多くの場所に存在し、幅広く、融通があり、便利で、投資が少なく、利益をあげるのが速く、雇用問題の解決に役立つ」とまとめ、国家はそれを積極的に奨励し、助成し、その発展を促進させ、手工業連合社形態の復活を求めた。

84年11月、政府は軽工業部・手工業合作総社の『軽工企業に関する若干問題の暫定規定』を通達した。この暫定規定は、集団所有経済の特徴と性格にあわせて企業を経営せよと指示した。集体企業に「自由意思の組合で、自分で責任をもって、民主的に管理し、労働に応じて分配し、従業員により資金集め、適切な配当を行い、集団での蓄積、自主的な配分」という原則を強調した。これらの政策・規定は工業合作社の回復、発展に大きく寄与した。

3、新興集体企業の発展

新興集体企業（「新弁企業」）、官営集体企業（「官弁企業」）、商人新興集体企業（「商弁企業」）といった新しい集体企業が発展を遂げた。

80年8月、党中央は全国雇用会議を開いた。会議は今後5年間、都市部において3,700万人の雇用を創出する必要があると見込んで、その「活路」を集団所有経済と私有経済の発展に託し、都市や農村で力を込めて知識青年を中心とする集団所有企業を発展させよと求めた（注4）。

81年10月、党中央は『道を広く開き、経済を活性化させ、都市の雇用問題

第五章　改革開放政策と集体企業（1980年代以降）

に関する若干の決定』を公布し、集団所有経済と私有経済において雇用問題を解決する道を開くことを再確認した。集体企業に対する「差別」「制限」「打撃」「合併」措置のかわりに、「指導、奨励、促進、助成」の政策を実行するようと呼びかけた。

　また既存の都市集体企業は「自由意思の組合で、自分で責任をもって、民主的に管理し、労働に応じて分配する」という原則にのっとって改造を行い、集体経済の優越性を発揮させるよう主張した。新興集体企業は、「労働服務公司」（注５）、「生産服務合作連合社」などの形式を採用し、資金は国営企業、集体企業でもよく、個人で資金を集めてもよく、集められた資金は定期預金かそれ以上のやや高い利息で利子を支払い、また一定の割合で出資金の配当をするよう指示した。

　また、各地がそれぞれ労働服務公司を設立し、管理、組織、計画、紹介、訓練、雇用といった側面において、役割を果たすよう奨励し、また、条件を備えた工場、鉱山、機関、団体などの企業、事業単位（組織・機構・職場等）も労働服務公司を設立しても良く、職場従業員の子女の就職活動を指導せよと号令した。

　前者（80年会議）が新興集体企業を誕生させた政策的根拠であるならば、後者（81年若干規定）は官営集体企業を生んだ政策的根拠であった。こうして、政府は社会全体に対して集体企業を活用して大々的に企業を起こすよう呼びかけたのである。

　84年８月、国務院は『力を込めて商人企業を発展させることに関する報告』を通達した。『力を込めて商人企業を発展させることに関する報告』は、体制改革と政策の規制緩和、優遇措置の実施、技術革新、ブランドの強化、新製品開発、監督強化などを通して大いに商人企業を発展させるよう要求した。

　資料によると、84年末になると、全国各地に各種の新興集体企業は5.8万社に達し、各種の生産・販売・サービス企業は21万社にのぼり、従業員は557万人となった。工業生産額、売上げおよび労務収入の３項目を合わせると257億元となり、納税額も10.7億元に達したという（注６）。

4、「民弁企業」(民営企業)の発展

　79年から中国は、私営経済の発展に力を注いだ。政府は私営経済を社会主義的経済の有益な補充と見なすとともに、複数の個人の協同経営そして合作社の道を歩もうと提唱していた。

　83年4月、政府は『都市労働者の合作経営に関する若干の規定』を公布した。この『都市労働者の合作経営に関する若干の規定』は次のように記している。

都市の私的商工業者か待業青年や仕事をしていない人々は必要に応じて合作経営を申請してよい。合作経済組織に必要な資金、設備、場所などは参加者で自主的に備え、出資金および他の財産は引き続き個人所有を認めるが、合作組織がそれを統一的に使用・管理する。

　合作組織内部は「自由意思で連合し、民主的管理、自分で責任をもって、労働に応じた分配、蓄積留保」といった原則を実行し納税後の余剰は、公共積立金、公益金、労働配当、出資金配当（出資金の15%を超えない範囲で行う。）の4項目に分けて配分する。またこの種の合作組織は10人以下の見習いを置いた。85年末になると、こうした民営型の集体企業は27万社に達し、従業員は310万人にのぼったという（注7）。

5、各種の優遇措置の実施

　すでに述べたとおり政府は、集体企業に対して事業計画、原材料、エネルギー、立地場所、供給と販売、設備、貸付け、資金などの面において特恵と保証を提供することになった。そのうえ、税制上も特恵税率を設けた。たとえば、電力、鉱山、原材料分野に対しては3年間の商工税を徴収しないなどはそれであった。

　82年3月、政府は『企業税負担に関する調整の補充規定』を公布し、農業生産および辺境・少数民族地区の企業に対して減税・免税の特恵優遇を実施した。85年、減免税範囲を拡大させ、飼料業に対して3年間の所得税を徴収

第五章　改革開放政策と集体企業（1980年代以降）

せず、3年後から90年までには所得税の半額を免除した。すべての新興の郷鎮企業に対して1年間の所得税を徴収せず、その後、状況によって定期的に減税・免税を行った。食品生産業に対しては、90年までに所得税の半額を免除し、倉庫業に対しては2～3年の間所得税を徴収しなかった（注8）。

都市の集団所有企業に対しては、56年以後21級全額累進制を導入し、最低税率を5.75％、最高税率を34.5％とした。63年になると、8級累進制に変更し、税率は55％にした。所得額が360元の企業は税率を7％とし、8万元を超えた企業は55％とした。85年4月、国務院は『集体企業所得税の暫定条例』を公布した。それによると、年所得額が1千元以上20万元未満の企業に対しては、引き続き8級累進制を実施し、税率は10％～55％とした（注9）。

新興企業に関しては、特に配慮した。80年4月、財政部が出した『失業中の知識青年を採用する都市集体企業に対する減税に関する通知』のなかで、1年間徴収しない商工税を2～3年に延長した。その後、市場不足商品を生産する企業に対しては減税か免税を実施した（注10）。

この時期の集体企業に対する上述の優遇措置のほか、政府の政策的なサポートも行われた。

80年7月、国務院は『経済連合を推し進めることに関する暫定規定』を、86年3月また『横断的な経済連合をもっと促進することに関する若干の問題の規定』を相次いで公布し、合弁や合作など各種の経済的連合を奨励した。

82年12月、新憲法が公布された。憲法はこういっている。

中華人民共和国の社会主義的制度の基礎は生産手段の社会主義的公有制、すなわち全人民所有制および労働大衆による集体所有制である。都市の手工業、工業、建築業、商業、サービス業など各業種におけるさまざまな合作社経済は、いずれも労働大衆による社会主義的集団所有制経済である。国家は都市集体企業の合法的な権利および利益を保護し、集団所有経済の発展を奨励し、指導し、援助する（注11）。

憲法は集団所有制と合作経済の合法的な地位を評価し、これを受けて政府は各種の集体企業に対する活動を積極的に奨励したのである。

なお、この時期に国家は軽工業に対して6項目の優遇政策（注12）を導入し、紡績業、日用品生産、手工業（工芸美術品を含む）を押し進め、工業合作社の迅速な発展を促進した。そのうえ、政府は82年から、企業に製品価格をつける権力を与え、多種経営を実行させ、集体企業の活性化を援助した。

二、国民経済における集団所有制の比重

1、企業数

　次に、中国国民経済における集団所有制が占める比重を考えてみよう。

　まず、集体企業数から見てみよう。78年～86年の間、集体企業、都市集体企業、村営企業はそれぞれ約50％の成長を見ることができた。工業企業に占める比重も程度こそあれ、それぞれ増加していた。

　留意すべきことは、ここでいう集体工業企業数が村営工業と農村工業連合

表5－1　1978～86年の集体企業数

年	総計 単位（万）	指数（％）	工業に占める比重	都市集体企業 単位（万）	指数（％）	工業に占める比重	村営集体企業 単位（万）	指数（％）	工業に占める比重
78	26.47	100.0	75.9	10.06	100.0	28.9	16.41	100.0	47.1
79	27.12	102.5	76.4	9.97	99.1	28.1	17.15	104.5	48.3
80	29.35	110.9	77.8	10.69	106.3	28.3	18.66	113.7	49.5
81	29.68	112.1	77.8	11.13	110.6	29.2	18.55	113.0	48.8
82	30.19	114.1	77.7	11.61	115.4	29.9	18.58	113.2	47.8
83	30.46	115.1	77.6	11.85	117.8	30.2	18.61	113.4	47.4
84	35.21	133.0	80.5	13.49	134.1	30.9	21.72	132.4	49.6
85	36.78	138.9	79.4	15.07	149.6	32.5	21.71	132.3	46.9
86	40.01	151.2	80.1	15.41	153.1	30.7	24.60	149.9	49.8

資料：中国国家統計局『中国統計年鑑1987』中国国家統計出版社、1987年、221ページより。

第五章　改革開放政策と集体企業（1980年代以降）

体を含んでいないということである。実は、86年の村営企業は110.25万社にのぼった。そのうち、「郷営企業」は24.60万社があり、「村営企業」は62.61万社があり、工業連合体は23.04万社であった。それらを都市集体企業に合わせると、集体企業総数は125.66万社にのぼり、中国工業企業総数の93.2%を占める（注13）。

2、従業員数

都市集体企業の従業員数は78年の1,215万人から86年の1,781万人に飛躍的に増加し、46.6%を伸びた。すなわち年平均4.9%の増加となる。このスピードは第3次5ヶ年計画期に比較すると、4.1%高くなっている（注14）。

3、集体企業の生産額

78年から86年まで、集体工業、都市集体工業、村営集体工業の生産額はそれぞれ236.2%、190.6%、348.9%を増加した。平均年成長率はそれぞれ16.4%、14.3%、21.2%であり、すべて全人民所有制工業8%の生産成長率を超えていた。集体工業生産総額も高くなった（注15）。

表5－2　1978～86年における集体工業の生産総額数

年	総計 単位 億元	指数 (%)	工業に占める比重	都市集体工業 単位 億元	指数 (%)	工業に占める比重	村営集体工業 単位 億元	指数 (%)	工業に占める比重
78	814.4	100.0	19.2	602.5	100.0	14.2	211.9	100.0	5.0
79	870.9	106.9	19.0	637.2	105.8	13.9	233.7	110.2	5.1
80	1,034.4	127.0	20.7	753.9	122.1	15.1	280.5	132.3	5.6
81	1,089.3	138.9	21.0	766.1	132.0	14.8	323.2	158.4	6.2
82	1,192.8	152.1	21.4	838.5	144.5	15.0	354.3	173.6	6.4
83	1,354.2	172.7	22.0	940.9	162.2	15.3	413.3	202.5	6.7
84	1,757.8	224.1	25.0	1,219.2	210.1	17.3	538.6	263.9	7.7
85	2,300.8	293.4	27.7	1,558.8	268.7	18.8	742.0	363.5	8.9
86	2,636.8	336.2	29.2	1,685.5	290.6	18.7	951.3	448.9	10.5

注：1、78～80年の単位は70年の不変価格で、81～86年の単位は80年の不変価格で計算した。
　　2、指数は比較の基準となる価格（「可比価格」）で計算した。
資料：前掲書中国国家統計局『中国統計年鑑1987』257、259ページと同『中国工業経済統計資料』1986年、184ページより。

4、集体企業における従業員の平均収入

　都市における集体企業従業員1人あたりの年収は、80年の622元から86年の1,024元へと上昇し0.67倍の増加となった。なお、多くの集体企業従業員の「手取金」は全人民所有制企業より多くなった。前述したとおり、長い間、集体工業従業員の収入は国営企業労働者を超えてはならないという規定が存在していた。しかしこの時期になると、集体企業従業員の収入は国営企業を超えた。これは改革開放のもとで、政策の抜本的な変化を如実に示した好例であった。つまり国有企業の絶対的な地位が揺れ始めたのである。

第五章　改革開放政策と集体企業（1980年代以降）

表5-3　1980～86年における集体企業従業員1人あたり収入（単位　元）

年	都市集体企業1人あたり収入	村営集体企業1人あたり収入
1980	622	398
1981	644	441
1982	659	492
1983	684	543
1984	804	622
1985	925	726
1986	1,024	810
合計	5,362	4,032
平均	766	576

資料：中国国家統計局『中国統計年鑑』各年度より。

　正確にいえば、中国経済の離陸は80年代より始まった。その重要な一役を担ったのは名高い郷鎮企業であるが、工業合作社もこの時期には速やかな発展を遂げつつあった。すでに述べたように、企業数、従業員数、工業合作社生産額、平均年収のいずれも大きな伸びを見せることができた。

注1　前掲楊堅白主編『合作経済学概論』、375ページ。
注2　前掲楊堅白編『合作経済学概論』、376ページ。
注3　「留成」。総額から一定の歩合で残すということ。「成」は割合。企業などが収益から内部使用のために一定の歩合で残す部分または比率。
注4　前掲楊堅白編『合作経済学概論』、377ページ。
注5　県・市政府労働部門の下部機関で、日本の職業安定所や職業訓練所に類似した職業斡旋、職業教育を行う現業機関である。詳しくは本章「労服企業」部分を参照されたい。
注6　注2と同じ。
注7　前掲楊堅白編『合作経済学概論』、378ページ。
注8　前掲書、378～379ページを参照されたい。
注9　同上。
注10　同上。
注11　「中国憲法1982」、竹花光範著『中国憲法論序説　補訂版』成文堂、

注12　1995年、269ページなど。
注12　6項目とは原材料とエネルギーの供給・銀行の貸し付け・技術改造・インフラ・外貨利用と技術導入・交通運輸の6項目のことである。
注13　前掲書楊堅白編『合作経済学概論』、380ページ。
注14　同上。
注15　前掲書、381ページ。

第二節　改革開放政策と集団所有制改革

　改革開放以来、中国における消費財集体工業は大きな発展を遂げてきた。長年この分野の指導者であり専門家でもある季竜氏の消費財集体工業の研究を参考に整理しておこう。

一、消費財集体企業の発展

１、生産量の増加

　78年の生産額は504億元であるが、97年になると、2267億元となり、78年の3.5倍となり、年平均7.8％の増加を示した。78年の固定資産額は62.6億元であるが、97年になると、1103.8億元となり、78年の16.6倍となった。また、78年の工芸美術、皮革製品、金型製品、家具、スポーツ用品、プラスチック製品、家電、照明器具、竹・木等製品、雑貨、衡器（計量機器）を含む消費財集体企業をメインとする11業種の輸出額は、25.27億元であったが、97年には451.9億元にのぼり、16倍の増加となり、年平均15.5％の増加となった。97年統計によると、全国の消費財関係の集体企業は4.01万社、従業員は380.52万人、生産額は2267億元、輸出額は451.9億元であり、それぞれ消費財部門企業総数、従業員総数、工業生産総額、輸出総額の76.5％、43.9％、38.4％、53.7％を占める。消費財工業において、消費財集体企業がいかに重要な地位を占めたかがわかる（注1）。

　また、消費財集体企業が生産した日用品および小物商品製品にも目を見張るものがあった。たとえば、家電業界の生産総額は79年から97年にかけて年

平均25%強の増加があった。80年、家庭用冷蔵庫の生産高は9.54万台であるが、97年には1044.43万台にのぼり、なんと108.4倍の増加となった。家庭用洗濯機は80年の60.73万台から97年の1254.49万台と飛躍し、19.6倍の増加である。同様に扇風機は830.1万台から8170.97万台となり、8.8倍の増加だった（注2）。

なお、山東省青島海爾集団公司（ハイアール）は84年つくられた。設立当時、この集団所有制企業は欠損が147万元に達していた。ところが、97年になると、売り上げは108億元に達し（注3）、中国のモデル企業となった。今日、世界の500強企業へのランク入りを果たしている。

なお、78年、プラスチック製品生産高は92.3万トンであるが、97年になると、1534.33万トンに達し、15.6倍の増加となった（注4）。

2、ブランド商品の育成

消費財工業集体企業が主に手がけるのは服装、靴、帽子、家具、金型製品、工芸、皮革、プラスチック、スポーツ用品などの製品であった。近年、市場経済の需要増加に応じて、製紙、食品、製塩、ビール、ミシン、自転車、時計、陶磁器、グラス、香辛料、化粧品などの業種が拡大し始めた。一部の地域では、業種の壁を破り、冶金、石炭、化工、電子、医療といった業種をまたがる企業が誕生した。

消費財工業集体企業のなかには伝統的なブランド商品が多い。それらは国内だけではなくて、外国への輸出も多い。中小都市あるいは県城（都市郊外の区域を指す）における集体企業はいまだに農業生産にサービスを提供する主力でもある。集体工業と大型工業との結びつきも強く、大型向上に協力し部品を供給したり、サービスを提供する。

経済改革の進展につれて、消費財工業集体企業の業種構造は大きく変わった。手産業を中心とする伝統的な業種は技術を取入れ、生産システムを改革しイノベーションを通して、適性規模に達し、競争力のある国内外市場に対応できる中堅企業となった。新興の技術、集約型企業も急速に起こった。

消費財工業集体の製品品質は明らかに高まってきた。海爾、栄事達等家電、森達、金獅、雪豹、獣王等皮革製品、金獅自転車、崂山ビール、三鹿粉ミルク、天歌ダウン・ジャケットなどのブランド商品が次々と生まれた。消費財工業における集体企業の大型企業と企業集団公司もできた。こうしたブランド商品は国際的な名声を取得し、大型企業と企業集団公司は消費財工業の発展に欠かせない力となっている。

二、集体企業に対する政策の変化

1、三年調整と改革開放

79年から81年にかけては、三年調整期に当たり、また消費財工業集体経済の開始期でもある。79年以降、政府は、農業と軽工業、軽工業と重工業との比重関係を見直し、日用工業品、小物商品、工芸品の大量生産に踏み切るとともに、集体企業の保護政策を回復した。その結果、消費財工業集体企業は次第に発展を遂げた。

そうしたなかで、集団所有経済に対する再認識が行われ、国営経済（国有企業ともいう。所有権と経営権と一体化する企業）こそ優越性があり、集団所有経済は「初級形態」であり「過渡形態」であるといった従来の考え方が改められていった。理論上六つの大きな変化が起こったと季竜氏は言う（注5）。

第1に、集団所有制経済は「資本主義の尻尾」であるという従来の観点が見直され、社会主義公有制経済であると確認された。また、集団所有制経済の発展は公有制経済を拡大するもので、社会主義経済の重要部分であることを明らかにされた。

第2に、集団所有制経済は過渡期経済という従来の観点が放棄された。集団所有制経済は、中国の生産力の発展状況に適するものとされ、社会主義の初級段階に必ず存在する一種の所有制経済として、全人民所有制経済とともに長期にわたって存在し、共同発展できるものとされた。

第3に、集団所有制は公有制の初級形態であるという観点が放棄された。全人民所有制とともに社会主義の公有制を構成し、ともに主体的地位を占め

第五章　改革開放政策と集体企業（1980年代以降）

る、差別・制限・打撃を受けるべきではないとされた。

　第4に、小生産に対する改造を行う集団所有制経済の歴史的な使命はすでに終わったという従来の観点が放棄され、現代化建設過程において集体所有制経済が重要な地位を占めるとともにその役割が是認された。その特徴は零細で、幅広く、融通があり、便利で、小資本であり、回転が速く、雇用問題解消に有利であること。これらは生産の発展、販売ルートの開拓、経済の活性化、需要への対応、資金（資本）の蓄積、雇用拡大などに明確な優越性と旺盛な生命力があるとされた。

　第5に、集団所有制経済は低い生産力しか対応しないという従来の観点が放棄され、さまざまな生産力レベルに適応するものとして明確に認識された。労働集約型の手工業にも、技術集約型と労働集約型と結びついた半機械化された工業にも、機械化された生産にもマッチし、ハイテク業界にも活躍できるとされた。

　第6に、集団所有企業は、全人民所有制を見習い、全人民所有制企業の管理モデルに学ぶべきであるという従来の観点が捨てられた。理論上、政策上では、集団所有企業は独立した商品生産者と経営体であり、全人民所有制企業より大きな経営的自主権をもち、集団所有企業の性格と特徴とによって、合作制原則にしたがって集団所有企業を運営することが望ましいとされた。

　このように、集団所有制に対する認識は大きく変わり、全人民所有制すなわち国営企業よりも優れたシステムであると認識されるようになったのである。

　一方、政策機構も改革された。二軽管理部門が復活された。82年3月、全国手工業合作総社が復活し、各地に手工業合作連社（連合社）も相次いで回復し、30年の間活動停止した中国工業合作協会（「工合」と略称する）も83年より活動が再開された。こうした団体は都市集体企業の発展に組織的な保証を与えた。

　83年4月14日、国務院は『都市集体所有制経済に関する政策問題の暫定規定』（『関於城鎮集体所有制経済若干政策問題的暫行規定』（「都市集体経済30ヵ条

と略称する」)を公布した。この通達は、都市集体所有制経済に関する政策を全面的、明確に定める重要文献となった。

　11期3中全会以降、政策調整もあって消費財集体経済は年平均10％弱の成長率を記録し、製品品質も高め、品種も増やした。中央政府の調整、改革、整頓、向上方針を実行していったが、消費財集体経済は目立った成果をあげることができなかった。

　そこで、生産の方向と目標を積極的に調整し、日用品工業生産を強化し、国内外市場の需要に応じて生産構造を調整した。次に、集体企業の整頓については、主に指導部と従業員の能力向上、イノベーション、経営管理の向上に力を入れた。さらに、各地域は生産力発展を阻む要素を取り除いて改革を行った。改革の重点は自主的経営、独立採算、労働に応じた分配、民主的管理に重点が置かれた。また、集体企業の性格、特徴に配慮し、企業運営を実行し、従業員の働く情熱を引き出し、生産の発展と生産性の向上を図った。ここでは四つの事項を説明するにとどめておこう。

　第1に、統一採算（消費財集体所有制全体の統一会計方式）を改め、個別集体企業の独立採算へと移行した。第2に、固定した工賃制を労働に応じた多種の工賃形態に変えた。悪平等をあらため、労働配当を復活させた。第3に、官営から民営へ、民主的経営の伝統を復活させた。民主的選挙により従業員代表大会を再建し、従業員株主制度を復活させ、企業と従業員との関係を密接にした。第4に、生産型から生産経営型へ、つまりただ単に生産すればよいという経営から、自ら生産し販売し再生産する経営へと改革が進められた。また、産業と貿易との結びつきを強め、輸出に努めた。

　いずれにしても、調整・整頓および改革を行ったことで、消費財工業と農工業生産との関係が強まっていった。とりわけ企業に独立採算を取り入れたことおよび工賃形態を多様化したことは、企業と従業員との関係を密接させ生産発展に有効であった。

第五章　改革開放政策と集体企業（1980年代以降）

2、請負制の導入

　82年から86年までは消費財工業生産の発展期にあたる。82年9月、共産党12期代表大会が世紀末までに国民総生産を四倍にする目標を掲げた。生産の発展にともなって、市場に商品が多くなった。それまで使われていた配給券が不要となり、国民は買占めをやめて貯金をするようになった。

　これは新しい現象であった。つまり市場のニーズに適合し、生産と経営を両立させ、品種と品質の向上を同時に達成してゆかなければならない。また、滞貨や滞留商品が減少したのではなく、商品の需要がないからということも分かってきた。企業は市場の変化を注意深く見守る必要があり、消費者のニーズを常にチェックし、効率化をはかり、製品開発、品質向上に力を入れ、良品を安く、市場が求める商品を生産しながら変化する国民の需要を満たしていかなければならないことに、多くの集体企業が気づき始めたのであった。

　一方、82年9月、軽工業部は大連で軽工業経済シンポジウムを開催した。会議は主に消費財工業発展戦略を議論したうえで、教育、科学を一層重要視する必要があることを強調した。統計によると、当時中国の軽工業技術者は、従業員全員の1.1％に過ぎず、工業全体平均値の3.1％を大きく下回った。そのうち、二軽集体工業はさらに弱く0.5％に過ぎなかった。

　多くの辺鄙な地域では、集体企業の2割から4割の従業員は読み書きさえできなかった。こうした状況を深刻に受け止め、改めるため、軽工業部は教育事業に力をいれ、人材育成に努めた。82年、軽工業部は2千万元を所属大学、専門学校のために調達した。翌年はさらに3千万元まで増やした（注6）。その後も、教育振興に必要な資金を提供した。それとともに、消費財工業の集体企業のイノベーションを積極的に促進し、科学技術の成果を総括し、企業技術改造を強化し、近代化を図った。84年より国際基準を取り入れ、先端技術を導入するようになった。

　また当時、遼寧、吉林、河南、湖北、湖南などの軽工業管理部門および連合社は調査を行い、請負責任制（経営者に経営権を委託し、経営者の責任と利益を規定する制度）を試行した経験を総括したうえで、都市集体企業におい

て最初に請負責任制を導入した。各地はこれを突破口として、他の分野の改革を推し進めた。統計によると、84年、90％の企業が各種形態の請負責任制を実行した（注7）。

84年6月、軽工業部・全国手工業合作総社が重慶で大中都市消費財工業集体企業改革活動座談会を開いた。会議は各地の請負制取り入れの経験を交流し、企業の活性化を促進した。なお、昆明や福建も会議を催し、改革のいい経験を広げた。

84年10月、消費財工業の集体企業の全面的改革はスタートを切った。当時、「経済体制の改革に関する中共中央の決定」が公布された。この決定は理論上、政策上において、中国の経済体制改革の意義と方向を示した。決定は「集体経済は社会主義経済の重要な構成部分であり、多くの分野の団体で起すべきである」と指摘した。一部の企業は自由意思で、互恵のもとで「横向経済連合」（横断的な経済協力）を実施した。11月、国務院は軽工業部と中華全国手工業合作総社の「軽工業集体企業の若干問題に関する暫定規定」を決定した。この暫定規定は消費財工業の集体経済の改革を促した。その後、労働、都市建設、石炭、冶金、鉄道などの分野も相次いで、集体企業管理条例や政策を制定し、都市集体企業の発展に貢献した。

85年に入り、各地は請負責任制を全面的に推し進め、健全化をはかった。そうしていくなかで、集体企業から上級部門に対してそもそも集体企業に属すべき自主権を求める声が高まった。政府部門も権力を企業に戻すことは集体企業活性化に欠かせない前提である、という認識をもち始めた。同時に、国務院が国営企業の自主権を拡大する指示を出し、一部の地方は集体企業の性格や特徴を考え、自主権を与えた。そのなかには、産権、管理権、人事権、分配権が含まれた。

改革の深化にともない、企業調整や経済連合が進展してゆくなかで、各地は集体企業の財産がいわゆる「平調」問題が浮き彫りとなり、それに対処するような動きが注目するようになった。86年6月20日、国務院は軽工業部、中華全国手工業合作総社の「二軽集体企業事業財産の徴用を是正する問題に

関する報告」を承認した。

　一方この時期、股份合作制が試行された。その特徴は、「股東」（株主）をガバナンス（企業統治）の主体とすること、資金資本を重視すること、利子を保証し配当を分配する（「保息分紅」）ことである。また、集体企業が多数起こされ、対外開放や技術の取り入れも強化された。都市における集体企業の発展は全人民所有制企業を大きく上回った。第六次五ヶ年計画期間の消費財工業成長率は11％であり、やはり国有企業よりスピードが速かった（注8）。

3、城鎮（都市）集体企業条例の制定

　集体経済の発展にともなって、各種の学術団体が次々と生まれて来た。87年6月、中国合作経済学会が設立され、89年4月、中国工業合作経済学会が成立された。この二つの組織は、都市部で発展する集体企業の問題を研究しシンポジウムを開催し、共通認識を得ようとした。それに先立って、87年10月に共産党第13回大会で趙紫陽が行った活動報告は、社会主義初級段階理論を打ち出し、公有制を主体としながら、多種の所有制経済を発展させ、横断的な経済協力を促進させる政策を制定し、集団所有経済を深化発展させようとしたものであった。

　中国合作経済学会は座談会を開き、上海主人印刷工場が股份合作制を導入した経験を紹介し注目を浴びた。90年3月、中華全国手工業総会は三期二次理事会を開催し、平調を是正し、改革を深めようと提案した。

　91年9月9日、国務院は『中華人民共和国城鎮集体所有制企業条例』を公布した。

　条例はこう書いている。「集体企業の原則は自由の意思で、自ら資金を集め、独立採算、自主経営、民主管理、共同蓄積、自主支配、労働に応じた分配、出資し配当をもらう、である」「集体企業は互助合作、共同裕福の道を歩むべきである。」これは集体企業が合作社原則を堅持することを示した。条例は建国後、最初の都市における集体所有制の行政法規であり、集体所有制企業の活動と管理とを法的に確定したものである。集体企業の法制化は、

集体企業の管理と集体所有制企業の合法的な権利を守ることになり、集体所有制経済の発展に良好な新しい外的条件を提供したといえよう。

郷村集体所有制企業条例の主な規定を概観しておこう。

① 城鎮（都市）における集団所有制経済は我が国社会主義公有制経済の基本的部分の一部であり、国家は城鎮における集団所有制経済の発展を奨励し扶助する。
② 城鎮における集体企業は、財産は労働大衆集団所有に属し、共同労働を実行し、分配方式においては労働に応じて分配することを主体とする社会主義的経済組織である。

　労働大衆集団所有とは次のいずれの項目と一致するものとする。
　（1）労働大衆集団所有であること
　（2）集体企業の連合的経済組織の範囲内における労働大衆集団所有であること
　（3）投資の主体が前2号に分かれる場合は、労働大衆集団所有の財産が51％を下回ってはならない。
③ 集体企業が従うべき原則は、自由意思による協力、独自の資金調達、独立清算、自主経営、民主管理、集団での蓄積、自主支配、労働に応じた分配、出資金に対する配当である。

　集団所有企業は刻苦奮闘、勤勉節約の精神を高揚すべきであり、互助協力、共同富裕の道を歩むべきである。
④ 集体企業は法によって法人資格を得、そのすべての財産をもって独自に民事責任を負う。

　集団所有企業の財産およびその合法的な権益は国家の法律によって保護され、侵害されてはならない。
⑤ 集体企業の為すべきは市場と社会のニーズに応じて、国家が計画指導下、商品生産を発展し、商品経営を広げ、社会にサービスを提供し、富を作り出し、蓄積を増やし、たえず経済効率と社会効率を向上し、

　　　　　　　　　　　　　　　　第五章　改革開放政策と集体企業（1980年代以降）

　　社会主義経済を繁栄させる、ことである。
⑥　集体企業の従業員は企業の主人公であり、法律、法規および集団企業
　　規約によって企業管理の権力を行使する。集団所有企業従業員の合法
　　的な権益は法律によって保護される。
⑦　集体企業は法律の規定によって民主管理を実行する。従業員（代表）
　　大会は集団所有企業の権力機構であり、企業管理者を選出し罷免する。
　　また、経営管理などの重大問題をも決定する。
　　集団所有企業は社長責任制を実行する。
⑧　集体企業を設立するには次の条件が必要である。
　　（1）企業名、組織機構および企業規約を有すること
　　（2）固定した生産・経営する場所や必要な施設を有し、安全・衛生
　　　　の要求にも一致すること
　　（3）国家規定と合致し、また生産経営および生産規模に合う資金や
　　　　従業員を有すること
　　（4）明確な経済範囲を有すること
　　（5）独自に民事責任を負うこと
　　（6）法律、法規規定によるその他の条件
⑨　集体企業規約は次の項目を記入しなければならない。
　　（1）企業名称と住所
　　（2）経営範囲と経営方式
　　（3）登録資本
　　（4）資本ルートと投資方式
　　（5）所得分配方式
　　（6）組織機構、職権および議事規則
　　（7）従業員が入社および退社する条件とプロセス
　　（8）従業員の権利と義務
　　（9）法的代表者を決める選出プロセスおよびその職権範囲
　　（10）企業廃止の条件とプロセス

（11）規約修正のプロセス
⑩　集体企業を立ち上げるには省、自治区、直轄市の人民政府が定めた審査部署の許可を得、また、法によって商工行政管理機関の審査、登録を経て、「企業法人営業許可書」を取得し、法人資格をとってから、はじめて生産経営活動ができる。
⑪　清算後、集体企業の財産は次のように対処する。
　　（1）国家、本企業以外の単位（組織、職場、機構）、個人および本企業従業員個人が出資金を出したものは、資産総額における出資金額の割合に応じて返却される。
　　（2）その他の財産は、その企業の従業員の失業手当、養老救済、就業配置および職業訓練の費用とする。他に使ってはならない。
⑫　集体企業は次の義務を負う。
　　（1）国家の法律、法規を遵守し、国家の計画指導を受ける。
　　（2）法によって税金、費用（負担金）を納める
　　（3）法によって契約を履行する。
　　（4）経営管理を改善し、技術進歩を推し進め、経済効率を向上する。
　　（5）製品品質とサービスの品質を守り、ユーザーと消費者に責任をもつ。
　　（6）安全生産制度を貫き、労働保護と環境保護措置を実行する。
　　（7）企業における安全を徹底する。
　　（8）従業員の合法的な権益を守り、民主管理権利を尊重し、労働条件を改善し、計画出産活動をしっかりこなし、物質的文化的生活水準を向上する。
　　（9）従業員の思想的政治的教育、法制教育、国防教育、科学文化教育および技術業務訓練を強化し、従業員の素質を向上させる。
⑬　従業員は法律、法規によって集体企業において次の権利を享受できる。
　　（1）企業の各級管理職の選挙権と被選挙権
　　（2）企業の民主管理に参加し、企業の各項目の活動および管理者の

第五章　改革開放政策と集体企業（1980年代以降）

　　　　活動を監督する。
　　（3）労働に参加し、労働報酬、労働保護、医療保健を享受し、休憩、休暇の権利を有する
　　（4）技術教育と訓練を受け、国家の規定によって業務技術の職名を評定する。
　　（5）辞職
　　（6）定年、養老待遇を享受する
⑭　集体企業は、社長責任制を導入する。社長は企業従業員（代表）大会に対して責任をもち、集団企業を代表する。
⑮　社長は企業従業員代表大会によって選出されるか招聘される。
⑯　選挙と招聘の具体的な方法は各省、自治区、直轄市の人民政府が定める。
　集体企業連合経済組織が投資し経営する集体企業の社長を選任罷免できる。
　投資の主体が多元化した集団企業は、国家投資の割合がある程度に達した場合、その社長を上部機関が国家の規定によって選出か罷免することができる。
⑰　従業員持株は従業員の個人所有に属する。
⑱　集体企業以外の組織と個人の投資は投資者の個人所有に帰属する。

　城鎮集体企業の企業形態としての特徴は、すでに述べた郷村集体企業と基本的には同じであるが、所有・支配形態が郷村集体企業と同様に「労働大衆集団所有」とされるが、一方で、従業員持株は労働者の個人所有とされ、都市集体企業は股份（株式）制度が一部導入されていることである。
　91年10月、全国軽工集体企業第四期従業員代表大会が北京で催された。大会は第七次五ヶ年計画期間の軽工集体経済を総括し、第八次五ヶ年計画期間の任務を決定した。それによると、第八次五ヶ年計画期間、軽工業の集体企業の主要任務は、次の七項目であった。

① 集団所有経済の重要作用への認識を強化し、発展させる信念を樹立する。
② 国の政策法規を貫き、集団所有経済発展の外部条件を作り出す。
③ 集団所有経済の性格、特長によって改革を深化させ活性化をはかる。
④ 集体企業を指導し援助し、イノベーションを推し進める。
⑤ 教育事業を積極的に起し、人材育成を早める。
⑥ 思想政治の活動を強化し、従業員の生活に心がけ、福利事業を向上させる。
⑦ 連合社の役割を強化する（注9）。

4、南巡講話後の再出発

1989年の天安門事件は300人以上の死者を出し、21名の学生が指名手配されたことで、中国政府は人権を無視すると先進諸国から激しい批判を受けた。しばらく、中国政府は引き締め政策を続けた。この時期に陳雲の鳥籠経済論が台頭した。鳥籠経済論とは、市場経済化（鳥）には計画経済（籠）の枠内でやるものでありしたがって、陳は保守派といわれた。ところが92年鄧小平は上海・深圳を視察し、さらなる改革を行わなければ未来はないと断言した。また、彼は、計画経済は社会主義だけでなく資本主義もそれを取り入れている。市場経済は資本主義だけではなく社会主義もそれを取り入れており、計画も市場も手段であると指摘した。同年共産党第14回大会が開かれ、江沢民が行った報告は、中国経済体制の目標は社会主義市場経済を目指すことであると言明した。

92年から、股份合作制の試行が速やかに行われ、成果があがった。上海市二軽部門のうち、同年、股份合作制が導入された五社の企業は前年に比べると、生産額は71.6％、売り上げは65.6％、利・税総額は26％とそれぞれ増加した。86年、いち早く股份制を取り入れた江蘇省塩城市集体企業は92年になると、固定資産、所有流動資金、利税総額、従業員一人当たり所得はそれぞ

第五章　改革開放政策と集体企業（1980年代以降）

れ22%、18%、20%、14%増加した（注10）。

　93年12月、十四期三中全会で通った「社会主義市場経済体制を建設する若干の問題に関する決定」は次のように指摘した。

　「社会主義市場経済体制を建設するには、公有制を主体としながら、市場経済の需要に適応する現代的な企業制度を作らなければならない。」また、「現在、都市集体企業も産権関係を明確にしておかなければならない。具体的な状況によって股份合作制企業、あるいは合夥企業に変えることができる。条件の整った企業は有限責任公司あるいは企業集団にしてもよい」と。

　まず産権関係をはっきりさせる鍵は、集団所有制企業の合法的な権利を維持し、平調を是正することにある。次に、取り巻く環境によって、いかなる制度を取り入れ、どんな組織形態を採用するかを決める。それには、概ね次の三つの段階がある。

　第1に、海爾をはじめとする数少ない大規模で、設備も優れ、効率もよく、技術や管理もよく、製品の競争力のある企業は、「公司法」（会社法）にのっとって公司か企業集団をつくる。

　第2に、売れ行きがよく、ある程度効率性があり、また見込みもある大多数の中小企業は股份合作制企業がふさわしい。股份合作制企業は合作制を基に股份制の一部のやり方を取り入れ、また労働の合作と資本の合作とを実行する一種の新型社会主義所有制企業の組織形態である。

　第3に、小型、小利、欠損企業、とくに滞貨をかかえてゆきづまっている企業、競争力の弱い企業については、情況によって改組、連合、合併、リース、請負あるいはサービス業合作経営などさまざまな形態に転換する。目的は企業の活性化であり、救いようのない企業に対しては法によって破産、合併、競売、転業などを実施する。いずれ改革を行う際に債務決算、財務評価をし、資産流出を防ぐ。また従業員も適当に対処する必要がある。

　その次に、集体企業改革に良好な環境をつくらなければならない。つまり正しい政策を制定し、安定した組織を設立することである（注11）。

三、市場競争と集体企業

1、政策の不徹底

　いざ市場経済の新しい情勢に置かれると、消費財工業集体経済は激しい競争にさらされることになる。一部の地域は所有制によって国の政策が異なることに対する不満を漏らしている。地域による政策実施の相異は競争の公平さを失わせ、消費財工業の集団所有経済の改革や発展に支障をきたす。たとえば、企業改革を徹底してゆくなかで、上海では国営企業が合併された場合、掛売りや無利息取引（「掛帳停息」）はできるが、集体企業はそのような優遇策は受けられない。国有企業が股份合作制に移行すれば、所得税優遇策を受けられるが集体企業はそのような優遇策は享受できない。また市所属の国有企業が破産した場合、債務を帳消しにして、銀行「壊帳」準備金を取り崩せるが、集体企業はそれができず、破産の手続きもできないでいる。すでに触れた有名な杭州張小泉剪刀廠は58年に合作工場から地方国営工場に移行した。生産量の下落と効率の低下によってやがて集体企業に戻った。四十年にわたって苦労してなんとかやってきた。しかし国有企業とは同じく優遇政策を受けられないことから、市政府の許可を得て、また国有企業へと変身した（注12）、とわれわれの調査でわかった。

　また、山西省寿陽県の「木器工場」（集体企業）では、従業員が股份合作制に変えるつもりであるが、管理部門は企業を個人に売ってしまい、従業員を強制的に人材（労務）市場に追いやってしまった。この結果、従業員は失業状態に置かれた。こういった企業を勝手に売りさばく行為に対する規制がきちんと講じられなければならないであろう。

2、適切な監督機関

　すでに見てきたように、集体企業は経済的性質、管理方法などの面で国有企業とは異なっている。集体企業は業種が多く、製品も多く、国民経済のさまざまな分野にわたっており、きめの細かい政策が必要である。

第五章　改革開放政策と集体企業（1980年代以降）

「中華人民共和国城鎮集体所有制企業条例」第51条は次のように書いている。「国務院の城鎮集体経済の管理部門は、全国の城鎮集体企業をマクロ的に指導し管理する」と。第53条では政府の各業界管理部門は法によって、各自の責任範囲内での業界の行政的指導と管理との責任を持って当たると規定し、第64条では、集体企業の連合組織の設立を強化すると定めている。

　中華全国手工業合作総社およびその所属する各地の連合社は、手工業合作化に基づく集体企業連合経済組織である。その具体的な任務は「中華全国手工業合作総社章程」や各連合社社章に定められている。市場経済の発展に応じ、連合社の役割をよりうまく発揮するには指導、保護、協調、服務の方針を着実に実行しなければならない。中華全国手工業合作総社は、連合社改革の方向を「経済的企業を興し、経済的実力を強め、サービス機能を強化する」と打ち出した。98年8月15日、中国軽工業局は「中華全国手工業合作総社弁公室」の設立を決定した。総じていえば、集体企業が直面する問題に適切な助言と支援を行い、必要なサービスを提供できる公的機関が重要になっている。

3、従業員のための企業

　集体企業はその前身である合作社の原則を継承しており、労働者の管理する企業を意味する。したがって、名実とも従業員のためになる企業になれるかがかぎとなる。そこでまず、従業員こそ主人公だという思想を尊重し、従業員の考えを企業経営に取り入れることが何より大切である。消費財の集体企業は、融通性の高さという特徴を生かして、市場を調査し、需要の変化に敏感に反応し、品種の多様化やブランド商品の創出、先進技術の導入が重要である。江蘇省建湖県森達皮靴集団は70年代の発足時、従業員数名の小企業から今日では6,000名の従業員を有する大型企業にまで成長した中国製靴業界のトップ・ランナーである。消費財の集体企業のうち、大型企業あるいは集団公司（企業集団）は少数であるが、それらの歩んできた道は森達集団と似ている。ポイントは視野広く、業務に詳しく、勇気のある技術者が含まれ

るリーダーシップがあるかどうかにかかっている。品質を高め、市場をつかむことが強く求められる。要は従業員のために企業作りというひとことに尽きる（注13）。

注1　季竜「改革開放以来的回顧与思考——軽工集体経済輝煌的二十年（一）」、『中国集体経済』1999年第2期、6ページ。
注2　同上。
注3　同上。
注4　季竜「改革開放以来的回顧与思考——軽工集体経済輝煌的二十年（一）」、『中国集体経済』1999年第2期、6〜7ページ。
注5　季竜「改革開放以来的回顧与思考——軽工集体経済輝煌的二十年（二）」、『中国集体経済』1999年第3期、14〜15ページ。
注6　季竜「改革開放以来的回顧与思考——軽工集体経済輝煌的二十年（三）」、『中国集体経済』1999年第4期、8ページ。
注7　同上。
注8　季竜「改革開放以来的回顧与思考——軽工集体経済輝煌的二十年（三）」、『中国集体経済』1999年第4期、13ページ。
注9　季竜「改革開放以来的回顧与思考——軽工集体経済輝煌的二十年（四）」、『中国集体経済』1999年第5期、7ページ。
注10　同上。
注11　季竜「改革開放以来的回顧与思考——軽工集体経済輝煌的二十年（四）」、『中国集体経済』1999年第5期、8ページ。
注12　現地調査による。

第三節　就労創出のための集体企業——「労服企業」——

　改革開放の時代に注目を集めてきたのが「労働服務公司」で、日本語で言えば「労働サービス会社」である。略して「労服公司」という。
　国務院が「労働就職服務企業管理規定」を公布してから、上述したもののうち集体企業の名称は「労働就職服務企業」（労服企業と略称する）に統一された。ここでは何光編・唐宗焜他著『中国合作経済概観』を参考に労服企業を概観してみよう。

一、背景と種類

　労服企業を生んだ背景は70年代末の就職圧力だった。前述したが50年代末から60年代初頭までの時期を除外すれば、膨張する人口問題がいつも中国の大きな問題であった。いまだに中国政府が「計画生育」（注1）と呼ばれる計画出産政策をとらざるを得ないでいるのはそのためである（注2）。統計によると、50〜58年の間に生まれた人口は1.87億人、平均毎年2,080万の人口が生まれ、62〜75年の間に3.55億人が新たに生まれ、平均毎年2,500万人が生まれるという計算になる（注3）。常に就職圧力が高いので既存の企業で労働力を吸収しきれず、就労を創出するための企業の創設が課題なのである。
　また、単一の所有制にも問題があった。繰り返しになるが、建国当初はさまざまな所有制が並存したが、50年代後期からは国有企業という単一の所有制に集約されるようになった。集団所有経済は国有経済へと過渡する形式として見なされ、私有経済や私営経済は排斥される立場にあった。単一化された所有制や不合理な産業構造が国民経済を正常に発展させることができず、失業を生んだ。
　次に、都市の労働就職制度にも問題があった。計画経済体制が確立されると、政府は農村人口の都市への流入を厳しく制限するとともに、都市では、

「3人の飯を5人に振り分ける」政策から次第に「一括して配属する」政策へとシフトさせた。つまり都市の就職は国が統一管理し、各級の労働部門が計画によって定職を配分する。所有制が単一であるので、就職できるのは国有部門と集体企業のみであった。したがって、ありとあらゆる国有企業や集体企業に余剰人員が溢れていた。

　最後に、厳しい就職態勢。政府は60年代より都市で配置できない若者を農村に送り始めた。文革期になると、知識青年の「上山下郷運動」が政治キャンペーンとなり、農村に行った者が1,700万人にものぼった（注4）が、78年から彼らは大量に都市へと戻り始めた。こうして、もともとの失業者とあわせて、中国の都市には失業者が溢れ、社会不安を引き起こしかねないという深刻な問題に直面するようになっていた。

　このような背景の中で、78年、一部の地域では待業青年を組織し、仕事があれば、仕事をさせ、暇なときは学習させるということ活動を開始した。翌年、国家労働局が国務院に、都市や町で労働服務公司の設立を申請した。9月、李先念が会議で「労働服務公司を設立させ、失業者の再就職を援助せよ」と呼びかけた（注5）。

　機械の修理、飲食サービス、部屋の修繕、都市の緑化、幼稚園の先生などが主の仕事であった。その後、政府は資金を出し、労働服務公司を援助した。同年末、チベット、新疆を除いて、全国各地に4,211社の労働服務公司が設立された（注6）。

　労働服務公司は次の3種類のものがあった（注9）。

　1つは、政府に所属する労働部門、専門管理部門、都市街道（町内）が経営したもので、実際は政府の就職管理機構である。89年公司が制限された後一部は公司名が取り消された。

　2つめは、集体所有制に属するもので、その多くは国有企業、事業所、行政機関、学校、社会団体、軍などが経営したものである。

　3つめは、待業青年たちによって組織されたものである。

　いずれの組織も、待業者に働く場所を提供するために事業体を創り出した

のである。労働服務公司の大半を占めたものであった。

二、労服企業の発展と調整

　労服企業は大きく発展した。統計によると、86年、労服企業総数は23.5万社に達し、従業員は694万人にのぼり、生産額は455億元であり、あげた利益と納めた税金は56億元があった。これは81年のそれぞれの4倍、5.5倍と25と36倍になる（注8）。

　しかし、87年以後発展のスピードが落とした。その原因は2つあった。1つはそもそもあった矛盾が浮上したこと、もう1つは経済改革の深化につれ、新たな問題が浮き彫りになったこと。こうして、労服企業は模索しながら、新しい局面を迎えた。では具体的にみてみよう。当時の労服企業の特徴は次のようにいくつかあった。

　第1は、国や関係する部門が労服企業の規範化や制度化をはかった。88、89年、労働部と国家税務局が共同で「労働服務公司集団企業財務制度」と「労働服務公司集団企業会計制度」とをそれぞれ公布し、89年「労働服務公司の整理、整頓に関する問題の通知」「労働服務公司の整理・整頓活動に関する実施意見」を相次いで通達した。

　そのなかで、政(府)企(業)分離については次のように書かれている。労働部門によって設立された県以上の労働服務公司は、行政管理と企業経営職責独立原則によって労働公司とは呼ばれなくなり、経営活動が禁止されるようになった。名称は「就職服務局」に改められ、町内・郷鎮が経営する労働服務公司は「労働就職服務站」（労働就職ステーション）と名づけられ、各企業が経営する労働服務公司は「就職服務局」と変わった（注9）。

　90年11月、国務院は「労働就職服務企業管理規定」を発布した。これによると、労服企業は都市の失業者を引き受け、国家や社会がサポートし、生産によってみずから救うという集団所有制の経済組織である。

　また、次のことも明確にした。つまり労働部門は責任を担い、労服企業を指導し、発展させなければならない、経営側と労服企業との間は、平等・互

恵に基づいて経済活動を行い、民主的管理を実施しなければならない、と。

いずれにしても、「労働就職服務企業管理規定」の制定は労服企業史上の大きな出来事であり、労服企業が制度上確立された証であった。12月、国務院が「都市集体企業における従業員の給与管理を強める意見」を許可し、91年、「中華人民共和国都市集体企業条例」を公布した（前述）。前者は工賃制度を改善し、後者は集体企業の権利、義務、財産関係、行政規定を制定した。

第2、労服企業に対する国からの援助が減ったことである。課税については、従来の方法が引き継がれた。すなわち新規労服企業に対して、3年以内は減税か免除となった。94年、財政部等が「企業所得税に関する若干優遇政策の通知」を通達し、労服企業に対して、次のような規定を出した。つまり新規都市の労服企業は、配属した人が従業員の60％を超えた場合、3年間の所得税を免除する。その後、配属した人が従業員の30％を超えた場合、2年間の所得税を半額にするということに変った。

また、表5－4のとおり、政府は援助資金についても、年毎に減少する傾向があった。

表5－4　中央と地方との割り当て金による就職経費　単位：億元

年	総　　額	中　央　財　政	地　方　財　政
1987年	3.03	0.7	2.33
88	2.92	0.7	2.22
89	2.52	0.2	2.32
90	2.63	0.2	2.43
91	2.59	0.2	2.39
92	2.38	0.2	2.18
93	2.16	0.2	1.96
94	2.40	0.2	2.20
合　　計	20.63	2.6	18.03

資料：労働部就業司「就業経費淵源及収支情況」、ここは前掲書何光編・唐宗焜他著『中国合作経済概観』、330ページより。

第五章　改革開放政策と集体企業（1980年代以降）

　とりわけ、中央財政割り当て金は87年の7千万元から94年の2千万元へと激減され、地方からの割り当て金も遅れたり、額面より少なかったりしたことがあった。また、効率も悪く、集団所有制企業であるため、なかなか銀行から資金を貸してくれなかった。物資・場所・人材といった要素が次第に市場に任せるようになるにつれ、労服企業に対する国家の特殊優遇措置がなくなっていった。

　第3、経営側のやる気が薄れたことである。就職の圧力が緩和したことと経済効率が悪かったことから、経営側の大半は労服企業に興味を持たなくなった。多くの労服企業は主催者の支援で設立されたので、主催者に頼らざるを得ない。主催側が興味をなくしたならば、ただちに経営に悪影響を与えた。そのうち、一部の企業は稼動停止に追い込まれるというケースもしばしば起きていた。

　なお、90年代に入ってから、国有企業や行政機関はサービス業に手がけることを政府が奨励したのも、ある程度労服企業に悪影響を与えた。93年、国務院が「第3産業の発展企画についての考え」を転送した。この「第3産業の発展企画についての考え」は次のように呼びかけた。

　金融、税収、財政などの方法を使って、第3次産業の発展を推進すること、行政機関、国有企業が所有権を明確にしたもとで、有償で国有財産を使用し、株をもち、リース、持株「控股」（Holdings ホールディングス）といった手法を通して、第3次産業を起こす、大型、中型工業企業が現存の施設、資金、余剰人材を利用し、科学研究、IT、コンサルタント、倉庫、運輸、小売り、旅行、飲食といったサービス業を奨励すること、方法としては請負制、リース、股份制など多種多様であること、第3次産業は自主経営、独立採算、「全人民所有制工業企業の経営システム転換条例」の減税、免税政策を享受すること、など。こうして、労服企業の経営側は第3次産業に力を注ぐようになっていった。

　第4、労服企業の抱えた問題が顕在化したことである。労服企業が内包した問題とは「準国営」モデルの悪影響である。時代の制限もあり、保守的考

えもあったので、労服企業の展開につれ、「準国営」のイメージが次第に強まり、企業自身の発展を阻んだ。それと同時に、所有権の所在があいまいなため、労服企業の財産を管理する責任者がいないという深刻な問題を生んだ。言い換えると、集体企業に対する平調（均等と徴用、平均主義と無差別な物資調達）、浸食がときとき起こり、経営側と労服企業との軋轢が頻繁に現れた。

また、社会と経済との矛盾も目立つようになってきた。80年代以後、たくさんの失業者を雇用したため、多くの労服企業に人が溢れていた。そのため、経済効率が悪くなる一方であった。

三、労服企業の明暗

まず、労服企業が果たした役割から見てみよう。

労服企業は都市集体企業の重要な一部として、経済発展、財源開拓、市場繁栄、民衆便利、雇用対策、社会安定、人材養成において重要な役割を果たした。79～94年の間、労服企業の生産額が累計で1兆億元に達し、利益と税収が930億元をあげた（注10）。

また、労服企業は設立されてから、一貫して生産や生活サービスを重視し、大量の日用品やサービスを提供し、買い物・食事・洋服・住宅・乗車・修理において、厳しい庶民生活を緩和するのに役立った。

また、79年から93年まで、労服企業は2,100万人の都市人口に働き口を提供した。これは同時期の全国就職計画の20％近くを占め、都市所有制企業における就職総数の30％を占めた（注11）。労服企業は中国の雇用問題の解決に貢献し、社会安定に寄与した。

なお、労服企業は失業者により設立されたものもあり、もともと従業員の素質が悪かった。しかし訓練や実践を通じて、多くの従業員はある程度の技能を持つ熟練労働者となり、そのうちの一部は企業家となった。

次に、労服企業の問題点を考えてみよう。

労服企業の経済効率は低く、常に経営困難に陥っていた。資料によると、全国約20万社の労服企業のうち効率のいい企業はなんと10％にも達していな

かったという（注12）。

　このような状況の下で、労服企業は効率を上げるため、従業員を削減しなければならない。そうしなければ生き残れないからである。しかし中国の現状はまったく異なった。当時、「国有企業は従業員を削減するが、労服企業は逆に新規を募集する。これはつまり国有企業を救うために労服企業を犠牲にするという手法であり、市場経済における公平的競争原則にそむくものではないか」という不満が漏らされていた。

　つまり、雇用創出というのは「労働就職服務企業管理規定」が求めるもので、したがわなければ、労服企業の存在意義はなくなるというのが当時の空気であった。とにかく、労服企業に直面する矛盾が滲み出ていたのであった。

　では、この問題をどのように解決すればいいのか？　実は、中国は今後相当長い間、経済発展と就職促進という2つの重大問題に直面すると予測される。そもそも労服企業はこうした情勢に応じて誕生したものである。したがって双方を統一して、総合的に考慮する必要がある（注13）。

四、所有権および管理体制

　労服企業の産権は複雑である。企業と従業員との間、企業と経営側との間にみんなあいまいな産権問題が存在している。労服企業は国の優遇政策によって築かれた産権問題についても意見が分かれる。

1、労服企業と従業員の間の産権

　すでに述べたように、労服企業は基本的には従来の集体企業のモデルにしたがって設立されたものであり、集体企業の財産と従業員との間に関係がないのである。名義上、集体所有だが、実際に従業員の持分は何もない。従業員は仕事をこなし、給料をもらうだけである。また、国有企業の従業員に比べると、労服企業では工賃にしても厚生福利にしても、よくないのが一般的である。

2、労服企業と経営側との間の産権関係

　労服企業と経営側との産権は曖昧であった。2者の経済的往来は時代の制限および行政上の上下関係などのせいで、経済関係はほとんどはっきりしない。最初に厳しい就職事情の解決を急ぐために、この問題は隠されたが、就職事情の緩和や市場競争にさらされると、矛盾が次第に浮き彫りになってしまった。

　一部の労服企業は長い間、主に経営側の場所、交通施設、従業員の生活施設、企業の信用、人材、技術といった評価しにくい「財産」を無償で占用・使用していた。他方、多くの経営側も労服企業の財産を浸食したりした。経営側と企業との間に行政上の上下関係が存在したので、前者の矛盾は副次的であり、より簡単に解決できるが、しかし後者の矛盾は当面緊迫であり、解決しがたい。

　具体的にいうと、次の4つのパターンがある。まず、経営側が行政上の指導的な立場を使って、無償で企業の財産を徴用した。こうした行為は行政関係と財産権関係とを混同させ、労働企業の集団所有制性格と独立した企業法人の地位を否定したものであった。

　次に、労服企業の所有制性格および上下関係を変えることによって、企業の財産を飲み込んだのである。一部の労服企業は企業法人登録の手続きが行われなかった。たとえば、95年、山西省太原市の統計によると、98％の労服企業は営業許可はあるが企業法人の許可はない（注14）。結局、一部の経営側は経済効率のいい企業をかってに内部の付属組織に変え、労服企業の集体蓄積を横領し、また、企業の利益を使って、経営側の損失を埋めていた。

　その次に、経営側の援助を投資行為と見なし、投資者が産権を所有するという原則にしたがって、労服企業の集団財産を自分のものにした。こういった手法は国務院の行政法規に背いた。労服企業に対する経営側の支えについては、「都市集体所有制企業条例」、「労働就職服務企業管理規定」は次のように書かれている。つまり、それをローンか投資と見なされる。各地方は具体的な状況によって、妥当に処理し、労服企業と社会の発展に寄与するので

ある。設備・道具といった生産手段および建物は合理的に評価したうえで、労服企業が清算する。経営側は貸し出しという形を通して、減価償却費用に相当する貸出料を受け取る。

最後に、資本の増殖のみ認め、集体企業従業員の蓄積を是認しない。労服企業の収益については、経営側の国有財産と同じように国家所有とするため、けっきょく、集団所有とは集体企業の従業員が国有企業に比較すると、より低い工賃や厚生福利を受け入れることであった。

留意すべきは、労服企業と経営側間との産権は往々して人事に反映されてくることである。なぜならば、多くの労服企業の主要な人事権は経営側に操られるからである。産権をめぐって、労服企業のトップは経営側と意見が異なった場合、「罷免」されることは避けがたい。

3、優遇政策と産権の享受

94年、労働部等は「労働就職服務企業が股份合作制を実施する規定」を発布した。これによると、法律・法規・政策の優遇措置によって築かれた財産は企業全員の所有とする（注15）。これは正しかった。しかし同年11月公表された「集体企業における国有財産権評価の暫定規定」のなかで、税収優遇政策を一般優遇政策と特殊優遇政策と分かれた。

それによると、集体企業が国家の統一した法律・法規・政策の減税・免税といった優遇措置によって築かれた財産は国有財産にしない。集体企業は設立当初あるいは発展していくなかで、国の特殊な優遇政策を受け、減税・免税部分は国が援助した基金に属し、特別管理されたものは国有財産とする。集体企業は国から貸付金を受けて築いた一部の財産のなかで、上納されるべきが、いまだ上納されていない分は、国有財産とする。

いいたいことはこうである。つまり税収の優遇政策を一般と特殊と分かれ、政策の優遇を投資行為と見なされたといったことは国務院が発布した「都市集体企業条例」のなかで、集体企業の権利についての規定とは矛盾するものである。集体企業は国家政策に忠実にしたがって、築いた財産が集体企業の

ものであるべきである。しかし、その後、政府はその政策を変え、一部の財産を国有にしたのであった。これはいかにも理不尽なことである。法治国家をめざすなら、下部企業をやらせるのもいいが、それより政府がみずから手本を示す必要がもっと大切ではないか。

　以上は労服企業の産権について述べた。次は管理体制について考えてみる。労服企業の管理体制は主に経営側、労働部門間との関係をさす。

　第1は、労服企業と経営側との関係である。いうまでもなく、労服企業は経営側が支えて起したものである。「労働就職服務企業管理規定」は次のとおり、労服企業に対する経営側が担う職責を確定した。

　労服企業が立ち上がった際、企業に資金を工面し、審査や登録の手続きをする。失業者を仕事に就かせるため、労服企業にある程度の生産経営条件を提供する。労服企業と各方面との関係を協調する。企業設立の初期、管理制度の制定を指導し、企業トップの任命、招聘、あるいは選出を担当する。人事・財務・ものおよび生産・購買・販売において労服企業の自主権を尊重し、保護する。平等・互恵・等価交換の原則に基づいて、労服企業と生産経営・サービスにおいて提携する。

　組織上、労服企業は経営側の一部である。人事については、実際に企業の長は経営側に任命され、また罷免される。

　第2は、労服企業と労働部門との関係である。ごく一部を除いて、多くの労服企業は労働部門との間に産権・上下関係が存在せず、労働部門は労服企業の総合的な管理部門に過ぎない。労服企業は政府が唱道、労働部門が参加して設立されたもので、労働部門は政府の代表としてその総合的な管理の職責を行使する。

　その職責は次のとおりである。国の方針・政策の実施を指導し、監督する。労服企業の発展企画を制定する。労服企業の設立を許可する。就職経費と生産援助基金をいかし、企業の発展を促進する。訓練・物資ルート・情報といったサービスを提供する。管理者を養成する。品質を管理する。

　以上述べたように、労服企業に対して労働部門が監督の職責を担った。と

第五章　改革開放政策と集体企業（1980年代以降）

はいえ、こういった管理は比較的にルーズなものであった。それは主に次の3つのことから表れている。まず、管理体制においては、労服企業は主に経営側およびその業界担当部門の指導を受け、同級の労働部門が主に業務上で指導をする。次に、労服企業が生産・経営する資金・税収・原材料といった側面において、果たせる役割が限られている。最後に、労働部門は労服企業に対して、どれだけ働き口を提供できるかに重点を置いたのに対して、企業側は経済効率という立場から、人を多く取り入れたがらない。これは企業に対する労働部門のマイナス影響であった。ちなみに、労服企業への監督を強化するため、91年中国労服企業協会が設立された。

要するに、労服企業は都市における集体企業の重要な構成要素として、また経済発展と就職促進の経済組織として、中国社会発展のニーズに対応したものである。中国のことわざでいうと、労服企業の発展の道は険しいが、未来は明るいということである。中国労働省の推測によると、95～2010年の間、全国労働力の供給総数は3.2億人になるが、需要は2.8億人しかない。つまり4千万人が過剰という計算になる。また、90年代から、中国の農村にはすでに1億人超の余剰労働力が存在している（注16）。農村の都市化につれ、中国の就職環境はますます厳しくなると見込まれる。

なお、公有企業の改革は深まりつつあるため、雇用創出どころか、大量な余剰人員がレイオフされてきている。こうした問題を解決するには国の投資のみにたよるのでは困難であろう。残りの道はやはり労服企業を含む多種の経済形式の協同発展にあると思わざるを得ない。

注1　計画出産の意、厳格に言うと、1人っ子ではない。
注2　中国の人口問題については若林敬子著『中国人口超大国のゆくえ』岩波新書、1994年などを参照されたい。
注3　前掲何光編・唐宗焜他著『中国合作経済概観』、320ページ。ちなみに、1998年から2003年までの中国の人口数は次のとおりである。12.557億人、12.668億人、12.776億人、12.850億人、12.944億人、13.042億人（中国国家統計局人口和社会科技統計司編『中国人口統計年鑑2004』中国統計出版社、2004年、285ページ）。前年に比べると、そ

れぞれ1,110万人、1,080万人、740万人、940万人、980万人の増加となる。つまり、年に平均970万人の増加となる。

注4 前掲何光編・唐宗焜他著『中国合作経済概観』、321ページ。
注5 同上。
注6 前掲書、322ページ。
注7 戎文佐「論集体経済内部的多種経済形式与経営方式」、『軽工集体経済』1987年第10期、4～6ページを参照されたい。
注8 前掲何光編・唐宗焜他著『中国合作経済概観』、323ページ。
注9 前掲書、328ページ。
注10 『中国労働統計年鑑1995』中国統計出版社、100ページ。
注11 童馥「這里不應是被遺忘的角落——局弁集体企業状況分析」、『軽工集体経済』1987年第6期、3～5ページと掲益寿他編『労働就業服務企業経営管理』中国労働出版社、13ページを参照されたい。
注12 張春紅他「重負下的労服企業」、『中国労働報』1995年5月24日。
注13 前掲何光編・唐宗焜他著『中国合作経済概観』、333ページ。
注14 前掲書、335ページ。
注15 中国軽工総会「関於軽工集体企業推行股份合作制的意見」、前掲『中国集体工業』1994年第2期、4～5ページを参照されたい。
注16 前掲『中国合作経済概観』、339ページ。

終　章　企業体制改革と集団所有制

一、企業体制の改革

　改革開放以降の中国においては、国営企業の改革が行われる一方、私営企業も容認され、国有企業、集体企業、私営企業の3種の企業体制が並存するようになった。1995年の14期5中全会で「抓大放小」(大を掴み小を放つ)といわれる国有企業改革の方針が採択された。

　具体的にいえば、国有の大規模な基幹企業に対しては、企業改革改造を推進し、一方国有小企業に対しては、経営請負制や従業員持株制などにより国家の直接管理から引き離して自由選択権を与えて非国有とすると共に、資産の売却やリース制などで徹底した合理化を促すということである。

　同年12月には国務院は企業体制全体の改革を打ち出した。

　国有企業を売上高、利潤、税金額、固定資産・負債額などを基準に、大型基幹企業、一般中型企業、小型企業、斜陽企業(長期間赤字で債務超過、販売が困難な企業)の4種に分け、おのおのに改革を指示した。

　国有基幹企業とそれを中核とする企業集団に対しては、公司(会社)法による企業管理方式の強化徹底、国家資金による追加的設備投資、技術革新の推進、市場競争力強化が図られることとなった。

　それ以外の一般大中型国有企業は、有限股份(株式)会社への移行、合併促進により、国家持株会社化による企業の合理化が強力に実施された。

　一般の中小国有企業に対しては、国有大企業への吸収合併による合理化、非国有企業や個人への売却による非国有化と資金の回収が行われた。

　企業制度改革は、所有制の改革もともなうものであった。

　表6－1は、90年代後期以降の企業制度の区分を整理したものであるが、国有企業は、従来の全額政府所有(地方政府所有も含まれる)の事業体と国の100％持株会社である国有独資企業、集体所有制には、合作社と集体企業が含まれるが、私有企業は種類が増加し、日本でいえば株式会社、有限会社などが相次いで追加され、これらが国有企業改革の受け皿として利用され、また起業促進のための民営企業育成に利用されてきている。

終　章　企業体制改革と集団所有制

表 6 − 1　企業区分

分類	企業区分	特徴
国有	国有経済	企業資産の全額が国有の非公司制経済組織
	国有独資公司	国家全額出資会社
集団所有	集体企業	企業資産が集団所有に属し、集体企業条例に基づく企業
	合作制	従業員の共同出資、自主管理、協同労働、民主管理、労働に応じた分配を行う合作社
私有	股份有限公司	公司法に基づく株式会社
	有限責任公司	公司法に基づく有限会社
	私営独資企業	私営企業暫行条例に基づき1人の自然人が投資、経営し、労働雇用する無限責任会社
	合夥企業	合伙企業法に基づき、2人以上の共同出資、共同経営、労働雇用する無限責任会社
	個体工商戸	小規模な家族・個人経営の工場、商店、サービス店

（資料）「工商業の企業登記区分」から作成。
これ以外に、企業の連合形態や外資系企業、香港マカオ台湾系企業の区分があるが複雑になるので省略した。

　国有企業は従来、国家による全資産所有企業を「国有企業」と呼んでいたのであるが、国家による出資という概念を明確化し、「国家投資企業」という概念を打ち出した。国家の出資が100％の企業を「国家独資企業」とし、国家の出資が100％未満の国家出資企業を「混合所有制企業」と名づけた。そして、国家が過半数の支配株を所有する企業を「国家控股企業」、国家の出資が過半数以下の企業を「国家参股企業」と名づけて区分した。97年秋の共産党第15回大会では、股份制（株式制）を社会主義公有制のもとで本格的に導入する方針が明らかにされた。公有企業改革は朱鎔基首相の政策の主要課題として行われていたが、それはＷＴＯ加盟の実現や2002年16回党大会の開催および私営企業家の入党容認など取り巻く環境がかつてないほど大きく変わったからである。

今日の中国における企業数を「中国証券報」のデータを加工して整理したのが、表6－2である。内国企業のうち私営企業（私法人と従業員8人以上の私企業）は75％に達し、集体企業は15％、国有企業は10％という割合になっている。

表6－2　中国の企業数　2007

	企業数（万件）
内資企業	848.1
（国有企業）	(68.2)
（集体企業）	(104.3)
（私営企業）	(520.5)
外資企業	28.0
外資企業	876.1
個人経営	2,621.4

（資料）
　王婷「上半年我国内資企業数有所減少」、『中国証券報』2007年8月13日。
　＊個人経営とは、「個体工商戸」と呼ばれるが、従業員7人以下のものをいう。

　企業の中で圧倒的多数を占めるのは、中小企業（中国では、「中型企業」と「小型企業」を合わせたものをいう。定義は表6－3のように業種ごとに従業員数、売上高などで決められている）であるが、最近の中国のデータでは次のようになっている。
　2006年10月現在で、総数は、4,200万戸以上で、企業が430万戸、個人企業が3,800万戸で、個人企業が圧倒的に多い。中小企業は総企業数の99.8％を占める。輸出額の58％、税収の68％は中小企業が占める。発明特許の66％、新製品の82％を中小企業が占めるなど経済の活性化に貢献している。都市とその周辺部の雇用の75％を中小企業が吸収している（注1）。
　国有企業の改革にともない、非採算部門や関連企業が切り離されて民営化

終　章　企業体制改革と集団所有制

表6－3　企業規模区分

業種	指標	単位	大型企業	中型企業	小型企業
工業	従業員数 売上高 資産総数	人 万元 万元	2,000以上 30,000以上 40,000以上	300－2,000以下 3,000－30,000以下 4,000－40,000以下	500以下 3,000以下 4,000以下
建設業	従業員数 売上高 資産総数	人 万元 万元	3,000以上 30,000以上 40,000以上	600－3,000以下 3,000－30,000以下 4,000－40,000以下	600以下 3,000以下 4,000以下
卸売業	従業員数 売上高	人 万元	200以上 30,000以上	100－200以下 3,000－30,000以下	100以下 3,000以下
小売業	従業員数 売上高	人 万元	500以上 15,000以上	100－500以下 1,000－15,000以下	100以下 1,000以下
交通・運輸	従業員数 売上高	人 万元	3,000以上 30,000以上	500－3,000以下 3,000－30,000以下	500以下 3,000以下
郵政	従業員数 売上高	人 万元	1,000以上 30,000以上	400－1,000以下 3,000－30,000以下	400以下 3,000以下
ホテル・食堂	従業員数 売上高	人 万元	800以上 15,000以上	400－800以下 3,000－15,000以下	400以下 3,000以下

（資料）国家統計局設管司

されたり、閉鎖された国有企業の土地や工場などの資産が民間に売却され、民営企業として再開されるなど、国有の中小企業は減少し、民営の中小企業が増加する傾向もみられる。民営化の波の中で多くの優良な中小企業も生まれているが、弱小な多数の小零細企業が生まれ、経営が行き詰まる状況も生まれている。中国においても「中小企業問題」が深刻化し、2004年には、「中小企業法」が制定され、省、市などの地方政府が主体となって金融対策や経営改善の指導などが行われ始めている。

　このような社会環境の大きな変化のなかで、集体企業は80年代のような繁盛の状況と比較すれば停滞しており、また改革のチャンスをつかむことができないでいるようにみえる。今日の集体企業がいかなる問題に直面しているかを整理しておこう（注2）。

二、集団所有経済の多様化

　中国の社会科学研究書や論文の主流は常にマルクス主義理論を引用するが、集団所有制についても例外ではない（注3）。中国の集団所有制理論は当然、マルクス、レーニン、スターリンの影響を強く受けている。

　1952年、スターリンが『ソ同盟における社会主義の経済的諸問題』のなかで、生産手段の社会主義的公有制は全人民所有制と集団所有制であり、集団所有制は全人民所有制に引き上げられなければならない、という考えが示され、公式化された集団所有制のイメージとなった。中国においても、この考え方が継承され、集団所有制は全人民所有制に比べ一段階低い段階にある形態とされてきた（注4）。

　50年代より、中国は農業合作社や社会主義的改造運動においてソ連から集団所有制概念を導入した。70年代以後、中国の都市・農村における集体企業は2つの部分より構成された。ひとつは56年、商工業の社会主義的改造を行う過程で労働者が所有する生産手段および職能によって形成された生産合作社であり、その財産は集団所有とされたのであった。もうひとつは人民公社の時期に、都市や農村で台頭した社隊企業である。これらの集体企業はすでに述べたように、ともに「準国営」の性格を持ち、生産手段は集団所有であった。

　また、集団所有制経済が発展していくなかで、国営企業への改組（転廠過渡）や逆に、国営企業から集体企業への引き戻しなどを経験した。さらに改革開放以来、集団経済は大きな変化がみられた。郷鎮企業が台頭し、請負制、股份式合作制が導入され、集体企業は発展を遂げた。90年代以後、中国経済は次第に市場経済へとシフトしており、集体企業は新たな展開を見せている。

　今日の集体所有制は3つの形が混在している。

　第1は、合作所有制で、もっとも基本的な形である労働者の共同出資、共同支配、協同労働によるものである。

　第2は、社会集団所有制で、もともとは合作型であったが、地方政府の出

資を受けるようになり労働者の協同出資、協同支配が地方政府管理型の集団所有制に変形したものである。

　第3は、社区所有制（コミュニティー所有制）である。これは、都市街道弁事処（都市の市民センター）、町内会にあたる居民委員会が起した集体企業で、地域住民の生活サービスを協同して提供するものである。

　これ以外に、国有企業の従業員が起こした集体企業、集体企業が起こした所属機関などのものもある。なかには、企業を起こす際に国の政策支援を期待して、集体企業として登録したものもあった。こういった企業は、「赤い帽子をかぶった企業」ともいわれた（注5）。なお、93年に中国公司法が公布されて以降は、工商行政管理部門は集体企業の登録をしなくなった。

　さらに、このように集団所有制企業の多様化のなかで所有制の範疇規定も変化してきた。

三、集体企業の現状

1．改革の遅れ

　第1に指摘すべきことは、政策の格差である。集団所有制企業は、国有企業と同じ公有制経済に属するが国有とは明らかに異なり、受けてきた待遇も異なった。たとえば、供銷合作社や郷鎮集体管理部門は国有経済管理部門と同じく、その行政経費は国家財政に頼ることができたが、都市集体企業管理部門は排除された。多くの連合社は自主経営の原則のもとで事実上放置され、なかには生き残れるかどうかの限界にさしかかっているものもある。また、近年、政府は国有企業、郷鎮企業、供銷合作社部門対して優遇政策をとっているが、都市集体企業に対する優遇政策はない。

　第2は企業管理に対する意識の低さである。まず、各レベルの連合社は伝統的な管理方式に慣れており、経験に依存して計画を立てたり、管理したりする傾向があり、市場の変化に機敏に対応したり、競争意識も弱いものが多い。

　また法律のルールにのっとって事を運ぶ意識が弱く、財産を適正に管理す

る意識が低い。平調に対する味方も厳しくなったが、積極的に運営資本を創出し、増殖や「保殖」（利潤の保護）を実現し、内部からの流失を防ぐという意識は貧弱である。節約を重視するが、増収の発想は脆弱である。また、上の指示を教条的に貫徹する傾向は強いが、創造的に実施する意識は不足している。職能にそって管理を行うが、監督機能を強化し、サービスと効率とリンクさせる意識は足りないといわれている（注6）。

　第3に負担が重いことである。一部の省では、負債超過となっている都市集体企業が8割を超えている（注7）といわれる。そのため負担が重過ぎ改革が進まず、破産した企業も多い。従業員の解雇問題や、企業を訴える人も少なくない。一部は社会不安を引き起こしかねない状態にある。われわれの浙江省や山西省の現地調査でもこうした企業を見かけた。

　第4に資産価値の下落や流出である。各レベルの連合社や集体企業の財産は長年にわたって築かれたものであるが、そのうちの一部の資産価値は下落したり実態がなくなったり有名無実になっていたり、あるいは勝手に処分されるものもあった。集体企業の資産流出は一部では深刻である。

　第5には、新製品開発が遅れ、生産性の低い企業が多いことである。

　第6に、現代企業制度がまだ十分に確立されていない状態で問題が山積してきている。多くの企業が経営難に直面しており、経営者と従業員とにとっては厳しい試練となっている。

　以上は集体企業が今日に直面している状況であるが、90年代半ば頃より、多くの集体企業が低稼動率状態に陥り、従業員をレイオフする企業が多くなっている。

　90年、全国の消費財関係の集体企業数は50,427社であるが、98年には、26,118社にまで減少し、48.％の減少となる。94年、広州市の都市集体企業は10,053社で、従業員は41万人であったが、2000年末になると、企業は3,169社へと激減し、従業員も28.7万人へと減少した。80年代、天津市は平均毎年1,000から2,000社の都市新規集体企業が生まれたが、90年代になると、逆に平均毎年1,000から2,000社の都市集体企業が消えている（注8）。また、2001年全

国の都市集体企業をレイオフされた人数は500万人を超え、全国企業でレイオフされた従業員総数の25％を占める。レイオフされた者の1人あたりの月収（失業手当）は66元にも満たず、全国企業でレイオフ人員の平均生活費の39％に過ぎない。また、2003年下半期では、さらに1,500万人におよぶ集体企業から放出された人々の再就職などの問題を抱えている（注9）。

　政府は97年から企業の併合や破産、M&A政策を導入した。破産や縮小した国有企業からレイオフされた従業員の再就職や就業配置に努めたが、集体企業に対しては同じ政策を実施せず、集体企業従業員の再就職や社会保険問題は未解決のままであるのが現状である。

2、集体企業の相対的地位の低下

　各所有制企業数変遷表に示したように、ここ20数年、国有企業や私有企業に比べると、集体企業は減少している。

　ここで、中国工業集体企業についての冷静な現状分析が求められよう。中国社会経済における集体企業の役割は縮小しつつあり（注10）、一部の分野ではすでに退場している（注11）。さて、その背景はどこにあったのか。

　まず、伝統的な集体企業は、農業、手工業および私的零細商人（資本主義的商工業）の社会主義的改造により形成されたものである。一部は政府指導の下で、合作経済の原則にのっとってつくられており、社員は自由意志で入社、出資し、出資金や労働に応じて分配された。したがって、こうした集体経済は基本的に中国の集体経済理論に適合するものであった（注12）。

表 6 − 4　各所有制企業雇用数変遷表　単位百万

年	国有 (SOUs)	集団所有 (COUs)	私有 (SEIs)
1952	15.80	0.23	
1962	33.09	10.12	2.16
1970	47.92	14.24	0.96
1978	74.51	20.48	0.15
1980	80.19	24.25	0.81
1985	89.90	33.24	4.50
1987	96.59	34.88	5.69
1989	101.08	35.02	6.48
1990	103.46	35.49	6.14
1991	108.89	36.28	6.92
1993	109.20	33.93	9.30
1995	112.61	31.47	15.60
1996	112.44	30.16	17.09
1997	110.44	28.83	19.19
1998	90.58	19.63	22.59
1999	85.72	17.12	24.14
2000	81.02	14.99	21.36
2001	76.40	12.91	21.31
2002	71.63	11.22	22.69
2003	68.76	10.00	23.77
2004	67.10	8.97	25.21

注：SOUs, COUs, SEIs はそれぞれ state-owned units, collective-owned units, self-employed individuals の略称である。
資料：Exhibit2：Employment by Residence and Workplace Ownership, Chinese Unions：Nugatory or Transforming, Ah Alice Analysis, David Metcalf and Jianwei Li, CEP Discussion Paper No708 December 2005 Chinese Unions.

しかし50年代以降、とりわけ一大二公の極左路線のもとで、大躍進運動以降政府は行政命令という形で集団所有制から全人民所有制へ組織変更することを推し進めた。結局、政府は社員に出資金を払い戻し、集団財産に対する

表 6-5　都市部における企業形態別雇用変化　％

年	国有企業	集体企業	合作聯営企業	有限責任公司	股份有限責任公司	私営企業	香港台湾マカオ系	外資企業	個人経営	その他	合計
95	59.1	16.5	0.3	0.0	1.7	2.6	1.4	1.3	8.2	0.9	100.0
96	56.4	15.1	0.3	0.0	1.8	3.1	1.3	1.4	8.6	12.0	100.0
97	53.1	13.9	0.2	0.0	2.3	3.6	1.4	1.4	9.2	14.9	100.0
98	41.9	9.1	0.9	2.2	1.9	4.5	1.4	1.4	10.5	26.4	100.0
99	38.3	7.6	0.8	2.7	1.9	4.7	1.4	1.4	10.8	30.5	100.0
00	35.0	6.5	0.9	3.0	2.0	5.5	1.3	1.4	9.2	35.3	100.0
01	31.9	5.4	0.8	3.5	2.0	6.4	1.4	1.4	8.9	38.3	100.0
02	28.9	4.5	0.8	4.4	2.2	8.1	1.5	1.6	9.2	38.9	100.0
03	26.8	3.9	0.9	4.9	2.3	9.9	1.6	1.8	9.3	38.7	100.0
04	25.3	3.4	0.9	5.4	2.4	1.3	1.8	2.1	9.5	37.9	100.0

注：合作聯営企業は、共同出資など複数企業が設立した企業。
Source: China Statistical Yearbook, 2005, Table 5-4.
　　　　Jeffrey S. Zax, EFFICIENCY IN CHINA'S URBAN LABOR MARKETS, 2006.

社員の所有権と配当制度を取消し、工賃制度を導入した。国営企業と労働者の関係に変形したのである。多くの合作社は合作工場に変更したが、国営工場になったものもあった。蓄積した集団財産は一律に地方の財政に組み入れられた。こうして、中国の集団経済は「準国営」経済になった。その後、設立された集団所有経済組織も、国営経済組織にまねをするか「準国営」に移行した。そのため、表面上は、集団所有だが実質上は集団所有ではなかった。

　長い間、自由意思、互恵、共同労働、自主独立、労働に応じた分配という合作社原則に背いた。結局、出資者が合作社内部の労働者ではなくなり、生産手段や生産物は労働者の所有ではなく、財産や権利が曖昧で所有者がいない、という全人民所有でも集団所有でもない曖昧な企業になってしまった。

こうした変形した集体企業は合作、互恵の精神を消失しただけでなく、もともと集体企業の刺激で生じた企業のメカニズムも変形し、伝統的な国有企業と同じく硬直化してしまった。悪平等で（「喫大鍋飯」）、企業は活力がなく、従業員は仕事する気がなくなった。技術が遅れ、製品は競争力がなく、効率も悪化した。こうして、改革開放後、市場経済に適応できず次第に萎縮してきた企業も多くみられる。

　改革開放以降、伝統的な集団経済を改めたが、その目標は股份合作制、股份制、企業集団を推進することにあった。

　これらの企業改革は、企業の範囲等を明らかにしたこと、出資者と所有者を明確にしたこと、企業は完全に自主的経営とし自らの責任で運営されることになった。これにより、集体経済改革はある程度の成果を挙げ、ある分野では大きな発展を遂げたということができる。

　しかし総体的にいうと、集団所有経済はいまだに多くの問題を抱えている。たとえば、改革途上の財産の流失、登記資本金と実質資本金とがあわないこと（「資本金不実」）、負債率が高いこと、特に股份制にした企業には多くの問題が存在している。これらは集団所有経済発展の足かせとなり、ときには集体企業を萎縮させてしまったのである。

　では、中国の集団所有経済の改革がなぜうまくいかなかったのか。それはおそらく次のように考えられる（注13）。

　第1に、確かに改革によって産権などは明確にされた。たとえば股份合作制を導入することによって、一部の集体企業の資産を股份（株式）として従業員が分割所有することになった。しかし、改革が従業員の自由意思によるものではなく、行政により上から強制的に行われたため、労働者の合作への意欲（協同意識）も弱く、集団所有経済の理念が十分に発揮できないでいる。制度改革は行われたとしても、企業内部の結束力は弱く、激しい市場競争にさらされると、摩擦や危機を克服して困難を乗り越えることはできない。

　第2に、伝統的な集団所有経済は「準国営」として何十年にわたって維持されてきた。したがって経営管理者の理念や経営方式、従業員の考え方や仕

事の態度などは短時間に変わるものではない。従来の考えやそれに基づく行動は、知らず知らずに新型集団所有経済に影響を与えてしまう。また、一人一票という民主的管理が実現されても、経営制度や経営政策が往々にして市場経済の変化に遅れ十分に成功するとは限らない。

　第3に、人材不足である。長い間、国有企業が支配的な地位を占めてきたために、高等教育を受けた優秀な人材や高級管理者などは政治的地位や給与など比較的優位にあった国有企業に吸収されていった。80年代以降、ようやく私営企業や外資企業は優遇政策により優秀な人材を確保できるようになってきたが、これに比して集体企業では有能な人材を確保することが難しい。

四、集体企業の産権問題

　改革の進行につれて、集体企業の改革も多くの問題や困難に直面するようになった。産権の曖昧さ（注14）、内部構造の問題、管理の遅れ、メカニズムの問題などである。集団所有制改革の方向は、産権を明確にし、近代的管理制度にしたがって、企業制度の立てなおし、健全化し、連合・併合、リース経営、請負、競売、破産といった手段を用いて企業改革を断行することである。

　集体企業の産権関係（所有関係と支配関係）は、企業の主体、財産占有、支配といった権利の総称である。かりに、産権所有者が自分で使用・享受・譲渡などの権利をもつならば、完全な所有権を持つといい（「産権完整」）、かりに、それらの権利が制限を受けたり、禁止されたりする状態を所有権の欠如という（「産権残缺」）のである。

　90年代以降、伝統的な集団所有制をさらに具体的に法規化した。

① 90年「郷鎮集体所有制企業条例」によると、所有権は労働者集体所有であり、社員の全員が平等であり、企業財産を分割することはできない。

② 加入や退出は自由の意思で行われなくてもよく、農村では行政地域で、

都市は一般に募集されて集まる。
　③　産権は集体企業メンバーの資格に応じて取得され、自由に譲渡・継承は許されず、メンバーの死亡や結婚により、その権利が失われる。
　④　出資者への支払いは、産権や仕事振りによるよりは、労働時間と工賃等級とによって分配される。
　⑤　メンバーは財産所有者であり、労働者であり、運営政策決定者であり、所有権と経営権が結合する。

　このように集団所有制の原則を現実にあわせたのであるが、産権問題は主に次の4点に反映される。
　まず、「横向連合」（横断的な協力、主に関連企業間の協力、合併などを指す）と多種経済成分との混合にともなって、集団財産の所在が曖昧であること。次に、都市や町における集体企業管理体制が何度も変わったため、一部の集団財産がなくなったこと。その次に、集団所有経済の発展により、多様性、重層的な集団所有制構造が形成されたので、連合社と企業との産権関係が曖昧になったこと。最後に、かつての平調（平等と徴収）問題は未解決のまま、集体企業の私有化、あるいは管理の一本化という口実で、集体企業の財産に対する新たな平調がなされたこと。
　産権問題引き続き曖昧なままでは、新たな公司法に沿って股份制企業に変更するといった対応ができず、集体企業改革に悪影響を及ぼしている。
　集体企業の所有権を明確にする基本原則は「出資者が所有権を持ち、収益を得る」ということである。これは企業収益の増殖に対する資本と労働の関係、権益から求められるものである。
　一部の学者は、集体企業の産権を明確にするには必ずしも国有資産管理部門の問題を通らなければならないということはないと見る。場合によっては、一部の集団所有制企業は、社会仲介機関によってその産権を明確にすることもできる。集体企業の産権を確定する際、とくに都市集体企業と国家間との産権との関係に留意しなければならない。つまり出資と投資との区別、国家

終　章　企業体制改革と集団所有制

政策行為と国家投資行為との区別、国有機関の扶助行為と投資行為との区別を明確にし、「偽集体企業」問題を正確に処理する必要がある。中国の都市集体企業はいまだに完全な産権制度が確立してはいない。したがって、産権改革という言い方は適切ではなく、いずれは、所有権制度の新設を主張すべきであるという考えもある（注14）。また、多元化で、開放的な産権制度の設立をも求められる。なぜならば、多元化の産権制度の設立は都市企業の現代企業へと生まれ変わりには有利であるからである。

　集体企業産権制度の設立の方法は次のいくつかが考えられる。産権を正しく確定すること、資産の評価を正確にすること、産権の譲渡、管理体制の改革、効率を高めること、資産立法を早めること、産権制度の実現形態を改善すること、などである。

五、集団所有制企業の成果と存立意義

1、これまでに果たしてきた成果と問題点

　合作社や集体企業などの集団所有制企業が20世紀末までの中国社会にもたらした成果は、次のように総括できると思われる。

① 集団所有制工業のもとへの手工業労働者の結集と多様な協同生産の経験の蓄積

　　社会主義革命以来、各種の工業合作組織、集体企業に参加した労働者の比重は、高い水準に達し、それを維持してきた。

　　国民経済回復期の52年の段階で全国の合作組織に加入した私的手工業者は、約164.2万人であったが、社会主義的改造が完成したといわれた56年には、967.7万人に達した。65年の手工業政策調整の結果、505.6万人に減少したが、文革時の70年には再び819.7万人にまで回復した。そして、75年には1,500万人に達し、改革開放期の80年には2,300万人、86年には4,600万人台を突破した。86年に各工業合作組織に入った労働者数は、49年のなんと73.1倍となる。私有企業と集体企業

を合わせた集団所有制の総計に占める手工業労働者の比重は、49年には5.4%に過ぎなかったが、52年には22.3%、56年には96.8%へと急増した。65年を除外すれば、86年までの間、常に90%以上の高い水準を維持し続けた（注15）。

また、都市集体企業の労働者数の推移を見ると、52年の23万人から86年の1,781万人に増加し、34年間で77.4倍に膨張した（注16）。60年代半ばの中国は、都市化を放棄したといわれる（注17）が、都市集体企業労働者数を見るかぎり、むしろ逆に徐々に増大している。都市集体企業労働者数が占める比重は、次表のように、65年の92.8%を除き、96%を超え、圧倒的に高い。

表　労働者が参加した工業合作組織　単位：万人

年	総計 人数	総計 比重%	都市・町 人数	都市・町 比重%	農村 人数	農村 比重%
49	63.6	5.4	—	—	63.6	10.7
52	164.2	22.3	23.0	6.0	141.2	40.0
56	967.7	96.8	334.0	97.7	633.7	96.3
65	505.6	85.6	505.0	92.8	—	—
70	819.7	96.4	616.0	96.3	203.7	97.0
75	1,571.3	98.6	1,063.0	99.4	508.3	97.0
78	1,942.5	98.7	1,215.0	99.8	727.5	97.0
80	2,328.0	97.0	1,428.0	99.3	900.0	98.3
85	4,191.1	93.2	1,705.0	97.0	2,486.1	90.7
86	4,651.6	93.4	1,781.0	96.7	2,870.6	91.4

注：総計と農村の比重は、集体工業労働者と私的工業労働者の合計に占める集体工業労働者の割合。
資料：中国国家統計局各年統計資料。楊堅白編『合作経済学概論』385ページより。

集団所有企業は、工業合作社から集体企業へと形態を大きく変化しながら発展した。56年までは、集団所有企業は概ね3種類、すなわち手工業生産小組、供銷生産合作社、生産合作社であった。しかし、社会主義的合作化の高まりのなかで、生産合作社に統合されていき、さらに大躍進運動の時期には合作工場へ移行した。

　集団所有制工業の性質については、56年までに社会主義的集体企業と半社会主義的企業との2種類が並存したが、その後すべてが社会主義的労働大衆集団所有制に一本化された。そして改革開放以来、工業集体企業と工業連合体が現れ始め、さらに社会主義的集団所有制企業、非社会主義的な所有制、すなわち生産手段は個人所有で、使用は共同という所有制企業も出現した。

　また、公私が混同した、いわゆる混合経済的なもの、名目上は集体所有だが実際は私有企業か私営企業という企業も現れた。なお、区・県・局・郷等が公有資金で興した「集体工場」と呼ばれる企業もあるが、実際は全人民所有型企業であった。さらに、外国との合弁・合資・独資などのいわゆる「三資」企業や国有・集体・私有の混合所有企業も一部にみられる。

　このように、50年代から90年代までの間に、中国の労働者は多様な集団所有制企業の共同生産のもとに集結し、経験を蓄積してきたのである。

② 物的基礎の蓄積と機械工業化の達成

　80年代半ばごろ、中国の工業合作社は相当な物質的基礎を獲得した。中国統計局によると、86年の全国の集体工業企業が1,176.6億元の固定資産と1,653.8億元の資金とをもっており、そのうち、780.8億元の流動資金が含まれていた。

　個別企業からみれば、都市集体工業企業は平均53.5万元の固定資産

と81.4万億元の資金を保有していた（注18）。集体企業の機械化レベルもより高度化していった。一部の企業が長年の累積を通して技術改造を行い、ローンで設備更新を実施し、外資と設備とを導入することによって、手工業労働から機械生産へと構造を高度化し、各地に一連のオートメーションや全面的な機械化された集体企業も出現した。一方、知識青年が経営する合作工場も出てきた。この種の合作工場は手作業の工場であった。

60年代後半から70年代を通して、中国の工業部門の技術高度化と資本蓄積は、合作社、集体企業によってもたらされたのである。

③ 国民経済における工業合作社の重要な位置

工業合作社と集体工業企業の発展は、国民経済の著しい発展に重要な役割を果たした。たとえば、49年より87年にかけて、都市集体企業、郷鎮企業の工業生産額は、126倍の増加をみせ、工業生産総額に占める比重は、49年の0.5％から87年の約32％へと大幅に増加した。86年の集体工業生産総額が4,725.51億元（そのうち、都市は2,344.72億元、農村は2,380.79億元）となり、全国工業生産総額1兆1,194億元の42.2％を占めた。85年、すべての集体工業生産の純価値（注19）は1,000.4億元（そのうち、都市集体工業は432.66億元で、約43％を占める）にのぼり、全国民収入799,7億元の14.3％を占めた（注20）。

生産部門別に見ると、消費財である日用品部門では、80年代半ば頃、集体工業企業が生産した日用品は中国国内市場小売り額の約17～50％を占めた。軽工業関連企業のなかで、集体企業が生産した日用品・手工芸品は生産総額の約45％を占め、品種は2万種類に達した。北京王府井百貨大楼での商品種類のうち、約70％が集体企業の製品だったという（注21）。

次にマクロ経済の面を見よう。86年各種の集体工業企業の納税額は216.81億元（そのうち、都市集体工業が120.4億元で、約55.5％を占める）

であり、同年中国財政収入（国内外の債務収入を除く）2,132.7億元の10.2％、税収総額2,090.73億元の10.4％をそれぞれ占めた。49年から79年まで、軽工業関連集体企業のみでの税収・利潤（「税利」）総額が503.4億元であり、同期の軽工業関連企業税収・利潤総額の20.95％を占めた（注22）。

　輸出の拡大、外貨の取得についてはどうか。中国の手工業・工芸美術品は輸出品の主力であり、国際市場で高い信頼を得ている。50年か

表　全国二軽製品輸出より得た外貨（1957～1978年）　単位：米億ドル

年	輸出総額	そのうち軽工業輸出総額 合計	二軽輸出額
57	15.97	1.79	0.64
58	19.81	2.88	1.38
59	22.61	3.50	2.02
60	18.56	2.57	1.81
61	14.91	2.97	2.04
62	14.90	3.21	2.32
63	16.49	3.53	2.26
64	19.16	3.62	1.98
65	22.28	4.01	2.09
66	23.66	4.31	2.22
67	21.35	4.06	2.24
68	21.03	4.19	2.37
69	22.04	5.12	3.04
70	22.60	5.10	3.00
71	26.36	5.55	3.15
72	34.43	7.87	4.81
73	58.19	10.56	4.00
74	69.49	14.88	9.09
75	72.64	15.13	9.15
76	68.55	15.51	10.56
77	75.09	20.10	14.45
78	97.45	24.65	17.64

注　：二軽製品数は主として集体企業製品。
資料：中華全国手工業合作総社他編『中国手工業合作化和城鎮集体工業的発展』
　　　第2巻、中共党史出版社、1994年、803ページより。

ら79年まで軽工業関連の集体工業だけで輸出を通じて取得した外貨は129.8億米ドルであり、同期全国輸出を通じて得た外貨総額908.3億元の14.29％を占めた（注23）。

　最後に雇用創出についてみよう。78年から86年までに都市集体工業企業が2,033.4万人の雇用を創出した。これは同期の全国都市雇用創出総数6,100.2万の30％を占める。そのうち、都市工業経済が639万人を新たに採用し、都市集体企業就業人数2,006.5万人の31.4％を占めた（注24）。
　ちなみに、すでに述べたように、79年から93年まで、労服企業は2,100万人の都市人口に働き口を提供した。これは同時期の全国就職計画の20％近くを占め、都市所有制企業における就職総数の30％を占めた。

以上のように、工業合作社・集体企業の役割は大きかったが、問題点も認められる。
　①　集団所有制への一律の変更と差別があったこと
　　第1は、多様な合作組織を一律に同一の組織形態に統合したことである。
　　56年の手工業合作化政策において、既存の手工業生産小組、供銷生産合作社などのいわゆる初級形態の合作社をすべて単一の生産合作社という高級形態に一律に引き上げる過ちを犯した。58年には、一部の生産合作社を全人民所有制に移行させ、多くを合作工場に一挙に転換させる「転廠過渡」の過ちを犯した。文革期には、管理機構、合作組織は廃止に追い込まれ、経験済みの有効な社章、規則、制度も破壊され、経営に大きな支障をきたした。70年末になると、上海市に所属するすべての手工業合作社は合作工場に移行していった（注25）。こうした極端で単純化した組織改変は、手工業を混乱に陥れ、集体工業および工業合作社を破壊したに等しかった。

第2は、「下放」、「拆小」の問題である。「下放」とは上の機関から下の機関へ一部の権限を移譲、移管することであり、「拆小」とは小型企業を解体、解散させることである。これまでに何回となく生産合作組織の管理権は下部に下ろされたり、合作組織は解散させられ、私有企業に引き下げられたこともあった。改革開放以降も、行政の手により勝手に引き上げられたり移行させられたケースも多い。また、個人請負制、貸し出し、譲渡、リース、股份化などが強制され、協同組織を解散させられたり合作原則を変更させられるケースも決してめずらしくはなかった。

　第3は、集体企業への差別的政策である。すでに述べたように、集体企業は優遇政策を受けたこともあったが、差別を受けたことも多かった。国営企業と比較すると、集体工業企業は、原材料の購入、電力を含むエネルギーの価格、従業員の工賃などにおいて差別を受けていた。税制についても同じことが言える。たとえば、56年に21級全額累進税制が実施され57年の平均税負担は27％であったが、63年、8級超の過累進制に変更され、平均税負担は38％に、79年50.38％と一方的に高くなっていった。しかし同じ時期に国営企業はまったく課税されなかった（注26）。

　85年に新たな8級超過累進制が導入された後も、企業の所有制により税金が異なっていた。たとえば、85年には外資企業の税率は約10％、個体・私営企業は20％以下、郷鎮企業は26.9％であるが、都市集体企業は35％となった。

② 集体企業・工業合作社の所有権・経営管理自主権を尊重しないこと
　　工業合作社を発展させる前提は、企業が独立した産権をもつことにある。なぜならば、工業合作社は参加者全員が生産手段および製品を共有し、企業支配を協同で行うものであるからである。合作組織以外の者による合作社の生産手段や製品の所有権の侵害が行われた。

たとえば、第1に、工業合作社の財産に対する「平調」である。これまで少なくとも3回の大規模の平調が行われた。まず59年6月、全国10万社強の手工業合作社500万以上社員のうち、「地方国営」工場になったものは37.8％、連合社経営工場は13.6％であった。また60年代から70年代にかけては「準国営」形態を形成した。最後に80年代半ば、効率もよく、規模も大きい集体企業が主管部門に強制的に国有にされてしまった。

　第2は、上納金、割り当て、企業留保金の調達である。上納金は区・県・局・町といったところで多く見られる。統一した合作社法規がないため、地域によって上納金が異なる。87年、上海の集体企業は納税後の利潤のうち、さらに25～50％を区政府に納めるか徴用させられた。たとえば、街区工場は10％、合作社は5～10％をそれぞれ引き出さなければならなかった。そのうえ、各地の割り当ても多種多様であった。89年のある調査によると、洪水防止費・公園修繕費・教育経費・子供入学費・教師節（教師に対する感謝の日）の慰労費・医療ベッド費および区・県・町の起業・福祉・公共事業などの割り当てがあり、集体企業の重い負担となっていた（注27）という。

　第3は、経営管理自主権への侵害である。58年から合作社の自主権が徐々に縮小され、合作経済の原則に背き、国営企業に近づくことが求められた。たとえば、合作工場に統一収支、統一負担、生産の統一、物資の統一供給、製品の統一買付け・統一販売、同等級工賃での分配、出資金配当と年末配当の廃止、統一価格・資金の統一調達などが行われた。

　改革開放以降、状況は好転したが、合作社の資金分配権、人事権、留保資金使用権、機構設置権、品薄商品と輸出商品の生産経営権といった権限は一部しか合作組織に委ねられていなかった。各級政府と主管部署からの干渉が多すぎて、企業の自主権は確立されなかった。

③ 自由の意志・互恵・民主的管理原則はスローガンに過ぎなかったこと

　国際合作組織綱領によると、合作組織に参加するメンバーは自由意志の原則によって、すべての人が人為的制限か社会・政治・人種・宗教的差別を受けずに、合作社員の権利を享受し、義務を果たさなければならない、とされる。また、合作社は民主的でなければならない。全員によって選出された人が管理を行い、責任をもつ。各社員は同等な表決権をもち（「1人1票」）、合作社の重要な事項について参与権利をもつこととされる。

　中国の合作組織は表面上、こうした自由の意志・互恵・民主的管理原則の遵守を唱えるが、実際は実施されていなかった。56年、手工業合作化が高まりをみせた時に自由意志の原則に違反し、社会主義的改造という政治的命題をもって手工業者の合作社参加を強要した。58年の合作化後、条件をまだ備えていない未熟な合作社を国営企業へ引き上げたり移行を誘導・指導した。結局、国営企業に引き上げられたものもあれば、人民公社に合併されたものも、また、合作工場に移行されたものもあった。こうした過渡や移行は自由意思の原則に違反したものである。

　また、その後の数十年の間、私有手工業者に対して「利用・制限・改造」の政策、ときには「消滅・しっぽを切る（割尾巴）」政策も行われた。政治上の差別・経済上の制限・精神上のプレッシャーから、多くの手工業者が集体企業に入ることを強制されたが、逆に合作組織・集体企業を脱退する自由は与えられなかった。

　50年代後期、個人所有権と出資金配当が否定され、60年代から、年末配当分配も取り消された。さらにたび重なる企業制度の改革や管理権の「下放」が行われ、集体企業の所有権、社員の利益に深刻な悪影響を与えた。実は改革開放期になっても、区・県・局・街道などが興した集体企業の多くは、社員がみずから資金を集めてつくったものではなく、財政・行政機構の集めた資金か、もともと集体企業からの上

納資金によってつくられたものであり、その目的は雇用問題の解決にあった。つまりこういった擬似的な集体工業企業は、合作原則によってつくられたものでもなく、したがって民主的管理も行われなかった。

なお、60年代半ば頃までには、集体工業について必要な管理制度がつくられ、集体工業および工業合作社の発展も促進されたが、基本的な管理活動はやはり脆弱だった。改革開放期に入ってから、各種の新興集体工業や連合体づくりが重視されたが、企業管理水準を高める点については不充分であった。79年から集体工業企業に対して調整政策が行われ生産高や生産速度の改善は重視されたが、経営管理の向上は軽視されていた。新興企業や規模拡大は重視されたが、工業合作社の内部改造やレベル・アップは十分に配慮されなかった。

経営管理が遅れたことから、原料消費のルールもなく、経費支出の基準もなかった。製品品質の審査制度もなく、財務・コスト・品質・採算性にも問題が多かった。したがって、集体工業企業の資金総額は絶えず上昇するにもかかわらず、経済効率は逆に年々低下するという異常な現象が起こっていた。（次表参照）

表　集団所有制独立採算工業企業資金総額および経済効率

年	資金総額 （億元）	利潤・税金 （億元）	百元固定資産の実現した税金利潤（元）	資金の利潤税金率 ％
78	406.4	125.3	51.73	30.83
79	476.6	129.8	38.50	27.23
80	558.7	148.8	37.50	26.63
81	647.9	151.8	32.79	23.43
82	736.2	162.2	30.29	22.03
83	818.4	194.0	31.74	23.70
84	990.2	220.9	30.73	22.31
85	1,267.8	311.1	35.01	24.53
86	1,653.8	323.7	27.51	19.57

資料：『中国工業経済統計資料1986』1986年；『中国統計年鑑1987』1987年。前掲楊堅白編『合作経済学概論』、393ページの表20－2、表20－3より。

こうした集体企業の問題点はやがて改革開放後も集体企業に付きまとって、集体企業のさらなる発展の足かせになっただけでなく、多くの集体企業に深刻な影響を及ぼしている。

2、中間形態としての集団所有制企業の存立意義

一部の集体企業は、市場経済にさらされ厳しい現状に直面しており、集体企業の経済におけるウエイトは減少しつつある。集体企業は中国社会に根付き、重要な役割を果たしてきた。その理由はいくつかある。

第1に、中国は発展途上国であり、加えて広大な地域をもつために地域格差が極めて大きい。したがって経済の発展段階、市場の規模と質、賃金水準などにおいて大きな格差がある。集体経済は一般的に規模が小さく、ユーザーや市場の変化によってみずからの生産や経営方向を短期間に機動的に変更することができる。したがって、生産や経営の社会的発展段階の低い地域では、労働集約的な産業を中心に、地域需要に即した製品の品種、品目、品質、価格を生産することが可能で、地域の水準に応じた生産技術と労働コストを適合させることが可能となる。

第2に、国有制を補完する役割を持っている。中国の憲法は、「中国の社会主義的経済制度の基礎は生産手段の社会主義的公有制である。すなわち全人民所有制と労働大衆所有制である」「都市における手工業・工業・建築業・運輸業・商業・サービス業などの業界のさまざまな合作経済はすべて社会主義的労働大衆の集体所有制経済である。国家は集体経済組織の合法的権利・利益を保護し、集体経済の発展を奨励・指導し、援助する」と規定しているが、したがって、集団所有制は、中国における中核的な所有形態である国有制の安定のためには集団所有制の存在は欠かすことができない。

第3に、集団所有経済は、計画経済と市場経済の両者を結び付ける機能をもっている。計画管理された国有経済と市場経済原理にもとづく私有経済の間の中間領域を形成して、計画と市場の対立を緩衝させる役割を演じてきた。

需要が細分化され、変化の早い製品などは高度に計画化された国有経済にはなじまず、また自由市場に委ねたのでは人々の要求を満たすことができない中間領域を集体所有制が担うことによって、社会の安定的な発展が保証される。

　計画管理された国有経済と市場経済原理にもとづく私有経済の間の中間領域を形成して、計画と市場の対立を緩衝させる役割を演じてきたと考えられるのである。

　第4に、格差を是正し、共同裕福を目指すには集体企業が適切な役割を果たしうる。ともに豊かになることが人類社会のめざす目標である。そのために、格差を是正する必要がある。しかし市場経済と私有経済のみではその目標を達することができない。なぜならば、市場経済は万能ではなく、格差を再生産し、私有経済は搾取を容認するからである。そこで、集体経済は公有制の一種として、生産手段を労働者の共有とし、他人を搾取することのない、労働の成果により創造した富は労働に応じて分配される社会的生産・分配のシステムとして中国社会に根付いている。

　中国における集団所有制の形成と発展と多様化の歴史を辿ってきたわれわれの概ねの評価は次のように要約できると思われる。

　第1に、集団所有制の初期形態としての合作社は、社会主義経済への改造の段階で手工業の小生産者や労働者を社会主義的な協同生産へ組織化し、社会主義経済への教育訓練の場となった。合作化の成果は予想以上に高まり、15年と想定していた社会主義改造の期間を半分程度に短縮したといわれた。集団所有制は、社会主義の経済改造を円滑に推進することに寄与した。

　第2に、大躍進による急進的な国有化政策の失敗が表面化し、調整政策が講じられた段階では、失敗した国有企業を蘇生させたのは集体企業であった。いわゆる「転廠過渡」により国有化を急ぎすぎたために失敗した企業を元の合作社に戻したり、集体企業へ組織替えさせることにより企業活動を再生させる道を開いた。集団所有制は、企業の自主性のもとに労働者の意欲を喚起し生産性を高め、社会的生産を復活させることができた。

終　章　企業体制改革と集団所有制

　第3に、1960年代以降に中国は本格的な工業化の時期を迎え、基幹的な重工業は国家財政による投資による国有企業で行われたが、基幹部門の周辺分野や消費財生産部門の工業は、集体企業によって担われた。工業化は、国有制と集団所有の両輪により、円滑に達成できたといえよう。集団企業は、「準国営」企業として扱われ、国営企業よりも自由度があり、生産費も低く抑えることができ、需要の変化への対応も比較的スムーズであったからである。

　第4に、1970年代末の改革開放政策の登場により、市場経済の導入、外資導入が行われ、国有企業の改革とともに私有企業の容認が行われることとなった。このなかで集体企業は、国有企業改革の受け皿としての役割を果たすとともに、一方において、私営企業の自由化による資本不足や過剰労働力の緩衝装置の役割を果たしている。郷鎮企業は、都市周辺部と農村における余剰労働力の吸収と小資本による機動的生産、地域需要の充足を担い、中国社会の急激な変化の調整作用を果たしていると思われる。

　このように今日の集団所有制は、計画管理された国有経済と市場経済原理にもとづく私有経済の間の中間領域を形成して、計画と市場の対立を緩衝させる役割りを演じていると考えられるのである。

注1　全国中小企業協会パンフレット（2007年）による。
注2　山西省城鎮集体工業連合社「継往開来、超越創新──開創山西城連改革発展新局面」、前掲『中国集体経済』2004年第2期、23〜24ページ。
注3　レーニン「論合作制」、『中央合作通訊』1953年第1号、1〜3ページ；「蘇連工業生産合作社中的経済核算制」、『中央合作通訊』1953年第1号、14〜15ページ；同2号、7〜10ページ；施達政他「国家所有・合作経営──対馬克思和恩格斯合作化思想的考証」、前掲『経済研究』1983年第8期、32〜38ページ；黄道霞「集体所有制与合作制──対馬列主義経典作家有関論述的考証」、同『経済研究』1984年第1期、40〜46ページ；王前「関於合作化理論的沈思」、前掲『中共党史研究』1989年第1期、47〜55ページ；楊継瑞「馬克思恩格斯的集体所有制和合作社若干論述的辨析」、安徽財貿学院学報『財貿研究』、

注4　スターリンは「同志エリ・デ・ヤロシェンコの誤りについて」において、「コルホーズ的所有を全国民的所有にまでたかめることがぜひ必要である」と言っている。スターリン『ソ同盟における社会主義の経済的諸問題』新時代社、1952年、74ページ。また、集体所有から全国民所有にまで高める方策については、同書95～104ページを参照されたい。

注5　「赤帽子」企業については戴園晨「迂回屈折的民営経済発展之路——"紅帽子"企業」(『南方経済』2005年第7期、http://www.usc.cuhk.edu.hk/wk_wzdetails.asp?id=5147) が詳しい。なお、翁彤「清理"假集体"勢在必行」、『中国集体工業』1990年第4期、24ページ; Wenhong,Chen,Does the color of the Cat Matter? The Red Hat Strategy in China's Private Enterprises, http://www.iacmr.org/Chen%20paper.pdf；「"紅帽子"企業出路何在」、中国経済週刊』2004年第8期なども参照されたい。

注6　前掲『中国集体経済』2004年第2期、23ページ。

注7　同上。

注8　王玉叢「城鎮集体企業数量減少的原因及其分析」、『中国集体経済』2002年第6期、6ページ

注9　顧強他「関於進一歩深化集体経済改革的研究——"深化集体経済改革研究"総報告・摘録」、前掲『中国集体経済』2004年第6期、6ページ。

注10　鄒東濤他『所有制改革攻堅』中国水利水電出版社、2005年、248ページ。

注11　朱驍他「鼓吹"集体経済退出論"——対集体経済的毀滅性掠奪」、『中国集体経済』2001年第4期、17～18ページなどを参照されたい。

注12　馬艶「中国集体経済的理性分析」、『中国集体経済』2005年第1期、9ページを参照されたい。

　　　もちろん、反対意見もある。香港中文大学教授郎咸平氏が産権は国にあるとはっきり指摘している。郎咸平「是誰在合謀"剝削"中国国有資産」、『中国事務論壇』、2004年12月19日、を参照されたい。ちなみに、それをきっかけに中国経済学界では国有・公有企業改革をめぐる大論争が巻き起こっている。

注13　前掲誌、10～11ページを参照されたい。

注14　前掲馬艶「中国集体経済的理性分析」、『中国集体経済』2005年第1期、11～12ページを参照されたい。

注15　前掲楊堅白編『合作経済学概論』、384ページを参照されたい。

終　章　企業体制改革と集団所有制

注16　前掲書、385ページ。
注17　前掲小島麗逸著『現代中国の経済』、65ページ。
注18　前掲楊堅白編『合作経済学概論』、386ページ。
注19　「純値」。総生産価値から消耗された物質の価値を差し引いた価値。
注20　前掲書、387ページ。
注21　同上。
注22　前掲書、387〜388ページ。
注23　前掲書、388ページ。なお、商品の輸出は中国商務部が主催した「広州交易会」の役割が大きかった。中国全土から選ばれた企業が参加する中国最大の総合輸出商品商談会。第1回は57年に開催されている。2006年10月15日100回目の見本市が開催されている。中国が「鎖国状態にある」などとされた1960年代後半から1970年代前半までの文化大革命期にも中断することはなく、毎年春と秋に開催されている。中国の外貨獲得に大きな役割を果たしてきたが、対外開放が進むなかで、海爾集団など海外市場を独自に開拓する中国企業が増え、今後は海外進出を狙う中小企業の出展を増やすべきだとの指摘もある。今回は1万4000社の中国企業が出展。30日までの会期中に200以上の国・地域から20万人以上のバイヤーが訪れ、成約額は過去最高の300億ドル以上に達する見通しという。ちなみに、次回から「中国進出口商品交易会」（中国輸出入商品交易会）と改称されるという。「溫總開幕式上宣佈廣交會改名」、http://www.takungpao.com/news/06/10/15/ZM-636569.htmなどを参照されたい。
注24　注22と同じ。
注25　上海市工業合作経済研究所「1957〜78年：在動蕩中発展的上海城鎮集体工業」、前掲中華全国手工業合作総社他編『中国手工業合作化和城鎮集体工業的発展』第2巻、756ページ。
注26　前掲楊堅白編『合作経済学概論』、390ページ。
注27　小弓「平調、侵呑集体企業財産的三個調査材料」、『軽工集体経済』1986年第2期、4〜6ページ；張尚賢「試論平調問題」、『軽工集体経済』1989年第3期、14〜15ページ；「集体企業豈容他人占有」、『中国集体経済』2000年第8期、20〜21ページなどを参照されたい。

むすび　集体企業の可能性……「人力資本」の具体化へ向けて

　今日の中国における市場経済の導入と多種所有制の容認は、社会主義初級段階論に根拠を置いている。

　毛沢東は、建国から15年から20年をかけて「新民主主義」を推進する計画であったが、56年に社会主義改造が完成したとして突然この方針を転換し、「大躍進」のもとで人民公社化、転廠過度による合作社の国営工場化を推進した。ところがこの政策は自然災害もあって失敗してしまう。このため調整政策がとられ、農業においては人民公社から生産大隊、生産隊に引き戻し、工業においては、国営工場の合作社への復帰、集団所有制への軌道修正が行われることとなった。これ以降、工業部門においては、国有経済とともに合作・集団所有経済が並存する「社会主義公有制」が維持されてきた。

　「大躍進」は、社会的生産力の水準がある程度の段階に達する前に社会主義改造が完成したものとして、国有化経済へ一斉に突入させたのであり、史的唯物論の原則に反したものだとする批判にたって、今日の中国を「社会主義の初期段階」にあると位置づけ直して、「新民主主義」の時代に類似する多種所有制を容認することとしたわけである。

　国有経済すなわち全人民所有制は本来、社会（国家）が唯一無二の主体として全ての生産手段を所有するものであり、したがって国有以外の私有その他の所有形式の存在を一切認めない。これに対して今日の中国の生産力や生産様式の段階は、国有経済に移行すべき段階ではなく、50年代前期の新民主主義の時代と類似しているとみる。そこでは、多種の経済単位が並存し、国有・集団所有の「社会主義公有制」が主導的な地位と役割を保持しながら、計画原理と市場原理が機能する。したがって、市場経済や私有制による私有経済を消滅させて一挙に国有経済を樹立することはできない。そこに、国有、集団所有、私有の3種の企業形態が並存する根拠がある。

　国有企業は、中央政府または地方政府の計画と資金の拠出で設立され、資金は株に分割されることはなく、したがって資産は国有（地方政府の場合は

終　章　企業体制改革と集団所有制

地方国有という）とされ、したがって剰余金は政府の会計に繰り入れられ、一部は労働者に対する分配に充てられる。管理者は、政府が任命する。

　本来の国有は、前述したとおり私有制等の存在を許さない唯一無二の全人民所有であるが、実際の国有企業は、集団所有制や私有制と並存する「暫定的な国有」といえるものである。そして、国有企業改革により、国有企業は国家独資会社や国家持株会社などに組織改革され、会社としての独立した地位を一定程度与えられ、国家計画がコントロールするシステムに移行しつつある。

　集体企業は、合作社を前身とするもの、地方政府が設立した「地方国有企業」から改組されたものなどさまざまであるが、出資は株に分割されることはなく、したがって資産は分割されることのできない「集団財産」つまり不分割財産となっている。したがって剰余金は出資者に配当されることはなく、企業体の自己蓄積と労働者に対する分配に充てられる。管理者は、労働者大会の選挙で決定されることになっている。

　集団所有のもうひとつの形態である合作社は、出資者の出資と労働提供により組織され、協同管理される。形成された資産は、出資者の共有財産となり、各出資者の持分が認められるとともに、剰余金の配当請求権がある。いわゆる「労働者生産協同組合」である。

　私有企業は、「個体工商戸」といわれる個人事業者、有限公司、合夥企業など私人が営む企業体である。

　このように各種の所有制と企業形態の並存の状況が今日進行してゆくなかで、集団所有制は中国の経済社会において今後どのような位置を占めることになるのだろうか？

　従来のモデルで考えれば、先に述べたとおり、集団所有制は、私有制を克服し国有経済に至る過渡的形態である。その意味では生産合作社が集団所有形態における初期的形態であり、集体企業がより高度な形態とされる。大躍進までの時代において、私的所有の小規模零細手工業を組織化し、協同生産へと誘導し予想を超える成功を収めた生産合作社は、私有制を克服する第1

239

段階と考えられた。その次の形態として定着した集体企業は、生産合作社における「出資持分」の分割請求権という私有財産制の残滓を払拭して、労働大衆の「集団財産」として集団所有される第２段階と位置づけられた。そして第３段階は、集体企業段階を超えて、全人民所有すなわち国有の段階に至るのである。生産力の発展とこれに照応した生産様式の発展が必然的にこのような所有制と企業制度の段階的発展を促すが、今日の中国においては、最も先行した形態である「国有」と最も遅れた形態である「私営」の間にその中間形態ないし経過点として「集団所有」がある。

　しかしながら、市場経済や多種所有制は初級段階のみならず初級段階を経過してもなお存続されるべきであるとする主張もあらわれている。（注１）資本主義経済の市場理論においては、公共財ないし市場に失敗があらわれやすい財は計画的生産・分配システムが相応しく、市場（価格）メカニズムに適した財は、自由生産・市場流通システムが向いている。計画と市場の平衡が必要な領域には、第３の領域が必要になる。集団所有制の適合領域がありうるということである。

　従来の私有・集団所有・国有の直線型の発展モデルを越える並存モデルである。並存モデルにおいては、集団所有制は、中間形態ではなく安定した存立条件を獲得した存在となる。

　集団所有制において、いまひとつ重要な点は、「労働に応じた分配」が試みられてきたという点である。合作社は、出資者は財産の出資とともに、協同労働に従事し、その成果を労働に応じて分配するルールが定められていた。憲法においても「労働に応じた分配」についての理念が示されているが、国有企業においても、集体企業においても大多数の雇用形態は雇用の形式を取り、「賃金」は労働力の価格であり、賃金のごく一部に「労働に応じた分配」が採用されているに過ぎない。

　集団所有制が目指してきた、経営支配における労働者の主体の確立とともに、労働に応じた分配の本格的実施が期待されるのである。

　すでにみてきたように、中国社会主義の建設過程で経済革命の中心的役割

終　章　企業体制改革と集団所有制

を果たした手工業生産合作社は、労働連合と資本連合の統一体であり、労働連合が資本連合に優先した結合関係をもつことに特徴がある。改革開放以降の集体企業改革により株式制を導入した集体企業は、資本連合の結合関係を導入したもので、合作制から発生した集団所有制企業は少しずつ変質しつつあるようにみえる。

　中国の改革開放のもとで、市場経済の容認に対応し企業制度は機能的なものへと改革が要請され、また資本市場の国際化に対応して外国の企業制度との整合性を確保する必要から、株式化を漸進的に進めている。しかし協同労働による労働の復権と労働意欲の喚起を理念とする合作制と市場競争における資本間の競争性を具備する株式制導入の間を理論的に統合する有効な見地は今のところ見出せているとはいえない。

　しかしながら、この課題に正面から取り組もうとする試みもみられる。「人力資本」（human capital）をめぐる研究に注目したい。

　われわれはかねて「労働資本」の具体化について論じた（注2）ことがあるが、労働資本は、フランスの労働株や日本の合名会社における労務出資の概念を発展させた概念で、労働を出資（資本）として認め、金銭出資に対する「株式配当」とともに労働出資に対する労働配当を制度化する試みである。

　中国における「人力資本」の研究は、労働連合を資本連合に優先させるという論理で考えられてきた集団所有制における労働の優位性をより具体化する試みであり興味深い。

　中国において「人力資本」に関する研究が行われ始めたのは1990年代の中ごろからである。『人力資本論』という表題の書籍や社会主義における資本の概念、労働者（職工）の持株（持股）制度と人力資本の理念を如何に考えるかといった議論が、経済学者や法律学者の間で盛んに行われるようになった。

　たとえば経済学者である馮子標は、主要著作のなかで人力資本概念を提起し（注3）、人力資本は投資の産物であり、労働力がある環境の下で変化してきたものだとし、人力資本を次のように定義づける。

知識・技術・情報と能力は、労働力と切り離して独立した商品となり、また市場交換において主導的な役割を果たす高度な労働力である。それは主に知識・技術と情報からなっている。

　馮は、高度な労働力が労働力一般から独立し、それ自体が交換される存在となったという。

　李建民は、『人力資本通論』（注4）のなかで人力資本を価値形態と実物形態から定義づける。人力資本は人体内に蓄積され、商品に反映され、あるいは商品にサービスを付加し、商品の価値を増加する役割をもち、またそれによって所得の増加をもたらす。この定義によれば人力資本は価値であることを強調し、マルクスの資本の意味づけと共通する。人が有する技能・知識・キャリアと主体性といったものが人力資本の実物形態である、と。

　朱慈蘊は、労働者の持株制度の立法に際して、集体企業の労働者の持株（持股）制度の根底に「人力資本」の概念を導入する可能性を検討している。（注5）

　李友根は、経済学的検討と法学的検討を統合し、人力資本をより具体的に論じる（注6）。

　李は、人力資本を「人間に結集された経済価値の知識・技術・能力と体力の総和である。」と定義したうえで、人力資本が資本の一種であることを次のように説明する。

　資本の主要な特徴は、投資により形成され、増殖性があり、将来の所得や効用をもたらすので、資本の一種と考えてよいというわけである。

　さらに人力資本の特徴に関して、人間の肉体との不可分性、個人依存性、不可視性といった特性は物的資本と区別される特性は、人々が人力資本理論を受け入れる観念的障害となる。しかし、人力資本を人身から切り離して明確に定義づけることができれば、経済成長と個人価値の実現における人力資本の役割を明確にすることを通して、国家の政策や個人の選択のなかで教育など分野への投資を高め、人力資本の蓄積を増加させることによって、人間労働の地位を高めることができるという。

次に関連概念とくに労働力との関係について吟味する。

労働力とは労働能力であり、人体の中に存在し、役立つものを産出時に使わなければならない体力と知恵との総和を指す。この意味で、人力資本と労働力とは本質的な違いはない、としたうえで人力資本と労働力の概念の相異を次のように整理する。

第1に、両者が獲得したルートが異なる。労働力は労働量を計算する単位で表わすことができる。「労働力の同質化」観念である。これに対し人力資本は、人力が投資の産物であり、資本であり、国民が投資を行った結果であり同質ではない。商品経済が発展するにともなって、人類の蓄積した知識、とりわけ経済型知識が次第に独立した商品として、直接人身に内在化され、ある種の特殊な労働能力として形成される。こうした労働能力は、商品の蓄積と表現される。

マルクスは労働力に関して次のようにいう。

人間の性質をあらため、ある種の労働的技能、正確性、熟練度を習得する、つまりそれを高度な専門的労働力にするにはある程度の教育が必要である。それを達成するには商品等価物を投入する。使う商品等価物の数量は労働力の性格の複雑さによって変わってくる。教育費は生産的労働力が必要とする商品の総和のなかに入っている。高度な労働力は簡単な労働力とは異なる。獲得するには高額の費用（とくに教育費用）を投入する。こうした高度化した労働力は人力資本概念の核心的な要素である。

第2に、両者の性格が異なる。労働力は労働者が工賃を取得する手段に過ぎず、企業の剰余を分かち合えない。マルクスによれば、資本は歴史的範疇であり、資本家が労働者の剰余労働を搾取する手段である。労働者は作り出した価値を獲得すべきであるが、労働力を資本とは見ていない。しかし人力資本は投資の産物であり、価値の増殖をもたらせるので、一種の資本と考えてよく、労働者つまり人力資本所有者は企業において人力資本という特殊の形態の資本を投入するので、物質資本所有者と企業の剰余を求める権力とコントロール権力を分かち合うことができる。多くの社会主義エコノミストた

ちは人力資本理論のなかで、労働力を資本とする考えに対して激しく批判を展開した。彼らによると、それは生産手段の所有関係を無視して資本を語るもので、資本の社会的属性を否定するものであり、労働力の形成過程の実質および資本主義社会における労働の内容と役割を弁護的に解釈する理論であるという。しかし、資本概念が社会主義的市場経済における役割と地位を次第に受け容れたように、かりに、人力を物質資本と類似する資本形態を見なすなら、労働者の資質を高めるだけでなく、労働に応じた分配と生産要素に応じた分配という結合する分配制度をよりうまく貫徹でき、人民大衆の所得を増やし、共同で豊かになることを実現できる、という。

さらに李は、人力資本の無形性という出資上の障害は、特許権やノウハウなどの無体財産権など無形財の資本化と同様に克服できること、人力資本が人体に付着しているために譲渡できないので出資の障害となることについても、人力資本の使用権が譲渡可能となるという理由で補えると考える。さらに、人力資本を会社が支配しうることや債権者保護の可能性などを吟味した上で、人力資本の法的実現性は高いと結論付けるのである。

今日の中国で国有企業とその対極における私有企業の容認、株式制度導入が急速に行われるなかで、集団所有制は前述したように国有制と私有制の中間形態として両者の対立、言い換えれば計画と市場の対立を緩衝させる役割を演じてきた。その集団所有制の資本にヒューマン・キャピタル（人力資本ないしは人間資本）が具体化されれば、今日の企業を越えるまったく新しい企業システムを展望できることになるかもしれない。

われわれは、かつて日本における民法や合名会社の「労務出資」を敷衍し、新しいワーカーズコレクティヴの「労働資本」の可能性を論じたが、その実現可能な領域は市民事業や非営利型のコミュニティー・ビジネスなど限定的なものであった。

ポスト産業社会の経済活動は、物質的資源に比して人的資源の投資がより高い成果をもたらすので、無数の知恵と知的活動の渦が「資本」として機能する可能性は一層高まると考えられる。労働の連合としての集団所有企業は、

終　章　企業体制改革と集団所有制

人力資本企業へと発展する可能性がある。

　社会主義中国における集団所有制の新しいモデルとしてのヒューマン・キャピタルの具体化に向けた議論に一層注目してゆきたい。

　　注1　「歴史の大調整時代」(于光遠氏に対する加々美光行氏のインタビュー)『中国21』1998年6月臨時増刊号所収。
　　注2　樋口兼次『労働資本とワーカーズコレクティヴ』時潮社　2005年。
　　注3　馮子標教授の人力資本に関する主要著作には、「論社会主義資本」『中国社会科学』1994年所収、馮子標『人力資本運営論』経済科学出版社　2000年がある。
　　注4　『人力資本通論』上海三聯聯書店　1999年。
　　注5　朱慈蘊『職工持股立法応注重人力資本理念的導入』法学評論　2001年。
　　注6　李友根『人力資本出資問題研究』人民大学出版社　2004年。

あとがき

　本書は、経済の好きな日本人と歴史の好きな中国人の合作による「中国企業論」である。

　合作社や集団所有企業の問題は、中国革命や文化大革命に深くかかわる事柄であり、われわれが無謀の謗りを省みず敢えて取り組んだのは他でもない。日本には現代中国の企業、とくに集団所有企業の制度と実態を歴史的、体系的に論じた解説書が皆無だからである。改革開放と国有企業の改革、会社など民営企業、郷鎮企業に関する研究は活発に行われているが、現代中国の企業制度の中心である合作社、集体企業の形成、展開、改革を系統的に辿ったものは皆無である。それは今日の中国の経済社会への多くの誤解や無理解につながっているように思えるのである。

　われわれが中国革命や文革にかかわる政治論争の埒外にいたことが、この問題に躊躇なく取り組ませたというべきかも知れない。

　ともあれ、中国の経済社会を学ぶ学生諸君や日中の経済取引に勤しまれるビジネスマン諸氏にぜひご一読願いたい。

　15年来の友人である樋口と范は、現代中国における企業の形成発展史の流れを描き出し、未来を展望する手がかりを提供したいと考えた。樋口は工業経済学、企業論の視点から合作社と集団所有企業の特質を描き出し、范は現代史の角度からその形成と発展の過程を歴史的、構造的に意義付けようと試みた。

　文献、資料の収集を開始したのは2005年の夏であった。

　研究の現状を把握するため、日本国内では東洋文庫を初め多くの図書館に足を運んだ。この段階において、日本では中国の農業合作社を除いて工業合作社に関する研究は皆無に近いことが明らかになった。

　そこで、2005年のクリスマス頃から翌年の冬休みを利用して中国へ渡った。北京の中国国家図書館、中国人民大学図書館、中国社会科学院経済研究所図

書館等の図書・研究文献を調べることができた。とりわけ、中国人民大学の「書報資料中心」では、中国合作社に関する貴重な資料が数多く発見されたことは大きな収穫であった。

　特筆すべきは、2006年8月にふたたび北京入りしたときに、そこで入手した中華全国手工業合作総社・中国工業合作経済学会編『中国集体経済』(『軽工集体経済』・『中国集体工業』というものも含まれる)雑誌である。これは中国で発行されている集体工業経済に関する全国誌であり、具体性と理論面において「使用価値」はきわめて高く、われわれの実証研究はこの雑誌に負うところが大である。

　われわれは実証性を重視する立場から可能な限り合作社の経験者、経営者のインタビューを試みた。下記の集体企業の関係者は、率直に彼らの経験と所感を披瀝してくれた。彼らの血の滲むような努力と情熱に触れたことはわれわれの研究の支えとなった。心から感謝したい。

　元金属製品の集体企業責任者W氏、山西省陽泉市洪城河（2006年8月11日）、陽泉市城鎮集体工業連社事務室主任任国平氏、山西省陽泉市城区（2006年8月14日）、山西省城鎮集体工業連合社部長王欣氏、山西省太原市迎沢大街（2006年8月16日）、張小泉集団有限公司王伝禮副総経理、浙江省杭州市（2006年12月25日）

　またわれわれは多くの中国の研究者へのインタビューや討議の機会をもつことができ、優れた研究業績に直接触れることができた。それを通して、より高次の認識を得るとともに研究のヒントも得ることができた。

　特に研究面で影響を受け、刺激を受けた方々を記して謝意を表したい。

　汪海波　（中国社会科学院工業経済研究所研究員）

　馬泉山　（中国社会科学院工業経済研究所研究員）

　季竜　（「中国集体経済」名誉主任）

　楊堅白　（中国社会科学院工業経済研究所研究員）故人

　唐宗焜　（中国社会科学院工業経済研究所研究員）

あとがき

郭鉄民　（福建師範大学教授）

呉承明　（中国社会科学院工業経済研究所研究員）

董志凱　（中国社会科学院工業経済研究所研究員）

武力　（同上）

天児慧　（早稲田大学教授）

于立　（東北財経大学教授）

馬艶　（上海財経大学教授）

李友根　（南京大学教授）

羅平漢　（中央党学校教授）

李宏

　2005年末、北京の国家的シンクタンクである中国社会科学院を訪問した際には、経済研究所の専門研究者との意見交換、討議ができた。専門家から主として経済史の視点から中国の手工業、軽工業、集体工業に関する研究や文献のアドバイスを受けることができた。

　国籍と専門分野の異なるわれわれの合作研究がなんとか完了したのは、これら多くの方々のお陰であり、心から感謝したい。

　膨大な資料を分類し、読み、翻訳し、討論し、執筆し、再び討論し、書き直す。こうした作業を繰り返したが、合作研究の宿命で、文脈の未調整や記述の不整合も残っている。おおかたの識者のご批判を待ちたいと思う。

　共著者范力にとっては、恩師、元青山学院大学文学部教授奥崎裕司先生の温かいご指導を忘れることができない。

　なお、この合作研究に対して白鷗大学総合研究所から共同研究助成を受けることができた。当時の研究所長で白鷗大学学長であった故小山宙丸先生から「研究の交流が本当の国際交流を深めることになる」と励まされたことを思い出す。心から感謝を申し上げるとともに、ご冥福をお祈りしたい。

　末筆ながら、時潮社の相良景行社長と西村祐紘編集長に謝意を表したい。

　　　　2007年晩秋　　　　　　　　　　樋口兼次　范力

現代中国集団所有制関係文献目録

Ⅰ　書籍

1. 中華全国合作社聯合総社編『手工業生産合作社参考資料』財政経済出版社、1954年
2. 千家駒他著、中国社会主義経済制度』中国青年出版社、1955年
3. 王振海『合作社改変了山村』通俗読物出版社、1955年
4. 趙横著『中共の労働組合』（中共問題　第三輯）1955年
5. 中華全国工商連合会第一届執行委員会第二次会議的文件彙編『資本主義工商業改造工作的新段階』人民出版社、1955年
6. 黄鋳著『資方人員怎様改造成為労働者』通俗讀物出版社、1956年
7. 中央手工業管理局研究室他編『北京市手工業合作化調査資料』財政経済出版社、1956年
8. 北京市手工業生産合作社聯合總社資料室編『在手工業合作化的道路上』北京出版社、1956年
9. 姚忠斌他編『手工業生産合作社問題回答』通俗読物出版社、1956年
10. 侯徳章著『怎様管理手工業合作社』天津人民出版社、1956年
11. 魯民他編著『怎様管理手工業合作社』山東人民出版社、1957年
12. 郭一鏞『我国過度時期的工商関係』上海人民出版社、1957年
13. 中国科学院経済研究所手工業組編『1954年全国個体手工業調査資料』生活・読書・新知三聯書店、1957年
14. 中国工商行政管理局秘書処編『私営工商業的社会主義改造政策法令選編（上輯）』財政経済出版社、1957年
15. 鄧潔著『中国手工業社会主義改造的初歩總結』人民出版社、1958年
16. 中華全国手工業合作総社編『手工業合作化後的主要任務』財政経済出版社、1958年
17. 薛暮橋他著『中国国民経済的社会主義改造』人民出版社、1959年
18. 菅沼正久著『中国の社会主義』お茶の水書房、1970年
19. 中華全国手工業合作總社組織指導局編『手工業生産合作社基本知識』中国財政経済出版社、1963年
20. 許滌新他監修・武藤守一訳『中国資本主義工商業の社会主義改造』三和書房、1965年
21. 山内一男著『社会主義経済研究序説——過度期の経済理論』法政大学出版局、1971年

22. 毛沢東『毛沢東選集』第 5 巻、外文出版社、1977 年
23. 『股份合作経済通論』杭州大学出版社、1998 年
24. 丁為民著『西方合作社的制度分析』経済管理出版社、1998 年
25. 楊堅白主編『合作経済学概論』中国社会科学出版社、1990 年
26. 『陽泉市二軽工業局誌』陽泉市二軽工業局誌編纂弁公室、1991 年
27. 当代中国叢書編集部編『当代中国的集体工業（上・下）』当代中国出版社、1991 年
28. 薄一波著『若干重大決策与事件的回顧（上・下）』中共中央党校出版社、1991 年
29. 柯文武他編『中国合作経済問題』農業出版社、1992 年
30. 中国合作経済学会編『中国合作経済問題』農業出版社、1992 年
31. 汪海波著『新中国工業経済史1949．10－1957』経済管理出版社、1994 年
32. 中華全国手工業合作総社他編『中国手工業合作化城鎮集体工業的発展』第 1 巻、中共党史出版社、1992 年　同　第 2 巻、1994 年
33. 汪海波他著『新中国工業経済史1958－1965』経済管理出版社、1995 年
34. 王曙光著『詳説中国改革開放史』勁草書房、1996 年
35. 鄧栄霖他著『社会主義市場経済与現代企業制度』中国人民大学出版社、1997 年
36. 小島麗逸著『現代中国の経済』岩波新書、1997 年
37. 馬泉山著『新中国工業経済史1966－1978』経済管理出版社、1998 年
38. 何光編・唐宗焜他著『中国合作経済概観』経済科学出版社、1998 年
39. 郭鉄民他著『中国合作経済発展史（上・下）』当代中国出版社、1998 年
40. 呉承明他主編『中華人民共和国経済史（第 1 巻）』中国財政経済出版社、2001 年
41. 曹鳳岐著『股份経済論』北京大学出版社、2001 年
42. 当代農業合作社制編集室編『当代中国典型農業合作社史選編（上・下）』中国農業出版社、2002 年
43. 余暉他主編『公私合作制的中国試験』上海人民出版社、2005 年
44. 胡軍他編『CEPA与汎珠三角発展戦略』経済科学出版社、2005 年
45. 張俊傑編『蘇商模式』中国経済出版社、2005 年
46. 　張俊傑編『浙商模式』中国経済出版社、2005 年
47. 鄒東濤他著『所有制改革攻堅』中国水利郵出版社、2005 年
48. 張永麗著『合作与不合作的政治経済学分析』中国社会科学出版社、2005 年
49. 劉永佶編『経済中国（第 1 輯）』中央民族大学出版社、2006 年
50. 李兵弟他編『三農問題与村鎮建設政策理論文集』中国建築工業出版社、2006 年

51. 青柳斉著　中国農村合作社の改革——供銷社の展開過程』日本経済評論社、2002年
52. 王名他『中国のＮＰＯ——いま、社会改革の扉が開く』第一書林、2002年
53. 丸川知雄編『中国企業の所有と経営』アジア経済研究所、2002年
54. 菊池一隆著『中国工業合作運動史の研究』汲古書院、2002年
55. 李友根著『人力資本出資問題研究』中国人民大学出版社、2004年
56. 羅平漢著『農業合作化運動史』福建人民出版社、2004年唐徳華主編『憲法及配套規定新釈新解』人民法院出版社、2004年
57. 『中華人民共和国公司法』中国法制出版社、2005年
58. 徐景和他『中華人民共和国合顆企業法条文釈義与適用』人民法院出版社、2006年
59. 徐景和他編『「中華人民共和国合夥企業法」条文釈義与適用』人民法院出版社、2006年

Ⅱ　論文資料

一、中央合作通訊関係
1. 全国合作総社「必須有計画地開展宣伝出版工作」、『中央合作通訊』1953年第2号
2. 中央合作通訊編集部「本刊1952年工作的検査」、『中央合作通訊』1953年第2号
3. 「ソ連工業生産合作社中的経済核算制（下）」、『中央合作通訊』1953年第2号
4. 華東合作総社社務処宣傳科「華東合作社一年来的広播収音工作」、『中央合作通訊』1953年第2号
5. 謝建「瀋陽市大東区消費合作社的副食供応工作」、『中央合作通訊』1953年第2号
6. 全国合作総社山西工作組「山西省成立工業生産合作社聯合社籌委会」、『中央合作通訊』1953年第2号
7. 全国合作総社山西工作組「山西陽泉成立了工業生産合作社聯合社」、『中央合作通訊』1953年第2号
8. 吉林省合作総社呂造時「介紹集体售糧」、『中央合作通訊』1953年第2号
9. 西北区合作社連合社「組織当地産品加工拡大貨源的経験」、『中央合作通訊』1953年第2号
10. 馮紹麻「棉花分級検験工作的一点経験」、『中央合作通訊』1953年第2号
11. 中華全国合作社連合総社代理主任程子華「進一歩鞏固和提高現有供銷、消費和工業生産合作社」、『中央合作通訊』1953年第3号

12. 陳一帆「1952年合作社組導工作総結」、『中央合作通訊』1953年第 3 号
13. 「中華全国合作社聯合總社関於基本建設的指示」、『中央合作通訊』1953年第 3 号
14. 全国合作総社推銷局工業原料処「1952年合作社収棉業務上幾個問題的意見」、『中央合作通訊』1953年第 3 号
15. 王靖一他「南平専区合作總社開展了反官僚主義運動」、『中央合作通訊』1953年第 3 号
16. 孟明達「全国合作社供応、推銷業務会議紀要」、『中央合作通訊』1953年第 3 号
17. 張青松「介紹小営村供銷合作社初歩実行的指示図表」、『中央合作通訊』1953年第 3 号
18. 列寧「論合作制」、『中央合作通訊』1953年第 1 号
19. 「我国合作社工作者的任務」、『中央合作通訊』1953年第 1 号
20. 全国合作総社「全国合作者開展増産節約運動的初歩成効」、『中央合作通訊』1953年第 1 号
21. 王念基「去年肥料供応工作的経験与今年的任務」、『中央合作通訊』1953年第 1 号
22. 斉速「進一歩提高訓練工作的質量」、『中央合作通訊』1953年第 1 号
23. 張超「関於基層合作社施行『按労取酬』的工資制度問題」、『中央合作通訊』1953年第 1 号
24. 「蘇連工業生産合作社中的経済核算制（上）」、『中央合作通訊』1953年第 1 号
25. 黄肇興「商品流轉費率、損耗率、利潤率的計算方法」、1『中央合作通訊』1953年第 1 号
26. 劉乃夫他「実行劃撥清算的好処」、『中央合作通訊』1953年第 1 号
27. 張月霞「合作社代国家収購糧食的初歩成就」、『中央合作通訊』1953年第 1 号
28. 石家荘市合作總社「石家荘市合作社推広簡速記帳法初歩総結」、『中央合作通訊』1953年第 1 号
29. 朱林「開展合作社系統中的掃除文盲運動」、『中央合作通訊』1953年第 1 号
30. 蘇奮「必須重視合作社系統中的調査研究工作」、『中央合作通訊』1953年第 1 号
31. 全国合作総社山西工作組「我們対於山西陽泉甘河硫黄社『工分包件工資制』的幾点意見」、『中央合作通訊』1953年第 1 号
32. 石家荘合作連社供応科「石家荘市合作社的煤炭供応工作」、『中央合作通訊』1953年第 1 号
33. 張笑「北京市合作社基層商店経理半日制短期訓練班的経験」、『中央合作通訊』1953年第 1 号

34. 宋鵬遠「民主管理做得好的一個分銷処」、『中央合作通訊』1953年第 1 号
35. 読者来信「不応有岐視合作社工作的思想」、『中央合作通訊』1953年第 1 号
36. 全国合作総社華東区弁事処「江陰県棉布生産聯合社領導基層合作社的経験」、中華全国合作社連合総社編集・出版『中央合作通訊』1954年第 6 号
37. 張菊藍「対手工業合作化組織対象的意見」、『中央合作通訊』1954年第 6 号（手写）
38. 全国合作総社幹部学校「教学工作中的幾点体会」、『中央合作通訊』1954年第 6 号
39. 鄧飛「四年来供銷・消費合作社計画工作的基本総結」、『中央合作通訊』1954年第 7 号
40. 全国供銷合作社生産合作処「一年来手工業生産合作社的工資調整」、『中央合作通訊』1954年第12号
41. 蘇奮「試論手工業供銷合作社在生産合作社方面的作用」、『中央合作通訊』1955年第 2 号
42. 北京市手工業生産合作社連合総社「北京市手工業生産合作社建立技術研究和行業技術研究委員会的工作」、『中央合作通訊』1955年第 5 号
43. 中華全国合作総社「積極領導穏歩推広『結合合同』」、『中央合作通訊』1954年第 6 号
44. 茅舎他「安徽省供銷合作社簽訂『結合合同』的経験」、『中央合作通訊』1954年第 6 号
45. 魏化民「蒿城城関供銷合作社『結合合同』試点工作是如何進行的」、『中央合作通訊』1954年第 6 号
46. 「蘇連専門家関於設立代銷処業務員的建議」、『中央合作通訊』1954年第 6 号
47. 苑鶴「介紹新店供銷社的民主管理」、『中央合作通訊』1954年第 6 号
48. 徐炳輝他「高陽区棉組生産連合社改進業務経営的前夜」、『中央合作通訊』1954年第 7 号
49. 羅俊「論供銷合作社的経済核算制」、『中央合作通訊』1954年第 7 号
50. 韓寰「加強供銷合作社小麦収購工作中的業務領導」、『中央合作通訊』1954年第 7 号
51. 馬建文「認真検査清理予購合同」、『中央合作通訊』1954年第 7 号
52. 安輪華「談合作社的直達運輸」、『中央合作通訊』1954年第 7 号
53. 全国供銷合作社供応局工業商品処「対改進目前経営手工業品的意見」、『中央合作通訊』1954年第 9 号
54. 周更生他「蕭山県合作社是怎様経営小土特産的」、『中央合作通訊』1954年第 9 号
55. 全国供銷合作總社生産合作処「提高産品質量応従何処着手」、『中央合作通訊』

1954年第12号
56. 全国供銷合作総社生産合作処「一年来手工業生産合作社的工資調整」、『中央合作通訊』1954年第12号
57. 姜日新「認真貫徹会計制度、厳格保護合作社財産」、『中央合作通訊』1954年第12号

二、「中国集体経済」関係
1. 「関於軽工業集体企業若干問題的暫行規定」、『軽工集体経済』1985年「試刊号」、4－6ページ
2. 季竜「軽工業集体経済改革的幾個問題」、『軽工集体経済』1985年「試刊号」、7－11ページ
3. 王定一「充分発揮手工業合作連社的作用」、『軽工集体経済』1985年「試刊号」、11—14ページ
4. 小冬「正確認識集体経済的重要性」、『軽工集体経済』1985年「試刊号」、15－17ページ
5. 張尚賢「城鎮集体工業経済面臨的挑戦与我們的対策」、『軽工集体経済』1985年「試刊号」、18－19ページ
6. 貢発信「走連合之路、加快発展城鎮集体所有制工業」、『軽工集体経済』1985年「試刊号」、20－22ページ
7. 甘粛省手工業合作連社「在改革中発展的新型企業」、『軽工集体経済』1985年「試刊号」、30－31ページ
8. 蘇州市手工業連社「広汎開展連合協作　加快軽工業集体工業発展」、『軽工集体経済』1985年「試刊号」、36－37ページ
9. 鄭新「促進横向連係、発展経済合作」、『軽工集体経済』1985年「試刊号」、38－39ページ
10. 重慶金鋼砂布廠「改革分配弁法実行結構工資」、『軽工集体経済』1985年「試刊号」、45、41ページ
11. 季竜「認真弁好手工業合作連社」、『軽工集体経済』1985年創刊号、4－7ページ
12. 中華人民共和国軽工業部他「全国軽工業合作指導工作座談会情況和討論意見」、『軽工集体経済』1985年創刊号、8－10、47ページ
13. 李国安「職工入股分紅制是集体企業的重要特徴」、『軽工集体経済』1985年創刊号、16－17ページ
14. 畢平非「論合作経済与商品経済」、『軽工集体経済』1985年創刊号、25－26ページ
15. 戎文佐「充分認識軽工業集体経済的地位和作用」、『軽工集体経済』1985年創

刊号、27－28、38ページ
16. 軽工業部生産技術司「談談加快軽工業横向経済連合的幾個問題」、『軽工集体経済』1985年創刊号、29－31ページ
17. 李鎮邦「引進新技術、加快伝統手工業的改造」、『軽工集体経済』1985年創刊号、32－33ページ
18. 尹克昇「堅持改革大力発展手工業集体経済」、『軽工集体経済』1985年第2期、2－3ページ
19. 張紹湯「各級連社在新形勢下的工作任務」、『軽工集体経済』1985年第2期、6－7ページ
20. 夏鳴「対軽工業集体経済一些問題的看法」、『軽工集体経済』1985年第2期、8－10．7ページ
21. 「遼寧省二軽集体企業連社監事会議紀要」、『軽工集体経済』1985年第2期、11－13ページ
22. 遼寧省二軽局他「撫順市二軽系統扶貧致富工作幾点做法」、『軽工集体経済』1985年第2期、14－16ページ
23. 伍守廉「入股、集資、分紅」、『軽工集体経済』1985年第2期、17－19ページ
24. 姚組結他「日用品工芸化工芸品日用化──日用工業品結構改革的方向」、『軽工集体経済』1985年第2期、20－21、47ページ
25. 陶洪猷「城鎮集体工業発展戦略芻議」、『軽工集体経済』1985年第2期、22ページ
26. 張小営「提高区街集体企業職工隊伍的素質」、『軽工集体経済』1985年第2期、23－24ページ
27. 「四川二軽工業」、『軽工集体経済』1985年第2期、25ページ
28. 程英男「貫徹執行集体経済政策　発展四川二軽工業」、『軽工集体経済』1985年第2期、26－28ページ
29. 李小林「発展集体経済的有効途径」、『軽工集体経済』1985年第2期、30ページ
30. 「浙江省義烏県落実政策　堅持集体企業三不変原則」、『軽工集体経済』1985年第2期、44ページ
31. 陳仲明「世界工業生産合作社的産生和発展」、『軽工集体経済』1985年第2期、45－47ページ
32. 高文「政策是集体経済発展的根本保証」、『軽工集体経済』1985年第3期、2－3、5ページ
33. 陶愛英「加快広西二軽集体工業発展的幾個問題」、『軽工集体経済』1985年第3期、4－5ページ
34. 銭璞「大力弁好大中城市郊区的城鎮集体工業」、『軽工集体経済』1985年第3

期、9－10ページ
35.「吉林省二軽工業」、『軽工集体経済』1985年第3期、11ページ
36. 譚向東「用好用活信貸資金発展城鎮集体工業」、『軽工集体経済』1985年第3期、18－19ページ
37. 羅慕雲「対発展股份合作企業的一些看法」、『軽工集体経済』1985年第3期、20－21ページ
38. 瀋陽市一軽集体企業連社「堅持改革、発展一軽集体経済」、『軽工集体経済』1985年第3期、29－30、32ページ
39. 葉永度「工貿合営是経済連合的好形式――兼探集体工業経済発展的路子問題」、『軽工集体経済』1985年第3期、35－36ページ
40. 孫維仁「軽工業集体企業推行廠長負責制芻議」、『軽工集体経済』1985年第3期、37ページ
41. 張発徳「集体企業負担過重」、『軽工集体経済』1985年第3期、45－46ページ
42. 肖維湘「貫徹国家、集体、個人一起上的方針、放手発展城鎮集体経済」、『軽工集体経済』1985年第4期、5－8ページ
43. 申守経「所有権和経営権統一的企業是軽工集体的主体」、『軽工集体経済』1985年第4期、23－24ページ
44. 臨海紡機配件廠「加強経営管理、提高経済効益」、『軽工集体経済』1985年第4期、29、32ページ
45. 李肖書「談談集体工業企業的経営承包責任制」、『軽工集体経済』1985年第4期、32－33、47ページ
46. 李日昇「集体工業前進中急待解決的三個問題」、『軽工集体経済』1985年第4期、35－36ページ
47. 赫延令「二軽集体企業領導体制的探討」、『軽工集体経済』1985年第4期、36－38ページ
48.「広州市二軽局関於二軽小商品生産情況的反映和建議」、『軽工集体経済』1985年第5期、10－11ページ
49. 秦三思「弁好二軽企業、発展県級経済」、『軽工集体経済』1985年第5期、12－13ページ
50. 劉建興「浅議社会主義集体経済的生産目的」、『軽工集体経済』1985年第5期、29－30ページ
51. 陳経智他「提高思想認識、糾正平調之風」、『軽工集体経済』1985年第6期、11－13ページ
52. 傅承泉「按行業帰口管理、穏定二軽集体企業管理体制」、『軽工集体経済』1986年第1期、9－11ページ
53. 勾澄中「清理資産、画分帰属是当前集体経済深入改革的重要課題」、『軽工集

体経済』1986年第1期、19−21ページ
54.「首都区街集体工業在発展」、『軽工集体経済』1986年第1期、27、36ページ
55. 傅権茂「破除陳旧観念、大胆起用人材」、『軽工集体経済』1986年第1期、37−38ページ
56.「党和国家有関制止平調、侵呑集体企業財産的政策法律」、『軽工集体経済』1986年第2期、3−4ページ
57.「平調、侵呑集体企業財産的三個材料」、『軽工集体経済』1986年第2期、4−6ページ
58. 孟天鋭「蓬勃発展的内モンゴル二軽工業」、『軽工集体経済』1986年第2期、10−11ページ
59. 唐良軍「内江市二軽局是如何幇助企業開発新産品的」、『軽工集体経済』1986年第2期、19−20ページ
60. 肖書他「資産股份化、経営合作化」、『軽工集体経済』1986年第2期、22−23ページ
61. 熊華革「談談調整城鎮集体工業産業結構問題」、『軽工集体経済』1986年第2期、24−25ページ
62. 李素華「談談軽工業集体企業的工資改革問題」、『軽工集体経済』1986年第3期、20−21.13ページ
63. 倪世甫他「試論城鎮集体経済的発展趨勢与改革」、『軽工集体経済』1986年第3期、27−28ページ
64. 王定一「上海市手工業合作連社理事会工作報告」、『軽工集体経済』1986年第4期、8−10ページ
65. 江西省手工業合作連社「我們是如何開展連社工作的」、『軽工集体経済』1986年第4期、13−14ページ
66. 武漢市手工業合作連社「開展連社活動、搞好企業改革」、『軽工集体経済』1986年第4期、15−16ページ
67. 程敦詩「増強企業活力、加快山東二軽工業発展」、『軽工集体経済』1986年第4期、18−20ページ
68. 楊波「在全国軽工業庁局長会議上的報告」、『軽工集体経済』1986年第5期、3−7ページ
69. 謝維甫「不能用改革的名義呑併二軽集体企業」、『軽工集体経済』1986年第5期、47−48ページ
70. 仲子発「上海市工業合作連社機構改革的情況」、『軽工集体経済』1986年第6期、17−18ページ
71. 黒龍江省第二軽工業庁「開展横向経済連合、促進了我省二軽工業的大発展」、『軽工集体経済』1986年第6期、27−28ページ

72. 劉徳録他「充分発揮集体企業中的職代会作用」、『軽工集体経済』1986年第6期、37－38ページ
73. 林紅「試論城鎮集体工業発展的理論依拠」、『軽工集体経済』1986年第7期、11，14ページ
74. 鄭金条「温州国営和大集体工業企業的優勢、劣勢及其重任」、『軽工集体経済』1986年第7期、19－20ページ
75. 季竜「全国手工業合作総社理事会工作報告」、『軽工集体経済』1986年第8期、15－24ページ
76. 「中華全国手工業合作総社章程」、『軽工集体経済』1986年第8期、33－35ページ
77. 北京市手工業連社「当前発展二軽集体経済中的理論和政策問題」、『軽工集体経済』1986年第10期、11－12ページ
78. 劉志剛「集体企業流動資金短缺原因及解決意見」、『軽工集体経済』1986年第10期、23－24ページ
79. 郭勇傑「租賃経営需要処理好三個関係」、『軽工集体経済』1986年第10期、25－26ページ
80. 張核他「遼寧、吉林両省軽工集体企業工資改革調査」、『軽工集体経済』1986年第11期、6－8ページ
81. 「胡錦濤同志在貴州省軽工業発展討論会上的講話」、『軽工集体経済』1986年第12期、7－9ページ
82. 許滌新「有関軽工集体経済的幾点看法」、『軽工集体経済』1987年第1期、4－6ページ
83. 唐宗焜「従所有制着眼改革城鎮集体経済的分配制度」、『軽工集体経済』1987年第1期、9－11ページ
84. 佳木「搞好分配改革是搞活軽工集体企業当務之急——全国軽工業集体企業工資与保険制度改革理論討論会綜述」、『軽工集体経済』1987年第1期、11－14ページ
85. 北京市二軽総公司合作指導処「華北地区軽工集体経済研討会首次会議紀要」、『軽工集体経済』1987年第1期、14－17ページ
86. 赫延令「租賃経営是搞活小型集体企業的有効途径」、『軽工集体経済』1987年第1期、20－21ページ
87. 天津市二軽集体工業連社弁公室「深化企業改革、増強企業活力」、『軽工集体経済』1987年第1期、24－25ページ
88. 傅衛「城鎮集体経済発展難之症結」、『軽工集体経済』1987年第1期、33－34ページ
89. 謝傑「談談二軽集体企業在市場競争中的生存与発展問題」、『軽工集体経済』

1987年第2期、29－30ページ
90. 陳穎「対如何調動職工積極性的一点看法」、『軽工集体経済』1987年第3期、7－9ページ
91. 谷新徳「関於城鎮集体工業経済改革討論綜述」、『軽工集体経済』1987年第4期、15－16.25ページ
92. 華飛「蓬勃興起的我国家用電器行業」、『軽工集体経済』1987年第4期、17－18.27ページ
93. 姚瀟瀛「与所有権、経営権的分離関係密接的幾個法律問題」、『軽工集体経済』1987年第5期、5－6ページ
94. 兪剣華「按集体所有制企業的特点開展全面質量管理」、『軽工集体経済』1987年第5期、39－40ページ
95. 童馥「這里不應是被遺忘的角落──局弁集体企業状況分析」、『軽工集体経済』1987年第6期、3－5ページ
96. 夏鑒光「企業内部経済承包責任制合同法律問題的探討」、『軽工集体経済』1987年第7期、9－11ページ
97. 史才元「歴程艱辛前景光明──寧波市二軽集体工業発展道路」、『軽工集体経済』1987年第7期、16－17ページ
98. 李安邦「談談集体工業折旧基金的管理」、『軽工集体経済』1987年第8期、16－17ページ
99. 叶甘林「温州模式給我們的啓示」、『軽工集体経済』1987年第9期、18－19ページ
100. 戎文佐「論集体経済内部的多種経済形式与経営方式」、『軽工集体経済』1987年第10期、4－6ページ
101. 邢逸初「改革工業合作企業領導体制的探討」、『軽工集体経済』1987年第10期、7－8ページ
102. 朱驎他「対工業合作企業管理体制的思考」、『軽工集体経済』1987年第10期、9－10ページ
103. 張徳海「清理資産、画分帰属是集体経済深化改革的基礎工作」、『軽工集体経済』1987年第10期、21－23ページ
104. 施強民「城鎮集体企業実行職工参股型股份制初探」、『軽工集体経済』1987年第11期、11－13ページ
105. 李偉章「城区集体工業発展面臨新挑戦」、『軽工集体経済』1987年第11期、31－32ページ
106. 「軽工業集体工業企業財務管理弁法」、『軽工集体経済』1987年第11期、42－45ページ
107. 季竜「学習劉少奇論合作社経済、更好地発展有中国特色的集体工業」、『軽工

集体経済』1987年第12期、5－10ページ
108. 邢逸初他「城鎮集体工業経済在社会主義初級段階的地位、作用及其発展趨勢——華東地区城鎮集体経済第五次理論討論会観点綜述之一」、『軽工集体経済』1988年第1期、8－9ページ
109. 肖維湘「集体経済在初級階段的地位和作用」、『軽工集体経済』1988年第3期、5－6ページ
110. 張小泉剪刀廠「実行廠長負責制給企業帯来生機」、『軽工集体経済』1988年第3期、27－29ページ
111. 凌楓「集体所有制企業承包経営責任制的幾種主要形式」、『軽工集体経済』1988年第4期、10－12ページ
112. 亜艮「ソ連、東欧関於合作社経済的新観点」、『軽工集体経済』1988年第5期、4、19ページ
113. 劉黎平「也談連社改革的方向問題」、『軽工集体経済』1988年第6期、35－37ページ
114. 高聞「関於軽工集体企業工資管理体制改革初探」、『軽工集体経済』1988年第7期、8－9ページ
115. 厳聞広「資本主義社会中的社会主義生産手段的萌芽」、『軽工集体経済』1988年第7期、12－13ページ
116. 伍守廉「朝外向型経済発展的上海城鎮集体工業」、『軽工集体経済』1988年第7期、16－17ページ
117. 厳聞広「集体所有制是社会主義公有制的高級形式——再論集体所有制経済的主導地位」、『軽工集体経済』1988年第8期、8－10ページ
118. 李良智「集体所有制是工業企業的主導形式」、『軽工集体経済』1988年第8期、11－13、4ページ
119. 田放「北京市市区街生産服務合作連社自身改革的思考」、『軽工集体経済』1988年第8期、36－38ページ
120. 馬玲之「工業合作社国際研討会紀実」、『軽工集体経済』1988年第9期、35－37ページ
121. 寧志振「浅談新疆二軽集体工業的幾個問題」、『軽工集体経済』1988年第10期、12、16ページ
122. 李更舟「琴島——利勃海爾的成功之路——青島電氷箱総廠引進先進技術設備和技術改造的調査報告」、『軽工集体経済』1988年第10期、24、25ページ
123. 「中南地区第三次城鎮集体工業経済理論研討会観点洗登」、『軽工集体経済』1988年第12期、7－13ページ
124. 姚組結他「合作経済應成為社会主義初級階段公有制経済主要形式」、『軽工集体経済』1988年第12期、14－15ページ

125. 勾澄中「城市集体工業應積極執行股份制」、『軽工集体経済』1989年第1期、11－12ページ
126. 唐豊義「集体企業深化改革的理論思考」、『軽工集体経済』1989年第1期、15－17ページ
127. 叶天浩「ソ連合作社法的新特点」、『軽工集体経済』1989年第1期、47－48ページ
128. 韓義「論城鎮集体経済所有制結構改革」、『軽工集体経済』1989年第2期、7－10ページ
129. 朱栄琪「中国合作経済学会首次学術討論会在保定召開」、『軽工集体経済』1989年第2期、12ページ
130. 張徳蓀「当前上海郊県城鎮集体工業面臨的困境及其対策研究」、『軽工集体経済』1989年第2期、20－21ページ
131. 小蘭「在集体企業兼併中應妥善解決的幾個問題」、『軽工集体経済』1989年第3期、7－8ページ
132. 是慧琴「需要重新認識合作工業経済的地位和作用」、『軽工集体経済』1989年第3期、11－13ページ
133. 張尚賢「試議平調問題」、『軽工集体経済』1989年第3期、14－15ページ
134. 施鳳英「従大碗茶起家――記崇文区前門街道連社華益百貨商店」、『軽工集体経済』1989年第3期、31－32ページ
135. 郝巨純「湖北軽工集体　調整結構、提高効益、増加有効供給」、『軽工集体経済』1989年第3期、33－35ページ
136. 朱文生「浅議承包経営後集体企業的民主管理問題」、『軽工集体経済』1989年第5期、13－14ページ
137. 朱英至「試論城鎮集体経済在四川経済発展戦略中的地位」、『軽工集体経済』1989年第5期、14－16ページ
138. 杜沢恩他「集体企業内虧的原因及処理対策」、『軽工集体経済』1989年第5期、21－22ページ
139. 吉紫菊「合作経済理論研究的新進展――対合作経済所有制形式多元化的述評」、『軽工集体経済』1989年第6期、18－19ページ
140. 呉凱康「試論合作制与股份制的結合問題」、『軽工集体経済』1989年第6期、20－22ページ
141. 石向欣「試論当前承包制存在的主要問題」、『軽工集体経済』1989年第6期、25－26ページ
142. 劉国光「在中国工業合作経済学会成立大会上的講話」、『軽工集体経済』1989年第7期、3－5ページ
143. 「股份制問題探討」、『軽工集体経済』1989年第7期、13－21ページ

144. 張静民「為集体企業所需人材和穏定職工隊伍服務」、『軽工集体経済』1989年第 7 期、38－39ページ
145. 呉法俊「簡論股份制与合作制的十大区別」、『軽工集体経済』1989年第 8 期、12－13ページ
146. 宋延海「浅析合作社経済的性質」、『軽工集体経済』1989年第 8 期、14－15ページ
147. 郭建文「浅談承包経営後経営者与労働者的関係」、『軽工集体経済』1989年第 9 期、14－15ページ
148. 何万英他「城鎮集体工業発展困境及対策探討」、『軽工集体経済』1989年第 9 期、18－20ページ
149. 黄松堅「基層企業職工的思想剖析」、『軽工集体経済』1989年第 9 期、42ページ
150. 「回首四十年：成就与問題同在、憂慮和希望併存」、『軽工集体経済』1989年第10期、16－21ページ
151. 何道成「集体企業福利基金超支原因剖析及其対策」、『軽工集体経済』1989年第10期、25－27ページ
152. 劉栄亜他「企業用人機制新探」、『軽工集体経済』1989年第10期、27－29ページ
153. 王徳琪「企業思想政治工作新体制建立後怎麼弁」、『軽工集体経済』1988年第10期、46－48ページ
154. 羅先進他「広東省二軽集体工業40年」、『軽工集体経済』1989年第11期、8－10ページ
155. 阮品秧「小商品做出大文章——記杭州張小泉剪刀廠的発展」、『軽工集体経済』1989年第11期、18－19ページ
156. 上海市工業合作経済研究所「城鎮集体工業企業調整産品結構座談綜述」、『軽工集体経済』1989年第11期、20－22ページ
157. 高峰「財産、主人、分配——集体経済立法的根本問題」、『軽工集体経済』1989年第11期、43－44ページ
158. 虞紅「広州軽工集体——浅談集体企業的企業文化建設」、『軽工集体経済』1989年第12期、26－28ページ
159. 「集体所有制経済在初級階段中的地位与作用」、『中国集体工業』（『軽工集体経済』は90年より『中国集体工業』と変わった）1990年第 1 期、11－14ページ
160. 張祥華「談談廠弁集体経済的地位和作用」、『中国集体工業』1990年第 1 期、15－16ページ
161. 佳木「軽工集体企業分配中的若干問題及対策」、『中国集体工業』1990年第 1 期、25－27ページ

162. 効玉「論国家和集体企業分配関係的調整」、『中国集体工業』1990年第1期、31－32ページ

163. 夏維揚「合作制應成為集体企業改革的目標模式」、『中国集体工業』1990年第2期、3－4ページ

164. 林偶他「把一批国有企業変為合作制企業的探討」、『中国集体工業』1990年第2期、5ページ

165. 白銀奇「打破全民模式、堅持股份経営」、『中国集体工業』1990年第2期、7－8ページ

166. 戎文佐「試論全民向集体転化——工業所有制改革系列論文之一」、『中国集体工業』1990年第2期、13－15ページ

167. 李如意「重視発展集体工業更符合寧夏的区情」、『中国集体工業』1990年第4期、4－5ページ

168. 楊堅白「関於社会主義公有制改革模式的建議」、『中国集体工業』1990年第9期、31－32ページ

169. 鄭英琴「拡大集体経済的容量、充分発揮集体経済的優越性——対東莞市発展集体経済的調査与思考」、『中国集体工業』1990年第11期、6－9ページ

170. 吉紫菊「簡論集体企業減免税金的産権界定」、『中国集体工業』1990年第12期、12－13ページ

171. 武漢市連社弁公室「武漢二軽企業虧困的現状、原因及対策」、『中国集体工業』1990年第12期、25－26ページ

172. 劉肖鼓「城鎮集体工業企業補充自有流動資金的現状、問題及対策——対浙江省52戸城鎮集体工業企業情況的調査」、『中国集体工業』1990年第12期、29－31ページ

173. 金今丹「関於手工業合作企業退休職工保険統籌問題的調査」、『中国集体工業』1990年第12期、32－33ページ

174. 石向欣「軽工集体企業職工老有所養的問題亟待解決」、『中国集体工業』1991年第1期、29.46ページ

175. 陳景賢「集体企業廠長棄官辞職為何増多」、『中国集体工業』1991年第1期、32－33ページ

176. 寧夏回族自治区政府連合調査組「要為城鎮集体経済的発展創造寛松的環境——寧夏城鎮集体工業発展状況的調査」、『中国集体工業』1991年第2期、27－29ページ

177. 張大簡「論城鎮合作経済的性質」、『中国集体工業』1991年第4期、12－14ページ

178. 任立瑩「二軽集体企業経済効益下降原因及其対策」、『中国集体工業』1991年第4期、18－20ページ

179. 姚双華「区街企業人材貧乏及其解決途径」、『中国集体工業』1991年第 5 期、18－19ページ
180. 蔡中祐「学習二軽集体企業建立自負盈虧的管理機制――也談搞活国営大中型企業」、『中国集体工業』1991年第 5 期、27－28ページ
181. 中国合作経済学会秘書処「合作経済和個体合顆経営所有制界線――中国合作経済学会合作経済問題研討会綜述」、『中国集体工業』1991年第 6 期、12－15ページ
182. 馬威儀「論二軽工業在山東県級経済決策中的地位和作用」、『中国集体工業』1991年第 6 期、20－21ページ
183. 宋振東「幇教育人、発展経済的特殊合作社――記上海海連運輸服務公司」、『中国集体工業』1991年第 6 期、25－27ページ
184. 林松華「二軽集体企業損原因初探」、『中国集体工業』1991年第 6 期、30－31ページ
185. 黄中桂「以出口創彙引導生産、靠品種質量拡大出口」、『中国集体工業』1991年第 6 期、32－33ページ
186. 翁彤「股份合作――温州企業発展之模式初探」、『中国集体工業』1991年第 7 期、22－23ページ
187. 左喜書「開発高技術産品、振興二軽工業」、『中国集体工業』1991年第 7 期、40－42ページ
188. 劉璋「理順産権関係是集体企業発展的重要途径」、『中国集体工業』1991年第 8 期、27－28ページ
189. 郭建東「以質量促銷售、以銷售求効益」、『中国集体工業』1991年第 8 期、36－37ページ
190. 王文傑「河北省二軽集体企業三分之一処境艱難」、『中国集体工業』1991年第 9 期、38－39ページ
191. 陳先法他「軽工集体企業資産増殖問題浅議」、『中国集体工業』1991年第10期、20－22ページ
192. 劉興華「山西省制定優恵政策大力扶持発展城鎮集体経済」、『中国集体工業』1991年第10期、44－45ページ
193.「中華人民共和国城鎮集体所有制企業条例」、『中国集体工業』1991年第11期、8－14ページ
194. 游偉才「完善集体企業民主管理問題初探」、『中国集体工業』1991年第11期、29－30ページ
195.「中華全国手工業合作総社章程」、『中国集体工業』1992年第 1 期、6－8ページ
196. 孔繁斌「城鎮集体企業経済効益滑坡的原因及出路――対天津二軽部分集体企

業的調査」、『中国集体工業』1992年第1期、31－32ページ
197. 唐豊義「対集体経済地位的再認識」、『中国集体工業』1992年第2期、9－10ページ
198. 顧宝孚「中国工業合作経済学会1991年年会　青島市城鎮集体経済学会第三次理論研討会論文、発言選登」、『中国集体工業』1992年第3期、16－18ページ
199. 「探討九十年代城鎮集体工業改革和発展──中国工業合作経済学会1991年会簡況和理論観点綜述」、『中国集体工業』1992年第4期、13－14ページ
200. 陳景賢「集体企業兼併拍売難」、『中国集体工業』1992年第6期、35－36ページ
201. 田万祥「関於軽工集体企業税前還貸産権的帰属問題」、『中国集体工業』1992年第8期、11－12ページ
202. 厲以寧「談談実行股份制的七大優越性」、『中国集体工業』1992年第9期、6－8ページ
203. 江恒柔「学外国経験要為我所用」、『中国集体工業』1992年第11期、8－9ページ
204. 汪玉奇「論連社的歴史価値与改革方向」、『中国集体工業』1992年第11期、16－17ページ
205. 馬玲之他「全国総社首次挙弁経済法培訓班」、『中国集体工業』1993年第1期、36－37ページ
206. 楊国釗「対企業走向市場的幾点思考」、『中国集体工業』1993年第2期、25－27ページ
207. 肖維湘「現代合作経済的一個典範──西班牙蒙特拉貢合作社連合体」、『中国集体工業』1993年第2期、42－43ページ
208. 「入関給我国経済発展帯来的機遇与挑戦」（軽工業部分)、『中国集体工業』1993年第2期、46－47ページ
209. 張銓他「技術改造是二軽集体企業走向市場的必由之路」、『中国集体工業』1993年第3期、25－26ページ
210. 浙江富仕麗日化公司「集団化道路是小企業発展的必由之路」、『中国集体工業』1993年第4期、28－29ページ
211. 「中華人民共和国城鎮集体所有制企業条例軽工業実施細則」、『中国集体工業』1993年第5期、5－8ページ
212. 竹万発「股份合作制──集体企業的有効挙措」、『中国集体工業』1993年第5期、26－27ページ
213. 「正確認識和処理機構改革過程中的幹部経商問題」、『中国集体工業』1993年第6期、6－7ページ
214. 「進一歩改革労働工資制度」、『中国集体工業』1993年第6期、8－9ページ

215. 「進一歩拡大対外開放」、『中国集体工業』1993年第6期、10－11ページ
216. 王金輝「実施専利対企業技術進歩的作用」、『中国集体工業』1993年第6期、19－20ページ
217. 王永江「城鎮集体工業企業面向市場経済的改革選択」、『中国集体工業』1993年第7期、18－19ページ
218. 李長泉「廠弁集体与市場経済」、『中国集体工業』1993年第7期、28－29ページ
219. 崇明県属工業総公司「対扭虧無望的企業実施関閉的一些做法和思考」、『中国集体工業』1993年第7期、33－34．37ページ
220. 華欣「大力発展合作経済是市場経済的必然要求——中国合作経済学会第二届会員代表大会論文綜述」、『中国集体工業』1993年第8期、8－13ページ
221. 中国軽工業工会全国委員会「対城鎮集体企業工会工作的思考与建議——九省市軽工集体企業調査」、『中国集体工業』1993年第8期、21－22ページ
222. 王国琛「試論上海市生産服務合作連社的九大功能」、『中国集体工業』1993年第8期、23－25ページ
223. 劉剛「推行股份合作制需要解決的問題」、『中国集体工業』1993年第9期、24－26ページ
224. 趙亮「加強高校与企業合作、促進科技経済発展」、『中国集体工業』1993年第9期、41－43ページ
225. 上海市金山化工廠「改革工資制度、建立自我約束機制」、『中国集体工業』1993年第10期、18－19ページ
226. 中国税務局「集体、私営企業所得税的若干政策規定」、『中国集体工業』1993年第10期、36－39ページ
227. 薛至「対全国手工業合作総社改革的思考与建議」、『中国集体工業』1993年第11期、5－7ページ
228. 常京「実行公有私営是改造和発展二軽集体企業的新路子」、『中国集体工業』1993年第11期、19－21ページ
229. 「城鎮集体企業連合経済組織組建和管理試行弁法」、『中国集体工業』1993年第11期、40－43ページ
230. 陶洪猷「合作経済應成為我国経済類型之一」、『中国集体工業』1993年第12期、32－34ページ
231. 潘瑞竜「集体企業：優与劣」、『中国集体工業』1994年第1期、41－42ページ
232. 中国軽工総会「関於軽工集体企業推行股份制的意見」、『中国集体工業』1994年第2期、4－5ページ
233. 笑如「扭虧関鍵：加強産権与社会保険制度的改革」、『中国集体工業』1994年第2期、19－21．28ページ

234. 胡健「股份合作制改組中原有資産処理問題之我見」、『中国集体工業』1994年第 2 期、25－26ページ
235. 呉法俊他「社会主義初級階段的合作制」、『中国集体工業』1994年第 2 期、29－30ページ
236. 庄金鳳「当前集体企業税負加重」、『中国集体工業』1994年第 8 期、17－19ページ
237. 聞広「城鎮集体経済是我国第二大経済力量──全国首届城鎮集体経済成果展覧会側記」、『中国集体工業』1994年第 9 期、8 － 9 ページ
238. 董金髪「税制改革対二軽工業的負面影響及幾点建議」、『中国集体工業』1994年第 9 期、36－37ページ
239. 曹宝信他「関於労服企業発展問題的思考」、『中国集体工業』1994年第11期、20－21ページ
240. 庄金鳳他「国有上海灯具廠是怎様改制為股份合作制的」、『中国集体工業』1994年第11期、26－27ページ
241. 胡元珊「浅議城鎮集体企業享受有恵政策形成的資産帰属問題」、『中国集体工業』1994年第11期、32－34ページ
242. 王仲旦「中国工業合作経済学会 '94理論研討会綜述」、『中国集体工業』1994年第12期、19－20ページ
243. 唐宗焜「合作制与公司制」、『中国集体工業』1995年第 1 期、9 －11ページ
244. 山西城鎮集体工業連合社弁公室「二軽應重視小窮虧企業的治理」、『中国集体工業』1995年第 2 期、20－21ページ
245. 張瑞敏「堅持走名牌効益型、発展道路」、『中国集体工業』1995年第 3 期、23－25ページ
246. 彭星閏他「浅談我国企業国際化経営中的問題与対策」、『中国集体工業』1995年第 3 期、30－31ページ
247. 汪海粟「城鎮集体企業与社区関係」、『中国集体工業』1995年第 4 期、12－14ページ
248. 王永江「企業経済効益与労働者素質」、『中国集体工業』1995年第 4 期、23－24ページ
249. 寇天「日本怎様利用法律管理経済」、『中国集体工業』1995年第 4 期、34－35. 38ページ
250. 鄭備軍「借鑑徳国模式、健全企業治理結構」、『中国集体工業』1995年第 5 期、14－15ページ
251. 「貴州省股份合作企業条例」、『中国集体工業』1995年第 5 期、45－47ページ
252. 戎文佐「国降集昇的発展趨勢不可逆転──与袁木同志商榷」、『中国集体工業』1995年第 7 期、9 －10. 14ページ

253. 許徳茂「建立現代企業制度是搞活企業的必由之路」、『中国集体工業』1995年第 8 期、19－21ページ
254. 姚明敏「対湖南両家二軽集体企業産権糾紛的法律思考」、『中国集体工業』1995年第 8 期、31－33ページ
255. 陳発水「集体資産量化到人：理論与実践的両難選択」、『中国集体工業』1995年第 9 期、21－22ページ
256. 杭州張小泉剪刀廠樊建国「企業興文化、老樹更著花」、『中国集体工業』1995年第 9 期、41－43ページ
257. 上海嘉定工業総公司職工思想政治研究会「集体企業職工消極心態面面観」、『中国集体工業』1995年第 9 期、43－45ページ
258. 斉峰「集体企業経営技術人材流失的原因与対策」、『中国集体工業』1995年第10期、31－33ページ
259. 韓菁「台湾中小企業的発展及啓示」、『中国集体工業』1995年第11期、22－24ページ
260. 「社会就業：城鎮集体経済的作用不可忽視」、『中国集体工業』1995年第12期、3－5ページ
261. 小冬「孫中山的合作思想」、『中国集体工業』1996年第 1 期、13－14ページ
262. 「維護財産完整集体企業昇級不可取」、『中国集体工業』1996年第 2 期、4－5ページ
263. 李天一他「北京大学教授厲以寧論集体企業的改革与発展」、『中国集体工業』1996年第 2 期、7－10ページ
264. 張勇軍「山東省城鎮集体企業深化改革遇到的困難和問題」、『中国集体工業』1996年第 4 期、13－15ページ
265. 上海宝鋼集体企業開発総公司総経理趙超「集体企業運営探討」、『中国集体工業』1996年第 5 期、29－30ページ
266. 潘淳光「蘇南集体企業転変経済増長方式的啓示」、『中国集体工業』1996年第 8 期、10－11ページ
267. 王振宇「論股份合作制的局限性」、『中国集体工業』1996年第 9 期、14－17ページ
268. 呂魯生「論集体経済在混合所有制経済中的地位」、『中国集体工業』1998年第 2 期、14－15ページ
269. 徐更生「合作社在我国市場経済中的地位和作用」、『中国集体工業』1998年第 3 期、29－30ページ
270. 張暁山「談談中国合作社未来的発展」、『中国集体工業』1998年第 3 期、31－32ページ
271. 王与君「論所有制結構的調整与集体経済発展」、『中国集体工業』1998年第 4

269

期、20-23ページ

272. 厳聞広「不減人也増効与股份合作制——対当前職工下崗問題的一点反思」、『中国集体工業』1998年第5期、23-24ページ
273. 羅錦新「如何管理好中外合資、合作企業中的集体資産」、『中国集体工業』1998年第5期、25-26ページ
274. 辺振英他「街道集体企業産権制度改革初探」、『中国集体工業』1998年第6期、21-23ページ
275. 「城鎮集体企業産権如何界——定財政部清産核資弁給予明確解釈」、『中国集体工業』1998年第8期、15-18ページ
276. 高元琴「党委、政府的重視是城鎮集体経済発展的基礎——臨汾地区城鎮集体経済発展情況調査」、『中国集体経済』1998年第9期、12-14ページ(ここより「中国集体経済」と改名)
277. 樊鋼「股份合作制改革与中国資本市場的多層次発展」、『中国集体経済』1998年第9期、19-22.25ページ
278. 中国工合劉興沛「発展中的中国工業合作運動」、『中国集体経済』1998年第10期、4-7ページ
279. 李秀生「借鑑国外経験、扶持中小企業」、『中国集体経済』1998年第10期、14-16ページ
280. 宮照英「架起再就業的天橋」、『中国集体経済』1998年第10期、22-24ページ
281. 厖繁栄「糾正下崗分流中的不正之風」、『中国集体経済』1998年第10期、31-32ページ
282. 江順華「防止聯社資産在改正中的流失」、『中国集体経済』1998年第10期、37-38ページ
283. 王忠明「上海郷鎮工業改革発展的回顧与展望」、『中国集体経済』1999年第1期、7-9ページ
284. 凌晋良「対我国中小工業企業改革与発展的若干思考」、『中国集体経済』1999年第1期、25-26ページ
285. 郭金玉「下崗職工再就業的現状与做法」、『中国集体経済』1999年第1期、29-31ページ
286. 于強東「要関注労服企業的発展」、『中国集体経済』1999年第1期、38-39ページ
287. 国家経済貿易委員会「集体企業改革新思路」、『中国集体経済』1999年第2期、13ページ
288. 孟韜他「論発展消費合作社」、『中国集体経済』1999年第3期、32-33ページ
289. 経叔平「淡化所有制概念」、『中国集体経済』1999年第4期、11ページ
290. 叶天浩「要警惕新的平調行為」、『中国集体経済』1999年第4期、32-33ペ

ジ
291. 王永紅「知識服務労働的基本特点」、『中国集体経済』1999年第5期、9－10ページ
292. 樺彬「集体企業：共和国次子的困惑及出路」、『中国集体経済』1999年第6期、13－16ページ
293. 天津市政府城市集体経済弁公室「城市集体企業出售転制若干政策問答」、『中国集体経済』1999年第6期、25－26ページ
294. 殷賽雄「分塊転制搞活小企業的希望」、『中国集体経済』1999年第7期、16－17ページ
295. 国家軽工業局「関於促進軽工中小企業、集体企業加快改革与発展的意見」、『中国集体経済』1999年第8期、4－7ページ
296. 李和蘭他「如何調動被兼併企業職工的積極性」、『中国集体経済』1999年第8期、20－21ページ
297. 程啓智「論知識経済給我国中小企業発展帯来的機遇」、『中国集体経済』1999年第8期、28－29ページ
298. 林善浪「中国合作運動的経験教訓」上下、『中国集体経済』1999年第8、9期、32－33、33－34ページ
299. 馮徳政「外国発展中小企業成功経験的啓示」、『中国集体経済』1999年第9期、22－24ページ
300. 楊雲斌「建立中小企業銀行刻不容緩」、『中国集体経済』1999年第10期、38－39ページ
301. 頼少英「集体企業如何建立現代企業制度」、『中国集体経済』1999年第11期、29－31ページ
302. 凌晋良「也談重建我国合作制」、『中国集体経済』1999年第11期、42－43ページ
303. 李国強「試論城鎮集体企業管理体制改革」、『中国集体経済』1999年第12期、4－6ページ
304. 藩立人「集体雇用労働所有制是公有制的異化」、『中国集体経済』1999年第2期、25－26ページ
305. 招嘉政「従決不搞私有化想到集体経済万歳」、『中国集体経済』2000年第4期、25－26ページ
306. 「知識問答――控股・両合公司」、『中国集体経済』2000年第4期、47－48ページ
307. 肖万春「知識経済与郷鎮企業発展」、『中国集体経済』2000年第5期、21－22ページ
308. 「広東省股份合作企業条例」、『中国集体経済』2000年第5期、45－48ページ

309. 「知識問答――股份合作制」、『中国集体経済』2000年第7期、46-48ページ
310. 唐宗焜「論合作制的辺界」、『中国集体経済』2000年第10期、7-9ページ
311. 王宝祥他「企業重組是結構調整的必然選択」、『中国集体経済』2000年第11期、4-6ページ
312. 劉運生「解体:重組返租――城鎮集体企業的一条出路」、『中国集体経済』2000年第11期、13-15ページ
313. 季竜「両種公有制是我国社会主義経済制度的基礎――集体経済的重要性不容忽視」、『中国集体経済』2000年第12期、4-7ページ
314. 文啓「連社資産不容侵犯」、『中国集体経済』2001年第2期、1、5ページ
315. 古嘉林「股份制姓公姓私」、『中国集体経済』2001年第2期、22-23ページ
316. 王樹春「城市集体経済的制度変遷及其趨勢」、『中国集体経済』2001年第3期、4-8ページ
317. 白木他「蘇南模式及改制的啓示」、『中国集体経済』2001年第3期、17-19ページ
318. 庚晋他「城市化:社会発展的要求」、『中国集体経済』2001年第3期、38-40ページ
319. 余永竜「区分両種類型的合作制経済組織及両種経営体制的合作経済組織」、『中国集体経済』2001年第4期、13-16ページ
320. 朱驎他「鼓吹集体経済退出論――対集体経済的壊滅性略奪」、『中国集体経済』2001年第4期、17-18ページ
321. 常麗他「海爾為中国集体企業走向世界作出表率」、『中国集体経済』2001年第4期、29-31ページ
322. 張国信「提高集体企業管理水平的設想」、『中国集体経済』2001年第4期、34-35ページ
323. 唐宗焜「集体経済的改革与合作経済的振興」、『中国集体経済』2001年第5-6期、8-13ページ
324. 暁亮「新型合作経済適合市場経済体制」、『中国集体経済』2001年第5-6期、14-16ページ
325. 安徽省電力公司多種産業部「新時期労服企業的改革与発展」、『中国集体経済』2001年第5-6期、26-28ページ
326. 胡江「試弁社区服務合作社」、『中国集体経済』2001年第5-6期、32-34ページ
327. 葛修禄「合作経済亟待立法」、『中国集体経済』2001年第5-6期、36-37ページ
328. 鄒軍「改造伝統集体所有制、発展現代合作制」、『中国集体経済』2001年第7-8期、8-9ページ

329. 劉剛「集体（合作）経済的主体地位不容動揺」、『中国集体経済』2001年第7－8期、26－28ページ
330. 古嘉林「中小企業改制後面臨的六大危機」、『中国集体経済』2001年第7－8期、34－35ページ
331. 杭州市手工業合作社連合社「発展集体経済必須以産権制度改革為核心」、『中国集体経済』2001年第9－10期、29－31ページ
332. 陳洪雋「中国集体企業的発展情況、存在問題和目標選択――関於我国集体経済的観察与合作経済的思考」、『中国集体経済』2001年第11－12期、33－36ページ
333. 頼少英「重新認識集体所有制経済的地位及作用」、『中国集体経済』2002年第1期、6－8ページ
334. 王諍諍「入世、中小民営企業的機遇与挑戦」、『中国集体経済』2002年第1期、21－23ページ
335. 「加強連社資産管理、維護連社合法権益」、『中国集体経済』2002年第2期、30－32ページ
336. 鄒軍「合作経済的内涵及其在市場経済中的発展――兼談合作経済与股份経済的融合」、『中国集体経済』2002年第4期、10－12ページ
337. 王玉叢「城鎮集体企業数量減少的原因及其分析」、『中国集体経済』2002年第6期、6－9ページ
338. 陳永傑「集体経済大幅度萎縮、改革発展亟待政策支持」、『中国集体経済』2002年第11期、4－5ページ
339. 招嘉政「集体経済如何実現共同富裕」、中華全国手工業合作総社他編『中国集体経済』2003年第1期、18－20ページ
340. 海爾集団公司「海爾文化是海爾発展的霊魂」、『中国集体経済』2003年第2期、12－18ページ
341. 瀋恵「発展合作社経済――拡大就業、扶持弱勢群体的有効途径」、『中国集体経済』2003年第3期、18－21ページ
342. 「関於集体企業改革成本支付相関問題的意見」、『中国集体経済』2003年第5期、8－12ページ
343. 凌晋良「対集体経済幾個理論与実践問題的再認識」、『中国集体経済』2003年第6期、4－7ページ
344. 范大政他「要把股份合作新型集体経済作為再就業的重要渠道」、『中国集体経済』2003年第7期、6－7ページ
345. 陳士能「在部分省市連社主任座談会上的講話」、『中国集体経済』2003年第9期、4－10ページ
346. 凌晋良「論集体経済的基本特徴」、『中国集体経済』2003年第10期、16－18ペ

273

―ジ

347. 趙三清「企業怎様留住人材」、『中国集体経済』2003年第10期、42－43ページ
348. 王福嶺「改造老集体走好産権制度改革路」、『中国集体経済』2003年第12期、7－9ページ
349. 呉哲仁「不可忽視的城鎮集体経済――従全国統計数字看其地位、作用」、『中国集体経済』2004年第1期、8－12ページ
350. 徐新明「大力推進進化集体企業改革――上海市集体経済研討会綜述」、『中国集体経済』2004年第3期、13－15ページ
351. 王世偉「浅議連社資産的性質和作用」、『中国集体経済』2004年第4期、23－25ページ
352. 王欣「従手工業合作歴史演変分析城鎮集体企業改革発展趨勢」、『中国集体経済』2004年第7期、4－7ページ
353. 張恒傑「関於進一歩深化集体経済改革的研究」、『中国集体経済』2004年第8期、6－11ページ
354. 李世栄「把合作経済作為集体経済的重要実現形式」、『中国集体経済』2004年第8期、13－16ページ
355. 大同市城鎮集体工業連合社「一個集体企業起死回生的奥秘――大同市華昌化工有限公司的発展歴程和有益啓示」、『中国集体経済』2004年第9期、6－9ページ
356. 劉剛「発展集体経済実現共同富裕」、『中国集体経済』2004年第10期、8－11ページ
357. 張智勇「重視集体経済発展、確保公有制経済的主体地位」、『中国集体経済』2004年第11期、34－36ページ
358. 馬艶「中国集体経済的理性分析」、『中国集体経済』2005年第1期、8－12ページ
359. 周連運「対市場経済条件下合作制与股份制両種経済組織制度的比較研究」、『中国集体経済』2005年第2期、9－13ページ
360. 中国工業合作経済学会「促進我国城鎮集体経済深化改革与発展的若干建議」、『中国集体経済』2005年第3期、4－7ページ
361. 鐘君「中国集体経済制度変遷的主要特徴和発展前景」上、『中国集体経済』2005年第4期、4－6ページ
362. 鐘君「中国集体経済制度変遷的主要特徴和発展前景」下、『中国集体経済』2005年第6期、26－28ページ
363. 周連雲他「合作社促進公平的全球化」、『中国集体経済』2005年第5期、14－17ページ
364. 吉林省手工合作連社「深化連社和企業改革、建立和発展新型集体経済」、

『中国集体経済』2005年第 5 期、33－38ページ
365. 丁偉他「務実創新、穏歩発展、打造集体経済新格局——厦門市二軽集体企業連社調研報告」、『中国集体経済』2005年第 6 期、14－16ページ
366. 明章義「関於集体経済幾点問題的再思考」、『中国集体経済』2005年第 8 期、16－18ページ
367. 利丹「集体企業改革中的困惑与選択」、『中国集体経済』2005年第 9 期、4－6 ページ
368. 陳士能「推進集体経済改革創新、鞏固公有制的主体地位」、『中国集体経済』2005年第10期、5－8 ページ
369. 魏立昌「樹立落実科学発展観、促進集体経済的創新与発展」、『中国集体経済』2005年第11期、6－15ページ
370. 陳世基他「新型集体経済与科学的戦略決策」、『中国集体経済』2005年第12期、4－5、41ページ
371. 周連雲他「中国合作社的制度創新」、『中国集体経済』2006年第 5 期、2－4ページ
372. 施華芳他「在社会主義市場中重新認識集体経済——兼析国家統計局及有関部門公布的関於集体経済的数拠」、『中国集体経済』2006年第 5 期、8－10ページ
372. 魏新元「集体経済連合組織的社会責任」、『中国集体経済』2006年第 8 期、28－29ページ

Ⅲ 新聞記事その他

1. 「手工業労働者的主要任務是什麼」、『人民日報』1957年12月27日
2. 千家駒「対資本主義工商業的社会主義改造問題」、『新建設』1956年第 5 号、8－13ページ
3. 遅宜易「我国農業合作化中的土地報酬問題」、『新建設』1957年第 1 号、35－47ページ
4. 許滌新「論我国的社会主義生産関係」、『新建設』1962年第 5 号、31－41ページ
5. 「復興供銷合作社」、『経済日報』1985年10月15、24日
6. 張志傑他「一項重要的首創——対劉少奇同志『天津講話』中関於"加工訂貨、統購包銷"思想的初歩探討」、『西北大学学報』1980年第 2 期、10－18ページ
7. 李祥瑞「合作社経済在陝甘寧辺区経済建設中的地位」、『西北大学学報』1981年第 3 期、71－78ページ
8. 江紹貞「"四大家族"官僚資本」、『人民日報』1983年 9 月 1 ．6．21日

9. 張凱「"委託加工、計画訂貨"形式提出過程的歴史考察」、『党史研究』1986年第6期、15－18ページ
10. 孫泰祁「中国社会主義経済体制的演変」上、『財政研究』1987年第1期、37－45ページ
11. 孫泰祁「中国社会主義経済体制的演変」下、『財政研究』1987年第3期、44－49ページ
12. 戎文佐「対50年代対資改造的功過応該作全面的歴史的評価」、『未定稿』1989年第12期．11－14ページ
13. 田利軍「土改後土地売買、出租和雇工不是両級分化的反応」、『四川師範大学学報』1988年第6期．86－89ページ
14. 張寿春「関於1957年経済効益的研究」、『党史研究与教学』1988年第5期．47－51、46ページ
15. 崔暁黎「統購統銷与工業積累」、『中国経済史研究』1988年第4期．120－135ページ
16. 董志凱「三大改造対我国工業化初創階段的両重作用」、『中共党史研究』1989年第1期．56－61ページ
17. 羅栄渠「認真研究建国以来経済増長的歴史経験（1949－1989）――"突進"、"反突進"交替与"左"右傾闘争」、『学習』1993年第10期．39－45ページ
18. 董志凱「国民経済恢復時期的私人投資」、『中国経済史研究』1992年第3期．1－10ページ
19. 武力「農業合作化過程中合作社経済効益剖析」、『中国経済史研究』1992年第4期．13－23ページ
20. 胡国平「論国民経済恢復時期的公私関係」、『党史研究与教学』1992年第6期．21－29ページ
21. 陳宝栄「"対私改造"的歴史経験」、『探索与争鳴』1993年第3期．37－40ページ
22. 任民「対資本主義工商業社会主義改造的歴史評価」、『広西社会科学』1995年第2期．94－98ページ
23. 高化民「農業合作化的成功経験」、『当代中国史研究』1995年第4期．32－44ページ
24. 武力「略論50年代前期高度集中経済体制的形成及其歴史作用」、『中共党史研究』1995年第5期．70－76ページ
25. 趙凌雲「1949－1956年年間中国経済市場化中断過程的歴史考察」、『教学与研究』1998年第4期．25－29ページ
26. 董悦華「農業合作化与家庭聯産承包制的実施比較研究」、『当代中国史研究』1998年第4期．33－41ページ

27. 陳夕「建国初期党対民族資本主義経済政策簡論」、『当代中国史研究』1999年第2期．23－32ページ
28. 白和金「従新民主主義到社会主義階段的中国経済発展」、『宏観経済研究』1999年第9期．3－10ページ
29. 謝志帰「論人民公社体制的組織的意義」、『学術界』1999年第6期．12－16ページ
30. 靳相木「高級社的産権制度及其啓示」、『農村経済研究』1999年第5期．12－16ページ
31. 唐艶艶「1949－1954年中国公私経済互補与矛盾関係的分析」、『中国経済史研究』2001年第3期．23－32、74ページ
32. 胡瑞樑他「論手工業和手工業的経済形式」、『経済研究』1962年第7期、1－12ページ
33. 黄道霞「集体所有制与合作制——対馬列主義経典作家有関論述的考証」、『経済研究』1984年第1期、40－46ページ
34. 施達政他「国家所有・合作経営——対馬克思和恩格斯合作化思想的考証」、『経済研究』1983年第8期、32－38ページ
35. 暁亮「論集体所有制経済的分配」、『経済研究』1983年第11期、46－49、59ページ
36. 李沢中「集体所有制経済的特徴及其発展趨勢」、『経済研究』1982年第7期、46－53ページ
37. 駱耕漠「関於我国計画経済的形成及其発展的曲折過程的分析——関於社会主義計画経済的幾個応分清的問題」、『経済研究』1981年第2期、37－45ページ
38. 韓元欽「合作経済是労働者約定共営制経済」、『経済研究』1987第1期、62－63ページ
39. 丁沢霽「什麼是合作経済的規定性——与韓元欽同志商」、『経済研究』1987年第8期、70－72ページ
40. 高海燕「農村経済発展新時期与合作経済組織——対我国農村工業化時期生産要素組合形式的理論思考」、『経済研究』1987年第9期、63－67ページ
41. 周環「試論合作経済的利益体現」、『経済研究』1987年第8期、70－72ページ
42. 任殿喜「談我国的住房合作制度」、『経済研究』1987年第8期、70－72ページ
43. 佐牧「合作制：中国城鎮小企業改革的方向」、『経済研究』1992年第8期、35－39ページ
44. 蔡昉「論農業経営形式的選択——着重於社区合作組織的経済学分析」、『経済研究』1993年第1期、26－32ページ
45. 楊承訓他「股份合作制：社会主義市場経済下新型合作工場」、『経済研究』1994年第8期、42－47ページ

46. 孔涇源「農村股份合作経済及其制度剖析」、『経済研究』1995年第3期、22－34ページ
47. 徐翔臨「日本農協的主要経験対我国建立農業社会化服務体系的啓示」、『経済研究』1995年第11期、61－67ページ
48. 鄭秉文「合作主義：中国福利制度框架的重構」、『経済研究』2002年第2期、71－79ページ
49. 高化民「対1955年夏季以後農業合作化運動遺留問題的探討」、『党史研究』1983年第4期、35－43ページ
50. 丁利剛「論中国工業合作社運動」、『社会科学』（上海）、1983年第1期、38－42ページ
51. 高化民「対我国高級農業生産合作社的研究」、『党史文彙』（太原）、1987年第4期、56－63．78ページ
52. 郝盛琦「歴史的探索、宝貴的経験——学習鄧子恢農業合作思想」、『中国農村経済』（北京）、1987年第10期、22－26ページ
53. 林邦光他「鄧子恢社会主義農業合作社経済体制思想初探」、『党史研究』1987年第1期、37－42．47ページ
54. 王前「関於合作化理論的沈思」、『中共党史研究』（北京）、1989年第1期、47－55ページ
55. 劉逢勃「鄧子恢農業合作思想探析」、『南方農村』（広州）、1988年第3期、27－29ページ
56. 劉逢勃「略談鄧子恢農業合作的基本観点」、『農村未来』（長春）、1988年第2期、6－9ページ
57. 路江「重新認識三大改造」、『経済学週報』（北京）、1988年6月26日
58. 中国合作事業協進会江蘇分会編「江蘇省合作事業概論」、『江蘇歴史档案』（南京）、1996年第5期、118－121ページ
59. 季龍「重温手工業社会主義改造歴史経験、促進集体工業持続健康発展」、『当代中国史研究』（北京）、1996年第5期、11－19ページ
60. 劉金海「従農業合作化運動看国家構造中的集体及集体産権」、『当代中国史研究』（北京）、2003年第6期、104－108ページ
61. 佘君「近十年来関於農業合作化運動的研究総述」、『毛沢東思想研究』（成都）、2003年第1期、137－140ページ
62. 武力「略論合作化初期党対農業問題的三点認識」、『党史研究と教学』（福州）、2004年第2期、20－29ページ
63. 高国慶「中国における供銷合作社に依拠した農民専業合作社の新展開に関する考察」、日本共同組合学会編集『共同組合研究』2005年10月、第24巻第2号（通巻68号）、92－107ページ

64. 黄道霞「集体所有制与合作制——対馬列主義経典作家有関論述的考証」、『経済研究』1984年第1期、40―46ページ
65. 蘇旭「馬克思主義贖買政策在我国的勝利――試論我国資本主義工商業的社会主義改造」、『河北大学学報』1985年第2期、52―61ページ
66. 戴鹿鳴他「党対資本主義工商業利用・限制・改造政策的形成和発展」、『党史研究』1982年第5期、18－29ページ
67. 朱永馨「関於我国建国初期的社会性質」、『青海師専学報』1982年第1期、24－31ページ
68. 邵緯生「党対資本主義工商業改造的偉大成就和歴史経験」、『中州学刊』1982年第1期、12－18ページ
69. 劉君「馬列農業合作化理論在我国的勝利及其実践中的新発展」、『陝西財政学院学報』1985年第1期、57－63ページ
70. 岳志「論合作経済和集体経済」、浙江合作経済研究所『合作経済研究』1989年第4期、8－11ページ
71. 孔慶演他「合作経済産生的社会経済条件」、前掲『合作経済研究』1987年第2期、3－8ページ
72. 林乙卯他「頗有特色的温州城区街道企業」、前掲『合作経済研究』1987年第3期、43－45ページ
73. 江門市二軽集体企業連社「城鎮集体企業改革改制成本應従那里来」、上海市集体経済研究会『上海集体経済』2004年第4期、32－34ページ
74. 「関於廠弁集体企業研究」、前掲『上海集体経済』2004年第5期、31－34ページ
75. 「関於合作経済性質的討論」、『経済学週報』1986年5月25日
76. 蘇旭「馬克思主義的贖買政策在中国的勝利――試論我国資本主義工商業的社会主義改造」、『河北大学学報』1985年第2期、52－61ページ
77. 劉家梟「工合対抗日戦争的重要貢献」、『人民日報』1985年9月1日
78. 楊楽平「偉大的創挙、光輝的勝利――浅談我国資本主義工商業的社会主義改造」、『麗水師専学報』（浙江）1984年第3期、25－33ページ
79. 劉昌徳「論建国後的頭三年内社会主要矛盾及其変化」、『河北経済管理幹部学院学報』1987年第2期、61－65ページ
80. 李昌寅「試析農業合作化運動中党対中農政策的変化」、『党史研究与教学』（福建）1988年第4期、33－38ページ
81. 孫瑞蔦「資本主義工商業社会主義改造道路的形成」、『中共党史研究』1988年第4期、39－46ページ
82. 欧陽国慶他「也談土地改革後的主要矛盾和過渡時期総路線――与林蘊暉商権」、『中共党史研究』1990年第5期、73－79ページ

83. 李幼斌「新中国反常規工業化動因論」、『吉首大学学報』（湖南）2003年第3期、75-80ページ
84. Sujian Guo , The Ownership Reform in China:what direction and how far? Journal of Contemporary China (2003), 12 (36), August,553-573
85. JinglianWU, China's Economic Reform:Past, Presentand Future, Published by he Overseas Young Chinese Forum, Volume 1, No.5, April30, 2000, All Rights Reserved, OYCF 2000-2001
86. Under New Ownership, Privatizing China's State-Owned Enterprises, Shahid Yusuf, Dwight H.Perkins, and Kaoru Nabeshima, Stanford Univ.Press, 2006
87. Mei Wen, Competition, ownership diversification and industrial growth in China, Australian National University, March 2002
88. China's Shareholding Reform:Effects on Enterprise Performance, GARY H. JEFFERSON, SU JIAN, JIANG YUAN, and YU XINHUA
89. 于立他「中国郷鎮企業の過去、現在、未来」、『発展研究参考』（大連）、2004年第8期
90. 「全面看待温州模式核心——企業家精神」、『人民網』2006年10月26日

著者略歴

樋口兼次（編集及び序章、五章、終章）
1943年東京都出身。慶應義塾大学経済学部卒業。調査機関勤務の後拓殖大学教授を経て、現在白鷗大学経営学部教授、経営学部長。(社)中小企業研究所長。主な著書に、『労働資本とワーカーズ・コレクティヴ』時潮社、『フィクションとしての「消費者利益」』南斗書房、『日本経営史料大系（全10巻）』三一書房（共編著）『新版中小企業論を学ぶ』有斐閣（共著）、『まちづくりのシナリオ』日本経済評論社（共著）、『いま税金を考える』三一新書ほか多数。

范力（一～四章）
1961年中国山西省出身。山西大学歴史学部卒業、同大学院歴史学研究科修士課程修了、青山学院大学大学院文学研究科博士課程修了、博士（歴史学）。山西大学歴史学部専任講師。海外派遣研究員として日本に滞在、青山学院大学非常勤講師、白鷗大学非常勤講師を兼任。主な著書に、『中日"戦争交流"研究』汲古書院、翻訳書に『日本人眼里的中国』（天児慧著）社会科学文献出版社（北京）ほか。

現代中国の集団所有企業
工業合作社・集体企業・郷鎮企業の発展と改革

2008年2月20日　第1版第1刷　　　　　　　　定価3500円＋税

著　者　樋　口　兼　次・范　力　Ⓒ
発行人　相　良　景　行
発行所　㈲　時　潮　社
　　　　〒174-0063　東京都板橋区前野町4-62-15
　　　　電　話　03-5915-9046
　　　　F A X　03-5970-4030
　　　　郵便振替　00190-7-741179　時潮社
　　　　U R L　http://www.jichosha.jp
　　　　E-mail　kikaku@jichosha.jp
印刷・相良整版印刷　製本・武蔵製本

乱丁本・落丁本はお取り替えします。
ISBN978-4-7888-0623-8

時潮社の本

労働資本とワーカーズ・コレクティヴ
樋口兼次著
Ａ５判・並製・210頁・定価2000円（税別）

　明治期から今日まで、日本における労働者生産協同組合の歴史を克明にたどり、ソキエタスと労働資本をキーワードに、大企業に代わるコミュニティービジネス、NPO等の可能性と展望を提起する。『日本労働研究雑誌』で詳細書評

現代中国の生活変動
日中社会学会会員による共同研究
飯田哲也・坪井健共編
Ａ５判並製・236頁・定価2500円（税別）

　多様にして複雑な中国社会をどう捉えるか。1990年代後半から今日までの生活の変化を、階層分化、家族、都市、教育、文化および犯罪の各テーマにおいて、9人の両国学者が解き明かした最新の中国社会分析。『日本と中国』で大きく紹介

中国のことばと文化・社会
中文礎雄著
Ａ５判並製・352頁・定価3500円（税別）

　5000年に亘って文化を脈々と伝え、かつ全世界の中国人を同じ文化で結んでいるキーワードは「漢字教育」。言葉の変化から社会の激変を探るための「新語分析」。2つの方法を駆使した文化と社会の考察。ユニークな方法で、読者を知的に刺激する。

社会的企業が拓く市民的公共性の新次元
持続可能な経済・社会システムへの「もう一つの構造改革」
粕谷信次著
Ａ５判・並製・342頁・定価3500円（税別）

　格差・社会的排除の拡大、テロ―反テロ戦争のさらなる拡大、地球環境の破壊――この地球で持続可能なシステムの確立は？　企業と政府セクターに抗した第3セクターに展望を見出す、連帯経済派学者の渾身の提起。『大原社問研雑誌』で書評

大正昭和期の鉱夫同職組合「友子」制度
続・日本の伝統的労資関係
村串仁三郎著
Ａ５判・上製・430頁・定価7000円（税別）

　江戸から昭和まで鉱山に組織されていた、日本独特の鉱夫職人組合・「友子」の30年に及ぶ研究成果の完結編。これまでほとんど解明されることのなかった鉱夫自治組織の全体像が明らかにされる。『大原社問研雑誌』『図書新聞』で詳細紹介